RÉUSSITE CONCOURS FONCTION PUBLIQUE

W0331773

SAPEUR-POMPIER PROFESSIONNEL/ CAPORAL

Concours externes, examen professionnel, sapeurs-pompiers volontaires (SPV)

Joël François
Officier supérieur de sapeur-pompier

Alan Eche
Officier supérieur de sapeur-pompier

Anne Ducastel
Coach de vie, formatrice au CNFPT

Denise Laurent
Professeure de mathématiques

Véronique Saunier
Professeure de français

Sous la direction de
Anne Ducastel

Une partie des droits de cet ouvrage est reversée à L'Œuvre des Pupilles pour les orphelins des sapeurs-pompiers de France

FOUCHER

Les ressources numériques

Au fil des pages, des QR codes à flasher vous renvoient à de nombreuses ressources : ressources complémentaires, documents, vidéos, témoignages...

Mode d'emploi

foucherconnect.fr

Votre Réussite Concours Foucher s'enrichit de ressources numériques

Lorsque je rencontre un pictogramme ressource au fil des pages :

1. Je vais sur **www.foucherconnect.fr**
J'enregistre cette page dans mes favoris pour les prochaines fois.
2. Je saisis **le code de la ressource** indiqué dans le pictogramme.
3. **Je visualise** ma ressource.

Des FLASHCODES permettent aussi d'accéder aux ressources depuis un smartphone

DANGER LE PHOTOCOPILLAGE TUE LE LIVRE

« Le photocopillage, c'est l'usage abusif et collectif de la photocopie sans autorisation des auteurs et des éditeurs.
Largement répandu dans les établissements d'enseignement, le photocopillage menace l'avenir du livre, car il met en danger son équilibre économique. Il prive les auteurs d'une juste rémunération.
En dehors de l'usage privé du copiste, toute reproduction totale ou partielle de cet ouvrage est interdite ».

ISBN 978-2-216-16240-6

« Le Code de la Propriété Intellectuelle n'autorisant aux termes de l'article L. 122-5, d'une part, que, les copies ou reproductions strictement réservées à l'usage privé du copiste et non destinées à une utilisation collective et, d'autre part, que, les analyses et courtes citations dans un but notamment d'exemple et d'illustration, toute représentation ou reproduction intégrale ou partielle, faite, par quelque procédé que ce soit, sans le consentement de l'auteur, ou de ses ayants droit est illicite et constitue une contrefaçon sanctionnée par les articles L. 335-2 et suivants du Code de la Propriété Intellectuelle. Le Centre Français de l'exploitation de la Copie (20, rue des Grands-Augustins 75006 Paris) est, conformément à l'article L. 122-10, le seul habilité à délivrer des autorisations de reproduction par reprographie, sous réserve en cas d'utilisation aux fins de vente, de location, de publicité ou de promotion de l'accord de l'auteur ou des ayants droit. »

© Foucher, une marque des Éditions Hatier – Paris 2021

SOMMAIRE

Partie 1
LES CONCOURS, L'EXAMEN PROFESSIONNEL ET LE MÉTIER

Partie 2
LES ÉPREUVES D'ADMISSIBILITÉ

© Éditions Foucher

Partie 3
L'ÉPREUVE DE PRÉ-ADMISSION

Partie 4
L'ÉPREUVE D'ADMISSION

Partie 5
LES CONNAISSANCES INDISPENSABLES

© Éditions Foucher

MÉMO DU CANDIDAT

*L'application pour **réussir** les concours de la fonction publique !*

+ de 100 *leçons* et 1 000 *questions*

Vidéos pour réussir l'épreuve orale

Annales des éditions précédentes

Mode *hors-ligne*

Télécharger dans l'App Store

DISPONIBLE SUR Google Play

EN PARTENARIAT AVEC

digiSchool

Partie 1

LES CONCOURS, L'EXAMEN PROFESSIONNEL ET LE MÉTIER

1. Les concours et l'examen professionnel
2. Le métier et la carrière
3. L'environnement professionnel
4. Les services d'incendie et de secours
5. Le droit de la fonction publique

✔ **FAITES LE POINT !**

© Éditions Foucher

1 LES CONCOURS ET L'EXAMEN PROFESSIONNEL

Les deux concours externes et l'examen professionnel interne pour devenir sapeur-pompier au grade de caporal se déroulent en plusieurs étapes différentes suivant votre statut de candidat :

- candidat.e. externe non sapeur-pompier ;
- candidat.e. externe déjà sapeur-pompier volontaire (SPV) ou issu de la Brigade de sapeurs-pompiers de Paris (BSPP) ou du Bataillon de marins-pompiers de Marseille (BMPM) (concours SPV) ;
- candidat.e. interne actuellement au grade de sapeur-pompier professionnel de 1re classe (examen professionnel).

1 Les épreuves des deux concours externes et de l'examen professionnel

Les deux concours comprennent des épreuves d'admissibilité, de pré-admission et d'admission.

L'examen professionnel ne comporte qu'une seule épreuve d'admission : un entretien avec le jury.

© Éditions Foucher

<table>
<tr><th></th><th>Candidat.e. externe non SP</th><th>Candidat.e. externe déjà SPV, BSPP ou BMPM</th><th>Candidat.e. interne déjà SPP</th></tr>
<tr><td>Épreuve d'admissibilité</td><td>• Étude de texte (1 h ; coef.1)
• QCM de mathématiques (1 h ; coef.1)</td><td>QCM sur les activités et compétences de l'équipier de SPV (1 h ; coef.1)</td><td></td></tr>
<tr><td>Épreuve de pré-admission</td><td colspan="2">Épreuves physiques (moyenne des 2 notes affectées d'un coefficient 4) :
- épreuve de natation (éliminatoire)
- épreuve de parcours professionnel adapté (barème sur 20)
- épreuve d'endurance cardio-respiratoire (barème sur 20)</td><td></td></tr>
<tr><td rowspan="2">Épreuve d'admission</td><td colspan="3">Entretien individuel avec le jury
Exposé de motivation sans préparation (15 min, coef. 4)</td></tr>
<tr><td>À partir d'une fiche individualisée établie par le candidat</td><td colspan="2">À partir d'un dossier établi par le candidat</td></tr>
</table>

2 Les programmes de l'épreuve d'admissibilité

L'article 1 de l'arrêté du 30 novembre 2020 détaille comme suit le programme des épreuves.

A| Le QCM de connaissances professionnelles réservé aux candidat.e.s SPV

Les questions portent sur les unités de valeurs de la formation initiale des sapeurs-pompiers volontaires de 1re classe dans les quatre domaines suivants :

- **le secours d'urgence aux personnes** (SUAP) ;
- **la lutte contre l'incendie** (INC) ;
- **la protection des personnes, des biens et de l'environnement** (PBE) ;
- **les techniques opérationnelles** (TOP).

1| Le secours d'urgence aux personnes

Les acteurs du secours à personnes ; le matériel de secours d'urgence ; les détresses vitales ; les traumatismes des os et des articulations ; les accidents de la peau ; les malaises et la maladie ; les atteintes liées aux circonstances ; les affections spécifiques ; les souffrances psychiques et les comportements inhabituels ; les bilans ; les relevages ; les brancardages et le transport ; les secours sur accident de la route ; les situations avec de nombreuses victimes ; l'hygiène et l'asepsie ; la sécurité en opération de secours d'urgence aux personnes.

2 | La lutte contre l'incendie

La lutte contre les incendies, généralités sur le matériel et les engins de lutte contre l'incendie ; la reconnaissance ; le sauvetage ; les besoins en eau et l'établissement de tuyaux ; les techniques d'attaque et d'extinction des feux ; la protection des biens ; déblai et surveillance.

3 | La protection des personnes, des biens et de l'environnement

Les opérations diverses ; le dégagement de personne d'une cabine d'ascenseur ; la fuite de gaz ; les autres interventions ; les risques animaliers ; les diverses espèces d'animaux ; les opérations d'épuisement.

4 | Les techniques opérationnelles

Les techniques, les manœuvres et les matériels communs aux opérations ; les échelles, pompes et amorceurs ; les appareils respiratoires isolants ; les lots de sauvetage et protection contre les chutes ; les équipements de protection individuelle ; les règles de sécurité ; les transmissions ; les éléments de construction et la topographie.

À SAVOIR

Les thèmes suivants, institutions politiques et administratives de la France, services d'incendie et de secours et droit de la fonction publique, sont abordés dans les fiches 3 à 5 de cette partie.
Les thèmes professionnels sont traités dans la partie 5 de l'ouvrage.

B | Le QCM de mathématiques réservé aux candidat.e.s externes

1 | Arithmétique

Nombres entiers, nombres décimaux, opérations y compris fractions, règles de trois, partages proportionnels.

2 | Géométrie

Lignes droites, perpendiculaires, autres polygones, cercles, secteurs, segments, arc, mesures de longueur, surfaces, volumes courants d'un parallélépipède, prisme, cylindre, cône, sphère.

3 | Notions associées

Le temps, les unités de temps, conversions, vitesse et vitesse moyenne, poids, densité.

3 L'ouverture du concours et l'inscription

- Les textes réglementaires obligent les services départementaux organisateurs à publier, 3 mois avant la date de la première épreuve, un arrêté d'ouverture précisant :
  - les dates des épreuves ;
  - le nombre de places offertes sur la liste d'aptitude ;
  - la date de fermeture des inscriptions.
- Le nombre de places offertes peut être modifié jusqu'au jour de la première épreuve du concours. Certains départements utilisent cette possibilité pour accroître au dernier moment le nombre de places. Les candidats peuvent demander lors de la première épreuve le nombre définitif de places offertes au concours.
- La publication de l'arrêté d'ouverture marque le début des inscriptions. Les candidats doivent retirer un dossier, le compléter et le renvoyer avant la date limite d'inscription. Cette étape est extrêmement importante car :
  - les dossiers incomplets ou erronés sont rejetés sans que les candidats en soient informés ;
  - les convocations aux épreuves et les résultats sont envoyés à l'adresse indiquée sur le dossier.
- Après le contrôle des dossiers d'inscription, les services départementaux arrêtent, 1 mois avant la date de la première épreuve, la liste des candidats autorisés à participer aux épreuves. Chaque candidat est convoqué individuellement par écrit.

4 Le déroulement du concours

A| Le jour des épreuves

Les candidats doivent se présenter avec une pièce d'identité et leur convocation : l'absence de l'une de ces deux pièces ou un retard à l'heure de présentation entraîne l'exclusion du concours ou de l'examen. Comme les épreuves se déroulent sur plusieurs jours, les candidats doivent s'organiser pour respecter cet impératif à chaque épreuve.

Compte tenu du nombre important de candidats, le jury se constitue en groupes d'examinateurs en vue de la surveillance et de la correction des épreuves.

© Éditions Foucher

B| À l'issue des épreuves d'admissibilité

Seuls les candidats déclarés aptes aux épreuves d'admissibilité sont autorisés à participer aux épreuves de pré-admission.

Chaque candidat admissible reçoit une nouvelle convocation. Les autres candidats sont informés individuellement de leur échec et de leurs notes.

C| Pendant et à l'issue des épreuves de pré-admission

- Le jury détermine à l'issue de l'épreuve de natation les candidats éliminés.
- Les autres candidats dont les notes respectent les critères de sélection sont admis à l'épreuve d'admission.
- Chaque candidat qui a réussi la pré-admission reçoit une nouvelle convocation. Les autres candidats sont informés individuellement de leur échec et de leurs notes.

D| Après les épreuves d'admission

Le jury arrête, au regard des notes d'admissibilité, de pré-admission et d'admission la liste des candidats admis dans la limite des places offertes au concours. Cette liste d'aptitude est établie dans l'ordre alphabétique.

5 Les jurys

Le jury des épreuves physiques est distinct du jury des épreuves écrites et orales, en raison de la nature particulière de ces épreuves. Les deux jurys sont nommés par arrêté du président de l'établissement public ouvrant le concours.

6 La notation

- Il est attribué à chaque épreuve une note de 0 à 20.
- Seuls sont autorisés à se présenter aux épreuves d'admission les candidats déclarés aptes par le jury aux épreuves de pré-admission.
- Toute note inférieure à 5 sur 20 à l'une des épreuves entraîne l'élimination du candidat, sous réserve de règles particulières relatives aux épreuves physiques.
- Toutes les épreuves écrites sont anonymes et corrigées par deux correcteurs.
- Nul ne peut être déclaré admis s'il n'obtient au moins 10 sur 20 de moyenne à l'ensemble des épreuves, sans note éliminatoire.
- Enfin, le jury est souverain. Il arrête la note minimale permettant aux candidats d'être admis. Il est compétent pour prononcer l'annulation d'une épreuve. Il n'est pas tenu de pourvoir toutes les places offertes au concours.

© Éditions Foucher

2 LE MÉTIER ET LA CARRIÈRE

Les sapeurs-pompiers assurent l'un des services publics les plus appréciés de la population. En 2020, ils ont réalisé près de 5 millions d'interventions, soit une intervention toutes les 6,5 secondes. C'est l'équivalent d'une famille sur cinq qui a bénéficié de leurs services.

Initialement dédié à la lutte contre les feux, le métier de sapeur-pompier a profondément évolué. Le feu représente seulement 10 % des missions alors que le secours aux personnes constitue près de 80 % de l'activité. Parallèlement, d'autres missions ont accru le champ de compétence des sapeurs-pompiers : prévention des incendies et des risques de la vie courante, protection des biens et de l'environnement, pandémie, risque d'attentat, etc.

1 Les statuts et les missions

- Longtemps gérés par les communes, les sapeurs-pompiers et leurs moyens d'action (véhicules, casernes et matériels) sont organisés, depuis la loi de 1996, dans une entité départementale unique : le **service départemental d'incendie et de secours (SDIS)**, commandé par le directeur départemental des services d'incendie et de secours (DDSIS), officier supérieur de sapeurs-pompiers professionnels. Ce service est le seul compétent pour recruter et gérer les sapeurs-pompiers qui se composent :

– des **sapeurs-pompiers professionnels (SPP)**, fonctionnaires territoriaux dont l'activité de sapeur-pompier est la profession exclusive ;

– des **sapeurs-pompiers volontaires (SPV)**, citoyens qui souhaitent, en plus de leur activité principale (étudiant, salarié, profession libérale, etc.), participer aux missions de secours. Pour cela, ils souscrivent un engagement auprès d'un SDIS.

- Toutefois, dans les petites communes peuvent subsister des centres de première intervention (CPI) gérés par une commune (ou un groupement de communes), sous la responsabilité du maire (ou du président de l'EPCI) qui assure notamment le recrutement des sapeurs-pompiers volontaires communaux, placés sous l'autorité opérationnelle du DDSIS.

© Éditions Foucher

- L'organisation départementale prévaut partout en France sauf :
  - à Paris et dans les départements de la petite couronne – Hauts-de-Seine (92), Seine-Saint-Denis (93), Val-de-Marne (94) – où les secours sont assurés par la Brigade de sapeurs-pompiers de Paris (BSPP), unité militaire de l'Armée de terre ;
  - à Marseille et dans des communes limitrophes où les secours sont assurés par le Bataillon de marins-pompiers de Marseille (BMPM), unité de la Marine nationale.
- Les sapeurs-pompiers professionnels, civils en uniforme, relèvent de la fonction publique territoriale. Au sein de celle-ci, ils bénéficient d'un statut dérogatoire leur assurant des dispositions particulières (régime de travail, régime indemnitaire, etc.). Relevant de la tutelle du ministère de l'Intérieur (Direction générale de la sécurité civile et de la gestion des crises, DGSCGC), les sapeurs-pompiers agissent, en matière opérationnelle, sous l'autorité d'un élu titulaire du pouvoir de police (maire ou préfet).

2 Le recrutement

- Le présent ouvrage s'adresse aux candidats aux concours de caporal de sapeur-pompier professionnel.
- Néanmoins, le **recrutement direct au grade de sapeur-pompier sans concours**, et donc sans nécessité d'inscription sur une liste d'aptitude, est possible pour des SPV, dans la limite d'un pour deux candidats aux concours.
- Pour être **recrutés au grade de sapeur-pompier sans concours**, les candidats doivent postuler auprès du SDIS de leur choix, en adressant une lettre de candidature accompagnée d'un *curriculum vitae* (CV).
- Les **candidats à un poste de caporal** doivent attester, suite à leur réussite aux concours, d'une copie de l'attestation d'inscription en cours de validité sur une liste d'aptitude.
- En ce qui concerne les **caporaux**, les listes d'aptitude ont une durée de validité de 4 ans qui n'est cependant pas automatique. Celles-ci sont valables sur l'ensemble du territoire national, quel que soit le département au titre duquel elles sont établies. Mais l'inscription sur une liste d'aptitude ne donne pas accès directement à un emploi de sapeur-pompier.
- Enfin, dans l'hypothèse où le SDIS sollicité dispose de postes à pourvoir dûment publiés, les postulants seront recrutés après un entretien au terme d'une visite médicale strictement encadrée par des textes.

1re étape	2e étape	3e étape	4e étape	5e étape
Concours SPP de caporal de sapeur-pompier professionnel	Liste d'aptitude (4 ans maxi)	Lettre de candidature + CV + attestation d'inscription	Entretien individuel + visite médicale de recrutement	Recrutement en qualité de caporal de sapeur-pompier stagiaire

© Éditions Foucher

- Les candidats recrutés sont nommés **caporaux stagiaires**, pour une durée de 1 an, par le président du conseil d'administration du SDIS.

3 La formation initiale

- Dès le recrutement, les stagiaires suivent une **formation initiale d'intégration et de professionnalisation** dans une école départementale de sapeurs-pompiers. La durée, l'organisation et le contenu de cette formation sont définis par arrêté conjoint du ministre de l'Intérieur et du ministre chargé de la Fonction publique.
- Les stagiaires ne peuvent pas se voir confier de missions à caractère opérationnel avant d'avoir validé la totalité des unités de valeur de cette formation. Toutefois, ils peuvent, compte tenu de leurs qualifications antérieures, être autorisés à participer à des missions opérationnelles et être dispensés de suivre les formations correspondant à des compétences déjà acquises.
- Une commission instituée par arrêté du ministre de l'Intérieur examine le contenu des qualifications acquises par les agents avant leur nomination et émet un avis sur les dispenses partielles ou totales de la formation prévues ci-dessus – qualité de SPV, de sapeur-pompier de la BSPP ou de marin-pompier du BMPM, de militaire des formations militaires de la sécurité civile (UIISC), de sapeur-pompier auxiliaire ou de volontaire civil de sécurité civile.
- À l'issue de la formation initiale, les sapeurs-pompiers s'engagent à servir, à compter de la date de leur titularisation, dans le service départemental qui a pris en charge leur formation, pendant une période égale à trois fois la durée de leur formation à l'école départementale de sapeurs-pompiers. Cependant, ils peuvent être nommés dans un autre service départemental, sous réserve que le nouvel employeur verse au service départemental qui a pris en charge la rémunération les frais de formation et une indemnité correspondant au prorata du temps de service restant à effectuer.

4 La titularisation

- La titularisation des caporaux stagiaires intervient à la fin de la période de 1 an de stage par décision du président du conseil d'administration du SDIS. Pour l'obtenir, les sapeurs-pompiers doivent avoir satisfait aux épreuves de contrôle des connaissances sanctionnant la formation initiale, c'est-à-dire les unités de valeur de l'emploi d'équipier.
- De plus, le rapport du directeur de l'école dans laquelle le stagiaire a accompli sa formation initiale et celui du chef de service auprès duquel le stage d'application s'est déroulé doivent comporter un avis favorable.
- Lorsque la titularisation n'est pas prononcée, le stagiaire est licencié. Toutefois, s'il avait, avant, la qualité de fonctionnaire, il est réintégré dans son corps d'origine.

© Éditions Foucher

- À titre exceptionnel, le président du conseil d'administration du SDIS peut, après avis du directeur de l'école dans laquelle le stagiaire a accompli sa formation initiale, décider que la période de stage est prolongée d'une durée maximale de 1 an. À l'issue, l'intéressé est titularisé ou licencié.

5 Le déroulement de carrière

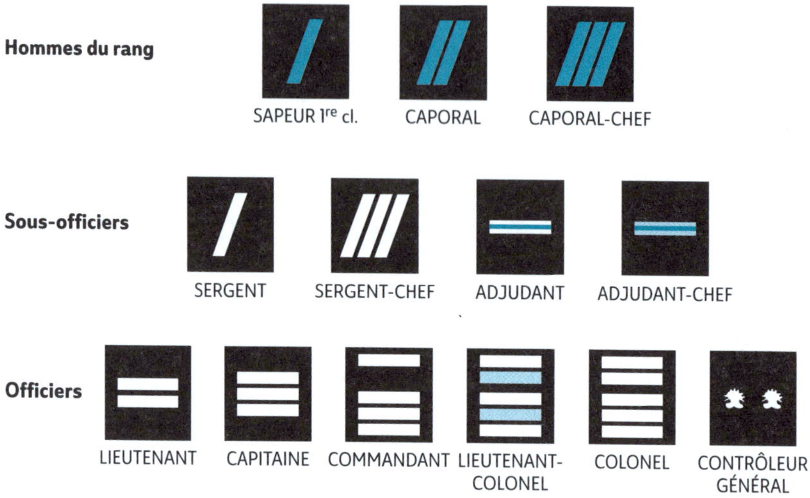

- Le déroulement de carrière s'effectue en combinant l'acquisition d'unités de valeur (qualifications techniques obtenues après formation) et d'ancienneté dans le grade.
- Après 2 ans de services effectifs au moins dans leur grade et sous réserve d'avoir acquis les unités de valeur d'équipier, les caporaux peuvent occuper la fonction de chef d'équipe.
- Après 5 ans de services effectifs au moins dans leur grade, les caporaux peuvent être nommés au grade de caporal-chef au choix par voie d'inscription sur un tableau annuel d'avancement établi après avis de la CAP.
- À l'issue d'un concours interne, les caporaux et caporaux-chefs totalisant 4 ans de services effectifs de sapeur-pompier professionnel peuvent accéder au cadre d'emplois des sous-officiers et être nommés sergents. Ceux-ci reçoivent ensuite la formation de chef d'agrès d'engin à une équipe.
- Après 4 ans de services effectifs au moins dans leur grade et sous réserve d'avoir acquis les unités de valeur de chef d'agrès tout engin, les sergents peuvent être nommés adjudant au choix par voie d'inscription sur un tableau annuel d'avancement établi après avis de la CAP.
- Les grades de sapeur, caporal, caporal-chef, sergent et adjudant sont ceux de la catégorie C de la filière sapeurs-pompiers. Sergents et adjudants relèvent du cadre d'emplois des sous-officiers et, après 3 ans de services effectifs au moins dans leur grade, ils reçoivent respectivement l'appellation de sergent-chef et adjudant-chef.

© Éditions Foucher

- La carrière des sous-officiers peut se poursuivre dans les cadres d'emplois des officiers en accédant aux grades de lieutenant de 2e, 1re classe et hors-classe. L'accès à ces grades se fait par concours externe, interne ou par examen professionnel soumis à des conditions d'ancienneté, d'unités de valeur et d'âge.

6 Le salaire

- Les sapeurs-pompiers qui avaient auparavant la qualité de fonctionnaire ou d'agent non titulaire de la fonction publique sont reclassés et perçoivent le traitement indiciaire correspondant à leur situation antérieure si ce traitement est supérieur à celui correspondant au 1er échelon du grade de caporal.
- Pour les autres, la rémunération est calculée sur la base de l'indice afférent au 1er échelon du grade de caporal. En plus de ce traitement indiciaire brut (TIB), les sapeurs-pompiers professionnels peuvent percevoir :
  - le supplément familial de traitement (en fonction du nombre d'enfants à charge) ;
  - l'indemnité de résidence (de 0 à 3 % du TIB en fonction de la zone d'exercice des fonctions) ;
  - un régime indemnitaire spécifique : indemnité de feu (25 % du TIB, décret du 24 juillet 2020), indemnité de logement (réservée aux agents non logés par le service), indemnité de responsabilité (variable en fonction du grade et de l'emploi), indemnité de spécialité (variable en fonction de la spécialité et de son niveau), indemnité horaire pour travaux supplémentaires ou indemnité forfaitaire pour travaux supplémentaires ou indemnité d'administration et de technicité.
- Les taux applicables aux différentes indemnités allouées aux sapeurs-pompiers professionnels, dont les modalités et limites sont définies par des textes réglementaires ministériels, sont pour la plupart arrêtés au niveau départemental par le conseil d'administration du SDIS.
- Certains SDIS offrent la possibilité de disposer d'un logement de service.

IMPORTANT

Vous trouverez les textes de référence pour les cadres d'emplois de la catégorie C des sapeurs-pompiers (décrets n° 2012-520 et 2012-521 du 20 avril 2012) sur le site www.legifrance.gouv.fr.

© Éditions Foucher

3 L'ENVIRONNEMENT PROFESSIONNEL

Que vous prépariez les concours externes ou l'examen professionnel, cette fiche est essentielle à votre culture de sapeur-pompier professionnel :

- candidat externe non sapeur-pompier, découvrez le monde professionnel où vous voulez travailler, le minimum à savoir sur la fonction publique et les institutions, cela vous servira à l'oral du concours ;
- candidat externe SPV, BSPP ou BMPM, cette fiche ainsi que les deux suivantes correspondent exactement à l'intitulé « Culture administrative » du programme de votre épreuve de questionnaire à choix multiple (unité de valeur de formation de culture administrative CAD1 de la formation initiale réglementaire des SPV) ;
- candidats déjà sapeurs-pompiers professionnels, approfondissez ces connaissances auxquelles les jurys sont sensibles.

1 L'organisation politique et administrative de la France

La France est un pays démocratique dont la Constitution a consacré la séparation des trois pouvoirs : exécutif, législatif et judiciaire.

A| Le pouvoir exécutif

- Il est chargé : de gérer la politique courante de l'État et de faire respecter l'ordre et la loi en ayant sous ses ordres les forces de police et l'administration pénitentiaire ; de conduire la politique étrangère ; de diriger la force militaire ; de représenter l'État ; de diriger les services publics ; d'éditer les règlements et de disposer de l'administration.
- Sous la Ve République française, il est partagé entre le **président de la République** (chef de l'État) et le gouvernement dirigé par le **Premier ministre**. En situation de concordance de majorité, le président de la République exerce la

© Éditions Foucher

réalité du pouvoir exécutif alors que celui-ci revient au Premier ministre en cas de cohabitation, c'est-à-dire lorsque la majorité de l'Assemblée nationale ne coïncide pas avec celle qui a élu le président de la République.

- Le **gouvernement** est responsable devant les citoyens des actions nécessaires à la conduite de l'État. Ses membres sont désignés sous le nom de ministres ou de secrétaires d'État et placés sous l'autorité du Premier ministre qui est désigné par le président de la République au sein de la majorité parlementaire.

B | Le pouvoir législatif

- Détenu en France par **deux chambres parlementaires**, l'Assemblée nationale et le Sénat, mais également par le peuple lors de la mise en œuvre du référendum, il vote et édicte la loi. Il a un pouvoir de censure et de contrôle sur le pouvoir exécutif grâce à la motion de censure, sans toutefois pouvoir destituer le président de la République, qui peut dissoudre l'Assemblée nationale entraînant une nouvelle élection.
- La **procédure législative** est l'ensemble des actes successivement accomplis par le gouvernement, l'Assemblée nationale et le Sénat pour déterminer la loi et son entrée en vigueur. Après son dépôt auprès de l'une des deux chambres, un texte adopté par l'une d'elles doit être transmis à l'autre chambre et y être voté de manière concordante. La promulgation de l'acte par le président de la République rend le texte définitivement adopté, et exécutoire avec force de loi.
- La **hiérarchie des normes** juridiques est, de la plus forte à la plus faible : la Constitution, la loi, le décret, l'arrêté et la circulaire ministérielle. Nul, en France, n'est censé ignorer la loi.

C | Le pouvoir judiciaire

- Il a pour rôle de contrôler l'application de la loi et sanctionne son non-respect. Il est confié aux magistrats, qui se fondent sur les textes de loi pour rendre leur décision. Il y a en France **deux ordres de juridiction** :

– les **juridictions de l'ordre judiciaire** sont compétentes pour le pénal et pour régler les litiges entre particuliers. On y établit d'abord la véracité de l'incrimination supposée puis, le cas échéant, on applique la peine prévue et détermine les conséquences civiles (économiques) ;

– les **juridictions administratives** sont compétentes pour juger des litiges entre l'État, les collectivités territoriales, les établissements publics et les particuliers.

- Les décisions sont rendues par les **magistrats du siège (les juges)** et l'action publique est représentée par les **magistrats du parquet (le procureur et ses substituts)**. Des recours en appel peuvent être interjetés contre la décision rendue en première instance. Le jugement en appel peut faire l'objet d'un pourvoi devant la Cour de cassation pour les juridictions judiciaires et devant le Conseil d'État pour les juridictions administratives.

© Éditions Foucher

D| Centralisation, décentralisation et déconcentration : l'État et les collectivités territoriales

- L'histoire constitutionnelle française évolue selon un mouvement de balancier entre la centralisation, la déconcentration et la décentralisation.
- La **centralisation** consiste à réunir tous les moyens d'action en un centre unique : l'État. Cette logique a pour avantages de consolider l'unité de la Nation, d'assurer un traitement égal et uniforme des administrés et de constituer un corps d'administrateurs d'élite imprégnés du sens du service public. Elle a cependant pour inconvénients d'entraîner un engorgement et des retards dans le traitement des affaires administratives, de produire un isolement du centre vis-à-vis de la province et de provoquer une inadaptation de l'action administrative à cause d'une méconnaissance des réalités territoriales.
- La **déconcentration** est une technique consistant pour les autorités centrales à déléguer certaines compétences administratives à des représentants locaux placés à la tête de territoires administratifs, le but étant de parvenir au maillage le plus performant.
- Contrairement à la déconcentration, la **décentralisation** consiste en un véritable transfert de compétences de l'État vers les collectivités territoriales : une autre personne publique intervient alors à la place de l'État, et ces compétences sont gérées au nom de la collectivité territoriale et pour son compte

E| Le découpage territorial

- La **région**, apparue dans les années 1950, est gérée par le conseil régional, élu pour 6 ans au suffrage universel direct.
- Le **département** (101, dont Mayotte, le dernier depuis le 31 mars 2011), créé en 1789, est géré par le conseil départemental dont les élus, conseillers départementaux élus pour 6 ans, sont renouvelés par moitié tous les 3 ans au suffrage universel direct.
- Les **conseillers régionaux et départementaux** siègent, chacun en ce qui les concerne, au conseil régional et au conseil départemental.
- La **commune** (35 416 au 1er janvier 2019), aussi créée en 1789, administrée par le conseil municipal élu pour 6 ans et présidée par le maire (élu en son sein), est la plus petite division administrative en France, seule dépositaire de l'état-civil et du cadastre.

» **Spécificité de la coopération intercommunale**

- L'**intercommunalité** permet aux communes de se regrouper au sein d'un établissement public, soit pour assurer certaines prestations (ramassage des ordures ménagères, assainissement, transports urbains, incendie et secours...), soit pour élaborer des « projets communs de développement au sein de périmètres de solidarité ». Les établissements publics de coopération intercommunale (EPCI) sont soumis à des règles communes, homogènes et comparables à

© Éditions Foucher

celles des collectivités territoriales. Les métropoles, communautés urbaines, communautés d'agglomération, communautés de communes, syndicats d'agglomération nouvelle, syndicats de communes (syndicats à vocation unique ou multiple, SIVU ou SIVOM) et syndicats mixtes sont des EPCI. Depuis la loi de 1999, les communes ne peuvent pas adhérer à plus d'un EPCI à fiscalité propre.

- Le **pouvoir de police du maire.** Le maire est l'autorité compétente pour prendre et faire respecter les mesures nécessaires au maintien de l'ordre, de la sécurité, de la tranquillité et de la salubrité publiques sur le territoire de la commune. Il est chargé, sous le contrôle administratif du préfet du département, de la police municipale, de la police rurale ainsi que de l'exécution des actes de l'État qui y sont relatifs. Il agit, également, en qualité d'officier de police judiciaire. Il est notamment chargé « de la prévention et de la cessation des accidents par la distribution des secours nécessaires, mesures qui, en cas de danger grave et imminent, doivent être portées d'urgence à la connaissance du représentant de l'État dans le département », selon l'article L. 2212-4 du code général des collectivités territoriales (CGCT).

2 La représentation territoriale de l'État

- **Les administrations de l'État sont les services des différents ministères**. Elles sont déconcentrées à l'échelon zonal (CRS, police aux frontières, état-major interarmées), interrégional ou interdépartemental, régional et départemental. En application de la révision générale des politiques publiques (RGPP), les services déconcentrés au niveau départemental ont été regroupés en deux ou trois directions départementales interministérielles (cohésion sociale, protection des populations, des territoires, les deux dernières fusionnées pour les départements de moins de 400 000 habitants).
- **Le préfet est le seul représentant de l'État pour son territoire de compétence** ; il y est responsable de l'exécution des dépenses de l'État et de la gestion du patrimoine immobilier et des matériels de l'État.
  Le **préfet de zone de défense** (assisté d'un préfet délégué) a notamment pour missions : l'élaboration des mesures non militaires de défense et la coopération avec l'autorité militaire, la coordination des moyens de sécurité civile et l'administration d'un certain nombre de moyens de la Police nationale et des transmissions du ministère de l'Intérieur.
  Le **préfet de région** a pour mission principale l'orientation et la coordination des politiques publiques dans tous les domaines hormis celui de la sécurité.
  L'**administration préfectorale** contrôle la légalité des actes des collectivités territoriales.

© Éditions Foucher

3 Défense et sécurité civiles

- **Historique** : le 23 juillet 1973 est créée la Direction de la sécurité civile devenue, le 7 septembre 2011, la Direction générale de la sécurité civile et de la gestion des crises (DGSCGC). La **DGSCGC** est la structure centrale responsable de la planification, de la gestion des crises et des accidents de la vie courante, qu'ils surviennent en France ou à l'étranger. Placée sous l'autorité d'un préfet, la DGSCGC compte dans ses rangs 2 500 personnels civils et militaires, répartis dans 60 sites.
- Le **centre opérationnel de gestion interministérielle des crises (COGIC)** est à la fois un organe de veille permanente mais également le cœur du suivi et de la conduite des crises relatives à tout événement susceptible d'affecter durablement la vie collective (risques naturels ou technologiques, risques sanitaires, grands événements (sommets politiques, événements sportifs)). La DGSCGC est également le gestionnaire du centre interministériel des crises (CIC) et entre en action dès lors que la gestion de la crise est déléguée par le Premier ministre au ministre de l'Intérieur. Son rôle est de rechercher la synergie opérationnelle entre la préparation et la gestion des crises.
- La **direction des sapeurs-pompiers** définit les mesures de la réglementation incendie et risques courants, les statuts, la doctrine de formation, d'emploi et d'équipement des 253 000 sapeurs-pompiers territoriaux, militaires et volontaires, et des 150 000 secouristes. Elle gère les services opérationnels nationaux qui interviennent sur le territoire français et contribuent aux actions internationales de secours, et établit la planification et la gestion des risques qui s'applique à maîtriser les quatre phases de la crise : la planification, la préparation, la réponse et le retour d'expérience.
- Les **quatre établissements de soutien opérationnel et logistique (ESOL)**, qui avaient été créés dans le but de constituer, à l'issue de la guerre, des ateliers de stockage et de révision de masques à gaz et de matériels destinés à la protection de la population, sont aujourd'hui le réservoir national de matériels de sécurité civile en soutien à l'activité des secours sur le terrain.
- Répartis dans **20 centres de déminage**, dont deux outre-mer, les démineurs de la sécurité civile sont chargés de la détection, de l'enlèvement, du désamorçage ou de la destruction des objets suspects. Ils apportent également leur concours lors des voyages officiels ou de grandes manifestations populaires et interviennent pour neutraliser et détruire les anciennes munitions des deux derniers conflits mondiaux, encore présentes dans le sol français.
- Les **formations militaires de la sécurité civile (FORMISC)**, unités de l'Armée de terre, de l'arme du Génie, sont constituées d'un état-major au sein de la DGSCGC et de trois unités d'intervention qui participent aux opérations nationales d'ampleur et à l'étranger dans les domaines des feux de forêts, les événements d'origine naturelle (séisme, cyclone, inondation, neige...) ou technologiques (pollution chimique, radiologique, accidents de transport...) et de l'aide humanitaire.

© Éditions Foucher

- L'**état-major interministériel de zone** coordonne les opérations et les formations sur son territoire.

4 La notion de service public : définition et grands principes constitutionnels du service public

Le service public est une activité d'intérêt général assurée par une personne publique et soumise à un régime juridique particulier.

- L'**égalité** est un principe constitutionnel inscrit dans la déclaration des droits de l'homme et du citoyen : à situation identique, les usagers doivent tous bénéficier des mêmes prestations. Tout traitement différent doit donc être justifié par une situation spéciale. Toute discrimination entre usagers est exclue, tant dans l'accès au service que dans l'usage.
- La **continuité** est le principe constitutionnel selon lequel le service public doit fonctionner de manière continue et régulière, sans autres interruptions que celles prévues par la réglementation en vigueur. Sa dernière expression en date est le service minimum.
- La **mutabilité ou adaptabilité** permet de modifier le régime de tout service public pour suivre l'évolution des besoins d'intérêt général. Cette condition justifie les mutations qui interviennent régulièrement dans les services publics, qui doivent s'adapter tant aux progrès de la technique qu'à l'évolution de la demande sociale. Cela implique qu'aucun obstacle juridique ne s'oppose aux changements à accomplir.
- La **gratuité** : si le service public est légalement obligatoire, les prestations doivent en être gratuites, financées par des impôts et taxes, sauf disposition législative contraire. Des exceptions existent encadrant la participation financière de l'usager au service (poste, transports...).
- La **neutralité** : le service public doit être guidé par l'intérêt général, sans être influencé par des intérêts privés. Cette obligation s'impose à tous les agents des services publics, qui ont interdiction d'exprimer leurs opinions politiques ou religieuses dans l'exercice de leur mission.
- La **transparence**, principe introduit il y a 35 ans et réaffirmé dans la loi de transformation de la fonction publique du 6 août 2019, lorsque le secret a été jugé incompatible avec la construction démocratique, a entraîné la levée de l'anonymat des agents publics, la liberté d'accès des citoyens aux documents administratifs et généré des normes minimales de publicité, de mise en concurrence des candidats et de transparence des décisions administratives.

4 LES SERVICES D'INCENDIE ET DE SECOURS

Dans chaque département, sauf Paris et sa petite couronne ainsi que Marseille, les services d'incendie et de secours sont constitués du service départemental, établissement public administratif, et, lorsqu'il en existe encore, des services communaux non « départementalisés » ne comprenant que des sapeurs-pompiers volontaires. Ces services sont chargés de la prévention, de la protection et de la lutte contre les incendies et concourent, avec les autres services et professionnels concernés (SAMU, gendarmerie, police) à la protection et à la lutte contre les autres accidents, sinistres et catastrophes, à l'évaluation et à la prévention des risques technologiques ou naturels ainsi qu'aux secours d'urgence.

1 Le cadre général

A| L'historique

- Les premières organisations de pompiers au **Moyen Âge**, formées par le clergé, les corporations et la troupe, ne faisaient que lutter contre les incendies, notamment en abattant (sapant) les habitations les plus proches du sinistre, faisant la part du feu : c'est l'origine du mot « sapeur ».
- Le décret du 29 décembre **1875** fixe les bases des corps départementaux, l'inspection départementale, le recrutement, les missions, le matériel et l'habillement.
- En **1925** ont lieu les nominations des premiers inspecteurs départementaux auprès des préfets.
- La loi du 23 février **1944** rattache les sapeurs-pompiers professionnels et volontaires au ministère de l'Intérieur.
- La **loi du 3 mai 1996** impose la réorganisation des services d'incendie et de secours au niveau départemental en 5 ans.

© Éditions Foucher

B| Les fondements juridiques

Ils sont à télécharger sur le site www.legifrance.gouv.fr :
- code général des collectivités territoriales ;
- code de la sécurité intérieure ;
- loi n° 83-634 du 13 juillet 1983 modifiée portant droits et obligations des fonctionnaires ;
- loi n° 84-53 du 26 janvier 1984 modifiée portant dispositions statutaires relatives à la fonction publique territoriale.

C| Les missions des services d'incendie et de secours

- Prévention et évaluation des risques de sécurité civile.
- Préparation des mesures de sauvegarde et organisation des moyens de secours.
- Protection des personnes, des biens et de l'environnement.
- Secours d'urgence aux personnes victimes d'accidents, de sinistres ou de catastrophes ainsi que leur évacuation.

D| Qui sont les sapeurs-pompiers (publics, militaires et privés) ?

- En France, la majorité des sapeurs-pompiers sont de statut public (42 000 professionnels et 200 000 volontaires) répartis dans les services d'incendie et de secours départementaux et communaux.
- Les secours dans les départements de Paris et de la petite couronne sont assurés par les militaires de la Brigade de sapeurs-pompiers de Paris (BSPP) ; et à Marseille par les militaires du Bataillon de marins-pompiers de Marseille (BMPM).
- Plusieurs **unités d'instruction et d'intervention de la sécurité civile (UIISC)** complètent le dispositif national qui totalise environ 12 800 agents. Ceux-ci participent aux interventions d'ampleur avec des détachements spécialisés (NRBC, feux de forêts, sauvetage-déblaiement, etc.).
- Dans diverses entreprises, usines et musées, des agents de sécurité incendie ou sapeurs-pompiers privés assurent la prévention et les premières actions opérationnelles en cas de sinistre, dans l'attente de l'intervention des secours publics.

2 Le service départemental d'incendie et de secours (SDIS)

A| Les tutelles

- Pour le fonctionnement et l'organisation opérationnelle, le SDIS est placé sous l'autorité du maire ou du préfet agissant dans le cadre de leurs pouvoirs respectifs de police administrative. De plus, le maire et le préfet disposent des moyens du SDIS pour assurer leurs missions de prévention, notamment en ce qui concerne la réglementation applicable aux risques d'incendie et de panique dans les établissements recevant du public et les immeubles de grande hauteur.
- Pour les activités de gestion des moyens (recrutement, acquisition de matériels, etc.), le SDIS est sous l'autorité de la présidente ou du président du conseil d'administration.

B| L'organisation opérationnelle

1| Le SDACR

Dans chaque département, un **schéma départemental d'analyse et de couverture des risques (SDACR)** dresse l'inventaire des risques de toute nature pour la sécurité des personnes et des biens ; il détermine en outre les objectifs de couverture de ces risques par les services départementaux d'incendie et de secours.

2| La hiérarchie

- Le **maire** et le **préfet** mettent en œuvre les moyens relevant des services d'incendie et de secours selon des règles prévues par un règlement opérationnel arrêté par le préfet après avis du conseil d'administration du SDIS.
- L'organisation du commandement est déterminée par le **règlement opérationnel**, qui précise notamment le classement des centres opérationnels : **centres de secours principaux (CSP)**, **centres de secours (CS)** et **centres de première intervention (CPI)**. Ce classement formalise les obligations minimales simultanées d'engagement de moyens opérationnels.
- Le **directeur départemental des services d'incendie et de secours (DDSIS)** est placé sous l'autorité du représentant de l'État dans le département et, dans le cadre de leur pouvoir de police, des maires, pour la direction opérationnelle du corps départemental des sapeurs-pompiers, la direction des actions de prévention relevant du SDIS, le contrôle et la coordination de l'ensemble des corps communaux et intercommunaux ainsi que la mise en œuvre opérationnelle de l'ensemble des moyens de secours et de lutte contre l'incendie. Il peut recevoir une délégation de signature du préfet, ainsi que ses principaux collaborateurs.

3 | Les moyens du SDIS

Pour assurer ses missions opérationnelles, le SDIS dispose des moyens techniques de gestion opérationnelle suivants :

- d'un **centre opérationnel départemental d'incendie et de secours (CODIS)** chargé de la coordination de l'activité opérationnelle au niveau du département ;
- d'un, ou, si nécessaire, de plusieurs **centres de traitement de l'alerte (CTA)**, chargé(s) de la réception, du traitement et de la réorientation éventuelle des demandes de secours. À cette fin, les CTA du SDIS sont interconnectés avec les centres de réception et de régulation des appels des unités participant au **service d'aide médicale urgente (SAMU)**, ainsi qu'avec les dispositifs de réception des appels destinés aux services de **police** et de **gendarmerie**.

C | L'organisation administrative

1 | Le conseil d'administration du SDIS

- Le **SDIS** est un **établissement public administré par un conseil d'administration** composé de représentants du département, des communes et des établissements publics de coopération intercommunale compétents en matière de secours et de lutte contre l'incendie.
- Ce conseil d'administration est présidé par le président du conseil départemental ou un des membres du conseil d'administration désigné. Le **président du conseil d'administration** est chargé de l'administration du SDIS. À ce titre, il prépare et exécute les délibérations du conseil d'administration. Il passe les marchés au nom de l'établissement, reçoit en son nom les dons, legs et subventions. Il représente l'établissement en justice et en est l'ordonnateur. Il nomme les personnels du service d'incendie et de secours.
- Assistent aux réunions du conseil d'administration, avec voix consultative, outre les élus :
  - le DDSIS ;
  - le président de l'Union départementale des sapeurs-pompiers ;
  - le médecin chef du service de santé et de secours médical des sapeurs-pompiers ;
  - un sapeur-pompier professionnel officier, un sapeur-pompier professionnel non officier, un sapeur-pompier volontaire officier et un sapeur-pompier volontaire non officier, en qualité de membres élus de la commission administrative et technique des services d'incendie et de secours.
- Le DDSIS exerce les fonctions de directeur de l'établissement public pour sa gestion administrative et financière, sous l'autorité du président du conseil d'administration, qui peut lui accorder une délégation de signature, ainsi qu'à ses principaux collaborateurs.

2 | Les personnels du SDIS

- Ce sont :
  - les sapeurs-pompiers professionnels ;
  - les sapeurs-pompiers volontaires à l'exception de ceux appartenant à des centres communaux non départementalisés (s'il en reste dans le département) ;
  - les sapeurs-pompiers auxiliaires du service de sécurité civile ;
  - les personnels administratifs, techniques et spécialisés.
- Tous les sapeurs-pompiers professionnels, officiers et non officiers, ainsi que les sapeurs-pompiers volontaires sont recrutés et gérés par le SDIS.
- Le SDIS construit, acquiert ou loue les biens nécessaires à son fonctionnement (bâtiments, engins et matériels).

3 | Les autres organes de gestion du SDIS

Il existe auprès du conseil d'administration une commission administrative et technique des services d'incendie et de secours (CATSIS), consultée sur les questions d'ordre technique ou opérationnel intéressant les services d'incendie et de secours. Elle comprend des représentants des sapeurs-pompiers professionnels et volontaires. Elle est présidée par le DDSIS.

4 | Le financement du SDIS

La contribution des communes au budget du SDIS est fixée par le conseil d'administration. La contribution du département au budget du SDIS est fixée, chaque année, par une délibération du conseil départemental votée au vu du rapport sur l'évolution des ressources et des charges prévisibles du service au cours de l'année à venir, adopté par le conseil d'administration de celui-ci.

5 | Le cadre financier des opérations de secours

- Le SDIS n'est tenu de procéder qu'aux seules interventions qui se rattachent directement à ses missions de service public.
- S'il a procédé à des interventions ne se rattachant pas directement à l'exercice de ses missions, il peut demander aux personnes bénéficiaires une participation aux frais, dans les conditions déterminées par délibération du conseil d'administration (pour destruction d'un nid de guêpes par exemple).
- Les interventions effectuées par le SDIS à la demande de la régulation médicale du centre 15, lorsque celle-ci constate le défaut de disponibilité des transporteurs sanitaires privés, font l'objet d'une prise en charge financière par l'établissement de santé siège du SAMU.
- De même, les interventions effectuées par les services d'incendie et de secours sur le réseau routier et autoroutier concédé (à des sociétés d'autoroute par exemple) font l'objet d'une prise en charge par les sociétés concessionnaires d'ouvrages routiers ou autoroutiers.

5 LE DROIT DE LA FONCTION PUBLIQUE

En France, la fonction publique comprend l'ensemble des agents (environ 5,5 millions) occupant les emplois civils permanents de l'État, des collectivités territoriales (commune, département ou région) et des établissements publics de coopération intercommunale (EPCI) ainsi que de certains établissements publics hospitaliers.

1 Les principes fondamentaux de la fonction publique (FP)

- La FP s'organise selon le système de la **carrière**. Le fonctionnaire est placé dans un **corps** (ou un **cadre d'emplois** pour la fonction publique territoriale), c'est-à-dire un ensemble de fonctionnaires soumis au même statut particulier, divisé en grades, dans lesquels il progresse et fait carrière. Il est affecté à un des emplois correspondant au niveau du corps (grade) dans lequel il se trouve. Il peut néanmoins changer d'emploi sans subir de conséquence sur le déroulement de sa carrière. Ce système garantit davantage la stabilité de l'emploi et apporte de la continuité à l'administration malgré les changements politiques.
- Les fonctionnaires sont dans une situation **statutaire** (contrairement aux contractuels de l'administration et aux employés des entreprises publiques ou privées) : ils n'ont pas de contrat de travail car leur emploi, leur statut et l'évolution de leur carrière sont directement fixés par des dispositions législatives et règlementaires (décrets, arrêtés). Ils sont nommés et classés par acte unilatéral qui leur est notifié individuellement et ne sont pas soumis au code du travail, sauf pour certaines dispositions (non-discrimination, hygiène et sécurité).
- Il existe trois fonctions publiques : la **fonction publique d'État** (FPE : agents des ministères, de leurs services déconcentrés et des préfectures), la **fonction publique hospitalière** (FPH : agents des établissements publics sociaux, médicaux-sociaux ou de santé) et la **fonction publique territoriale** (FPT : agents des collectivités territoriales, de leurs groupements et établissements publics, dont les SDIS). Les sapeurs-pompiers relèvent de la FPT.

2 Les droits des fonctionnaires

- L'agent de la fonction publique perçoit mensuellement à service fait une **rémunération**, dont la valeur brute (avant retenues) est calculée en multipliant le nombre de points d'indice de l'échelon détenu dans le grade (selon une grille indiciaire) par la valeur du point (commune à tous les fonctionnaires), augmentée de divers compléments réglementés et un régime indemnitaire (déterminé selon divers critères).
- Il a droit à la **formation**, à un **congé annuel** et aux congés nécessités par certaines situations (maladie, maternité, paternité, formation professionnelle, bilan de compétences, formation syndicale...) et à une **retraite** ainsi qu'à une **non-discrimination** (en fonction de l'opinion, du sexe, de la santé ou de l'appartenance...).
- Il a droit à la **protection fonctionnelle** de sa hiérarchie et de sa collectivité d'emploi contre les menaces, injures ou violences du fait de son travail.
- Il a droit de conserver sa **liberté d'opinion**, son **droit syndical** et son **droit de grève** (sauf pour certains corps). En cas de grève, pour assurer la continuité du service public, il peut être réquisitionné et est alors obligé d'exécuter les missions qui lui sont confiées, faute de quoi il peut subir des sanctions pénales et disciplinaires.

3 Les obligations ou devoirs des fonctionnaires

- L'agent de la fonction publique doit **obéissance à sa hiérarchie**, sauf en cas d'ordre illégal ou contraire à l'intérêt public.
- Il ne peut avoir d'intérêt direct ou indirect avec les entreprises en relation avec son administration, de nature à compromettre son indépendance. Le fonctionnaire doit ainsi respecter, dans le cadre de ses fonctions, les principes déontologiques tels que la probité et la neutralité. Celui-ci est également soumis au **devoir de réserve** qui consiste à ne pas divulguer d'informations relatives aux victimes secourues. Enfin, il a l'obligation de **discrétion professionnelle** qui implique de ne pas diffuser d'informations liées à son administration.
- Il est tenu de répondre au public qui s'informe auprès de lui. Il ne peut cumuler des activités salariées, à l'exception de certaines activités commerciales, de formation, de production d'œuvres scientifiques, littéraires ou artistiques, à condition d'en avoir au préalable effectué la demande formelle auprès de son autorité de tutelle, laquelle peut refuser en cas d'indépendance insuffisante.

4 La carrière

- La fonction publique est structurée en **trois catégories A et A+, B et C**, en fonction du niveau hiérarchique et du niveau de diplôme exigé pour le recrutement. L'accès se fait par concours externe ou interne. Les concours internes sont réservés aux fonctionnaires ou agents publics ayant déjà une certaine ancienneté. Les diplômes exigés ne sont pas les mêmes que pour les concours externes, les épreuves étant plus professionnelles ou moins théoriques.
- Après recrutement suite à une vacance d'emploi, l'agent public est d'abord stagiaire. À l'issue du stage pendant lequel il doit avoir satisfait à certaines obligations de formation, l'agent est soit titularisé (il devient alors fonctionnaire), soit son stage est prolongé, soit il est licencié. La position normale est l'activité, mais il peut aussi être détaché, hors cadre, en disponibilité ou en congé parental.
- Il existe **trois formes d'évolution professionnelle** : l'avancement d'échelon, la promotion de grade ou de classe, le passage à un autre corps ou cadre d'emplois de niveau supérieur.
- En cas de non-respect de ses obligations, le fonctionnaire s'expose à des **sanctions disciplinaires**, délivrées de plein droit par l'autorité investie du pouvoir de nomination, réparties en quatre groupes, du simple avertissement jusqu'à la révocation. Le déclenchement de l'**action disciplinaire** est à la discrétion de l'administration, qui peut écarter temporairement l'agent du service (suspension administrative). La procédure est contradictoire, après communication du dossier et, pour les fautes graves, avis motivé du conseil de discipline paritaire compétent. La sanction motivée peut faire l'objet de recours auprès du conseil de discipline de recours voire en juridiction administrative.

5 Le statut des sapeurs-pompiers professionnels

A| Les sapeurs-pompiers, une filière de la FPT

- Les catégories sont les suivantes :
- la **catégorie C** comprend deux cadres d'emplois : les hommes du rang (grades de sapeur, caporal et caporal-chef) et les sous-officiers (grades de sergent et d'adjudant) ;
- la **catégorie B** comprend un cadre d'emplois : lieutenant (2e, 1re classe et hors-classe) ;
- la **catégorie A** comprend un cadre d'emplois : capitaine, commandant et lieutenant-colonel ;
- la **catégorie A+** comprend un cadre d'emplois : colonel, colonel hors classe et contrôleur général.

- L'autorité territoriale est le président du conseil d'administration du SDIS (PCASDIS) pour la catégorie C, le préfet et le PCASDIS pour la catégorie B et le ministre de l'Intérieur (DGSCGC) et le PCASDIS pour les catégories A et A+.
- La **formation** des sapeurs-pompiers est régie par la loi du 12 juillet 1984 relative à la formation des agents de la fonction publique territoriale et l'arrêté du 21 novembre 1994 relatif à la formation des sapeurs-pompiers professionnels. Il existe différentes formations : **initiale d'application, continue d'adaptation à l'emploi, continue de maintien et de perfectionnement des acquis, de spécialisation.** Un plan de formation est arrêté par le SDIS. Divers organismes de formation y participent : l'école départementale, les écoles régionales et interrégionales et l'École nationale supérieure des officiers de sapeurs-pompiers.

B| Les organes paritaires de concertation

- Au niveau national, le **Centre national de la fonction publique territoriale (CNFPT)** est l'établissement public administratif qui intervient dans la gestion de la FPT : administration générale, conseil, recrutement et formation. Il donne un avis avant toute modification statutaire concernant la FPT.
- La **commission administrative paritaire (CAP)** donne un avis sur tout ce qui concerne la carrière individuelle (report de titularisation ou licenciement à la fin du stage, notation, avancement). La CAP nationale placée auprès de la DGSCGC statue pour les catégories A et A+ et B. La CAP départementale traite de la catégorie C.
- L'article 4 de la loi de transformation de la fonction publique (06/08/2019) crée le **comité social territorial (CST)** issu de la fusion du comité technique (CT) et du comité d'hygiène, de sécurité et des conditions de travail (CHSCT). Il est ainsi institué, dans les trois versants de la fonction publique, une instance unique pour débattre des sujets d'intérêt collectif. Cette disposition s'appliquera à partir des élections professionnelles de 2022 (article 94 de la présente loi). Un **comité social territorial** sera ainsi créé dans chaque collectivité ou établissement employant au moins cinquante agents.

C| Les notions de responsabilité pénale, civile, administrative

- Lorsqu'on engage la responsabilité de l'administration, il faut lui imputer une **faute** et l'identifier. La victime doit prouver la faute, le lien de causalité ainsi que le caractère fautif du fait générateur. Dans certains cas, la charge de la preuve est renversée : c'est à l'administration de prouver qu'elle n'a commis aucune faute.
- Si un fonctionnaire a commis une **infraction pénale**, réprimée par une loi (ex : blessure ou homicide involontaire), il peut être traduit devant un juge pénal, par une victime ou par le procureur de la République.
- On parle de **responsabilité civile** lorsque l'action en justice est exercée par une victime avec pour but d'obtenir une réparation (dommages et intérêts). Si la faute commise est détachable (sans lien) des fonctions de l'agent public, la

victime engage l'action devant le juge pénal et/ou civil. Si la faute est **non détachable**, la victime doit saisir le tribunal administratif. Si un dédommagement est accordé par la victime, il est alors à la charge de l'administration de l'agent (État ou collectivité territoriale, voire SDIS). L'administration doit accorder la protection fonctionnelle à son agent (payer les avocats), mais peut ensuite engager une procédure disciplinaire à son encontre voire intenter une action récursoire contre lui devant le tribunal administratif, visant à le faire condamner à rembourser les frais imputés à l'administration (cas extrêmement rare).

- En ce qui concerne la **conduite des véhicules**, le conducteur en assume personnellement la responsabilité pénale, en toutes occasions, même en opération.
- Tout événement anormal doit impérativement être explicité rapidement, de manière fidèle et détaillée dans un **compte rendu écrit** transmis par la voie hiérarchique. C'est la meilleure façon pour un agent de défendre ses intérêts.

FAITES LE POINT !

Exercice Testez vos connaissances !

Cochez la bonne réponse.

1. Les sapeurs-pompiers sont compétents pour :

☒ A le secours à personne
☒ B la lutte contre les incendies
❑ C la protection de l'environnement

2. Le numéro d'appel des sapeurs-pompiers est le :

❑ A 112
❑ B 15
☒ C 18

3. Les missions des sapeurs-pompiers sont :

❑ A toujours gratuites
☒ B parfois payantes

4. Quelles sont les missions que les sapeurs-pompiers réalisent le plus souvent ?

☒ A Le secours aux personnes
☒ B La lutte contre les incendies
❑ C La destruction des hyménoptères

5. Les sapeurs-pompiers professionnels sont :

❑ A des militaires
❑ B des fonctionnaires de l'État
☒ C des fonctionnaires des collectivités territoriales

6. Quelle différence existe-t-il entre un sapeur-pompier professionnel (SPP) et un sapeur-pompier volontaire (SPV) ?

❑ A L'uniforme
☒ B Le statut
❑ C La couleur des grades

7. Les sapeurs-pompiers professionnels sont recrutés par :

❑ A le préfet du département
❑ B le maire de la commune
☒ C le président d'un conseil d'administration

8. Le conseil d'administration du SDIS est composé :

- ☒ A de maires, de conseillers départementaux et de membres des établissements publics de coopération intercommunale
- ❑ B seulement de conseillers départementaux
- ❑ C uniquement de sapeurs-pompiers professionnels

9. Depuis quand les sapeurs-pompiers professionnels sont-ils gérés uniquement par les SDIS ?

- ❑ A 1989
- ☒ B 1996
- ❑ C 2002

10. Combien y a-t-il de sapeurs-pompiers volontaires en France ?

- ☒ A 200 000
- ❑ B 35 000
- ❑ C 100 000

11. Combien y a-t-il de sapeurs-pompiers professionnels en France ?

- ❑ A 200 000
- ☒ B 42 000
- ❑ C 12 800

12. Les jeunes sapeurs-pompiers (JSP) sont :

- ❑ A des sapeurs-pompiers professionnels recrutés depuis moins de 2 ans
- ❑ B des sapeurs-pompiers volontaires ayant moins de 25 ans
- ☒ C des jeunes âgés de 14 à 17 ans qui se sont engagés pour apprendre les techniques de base du métier de sapeur-pompier

13. En dehors du temps de travail, les sapeurs-pompiers sont autorisés à porter leur uniforme.

- ❑ A Vrai
- ☒ B Faux

14. Lorsqu'ils roulent avec le gyrophare et la sirène, les sapeurs-pompiers ont :

- ❑ A le droit de dépasser les limitations de vitesse
- ☒ B la priorité en toutes circonstances
- ☒ C l'autorisation de passer aux feux rouges sous réserve de conditions particulières

15. Le Plan NOVI est un plan de secours :

- ❑ A réservé aux personnels des entreprises
- ❑ B permettant de porter secours à de multiples victimes
- ☒ C permettant de porter secours à de nombreuses victimes

16. Les centres de secours principaux sont :

❑ A des centres dans lesquels les chefs sont des sapeurs-pompiers volontaires
☒ B des centres importants capables de réaliser au moins quatre missions de secours en même temps
❑ C des centres de première intervention

17. Les sapeurs-pompiers peuvent travailler en équipe de garde pour des périodes de :

☒ A 8, 12 ou 24 heures
❑ B 48 heures
❑ C une semaine

18. Les sapeurs-pompiers ont :

❑ A le droit de faire grève dans les mêmes conditions que les autres fonctionnaires
☒ B le droit de faire grève sous certaines conditions
❑ C l'interdiction de faire grève

19. Le CTA est l'endroit où les sapeurs-pompiers :

☒ A réceptionnent et traitent les appels d'urgence
❑ B se reposent entre deux interventions
❑ C s'occupent des blessés intransportables

20. Le SDACR est :

❑ A le document qui recense les risques du département
❑ B le dessin qui représente, sur la carte d'état-major, l'emplacement des casernes de sapeurs-pompiers dans le département
☒ C le document qui détermine les objectifs de couverture

21. Qui appelle-t-on pour une personne gravement malade à son domicile ?

❑ A Le Samu
❑ B Les sapeurs-pompiers
☒ C Tout dépend de la gravité

22. Qui doit-on appeler lorsqu'un enfant reste enfermé dans les toilettes sans que l'on puisse ouvrir la porte ?

❑ A Les sapeurs-pompiers
❑ B Le Samu
☒ C Un serrurier

23. Les services départementaux d'incendie et de secours (SDIS) sont financés par :

❑ A un impôt sur les produits manufacturés polluants
☒ B une contribution des communes, des communautés d'agglomération et du conseil départemental
❑ C l'État, par le biais de l'impôt sur le revenu

24. Les entreprises qui favorisent l'emploi des sapeurs-pompiers volontaires sont appelées :

☐ A employeurs responsables
☒ B employeurs partenaires
☐ C employeurs sélectifs

25. Pour éteindre un feu d'essence, il faut utiliser :

☐ A du sable
☐ B un ventilateur chargé de produit retardant
☒ C de la mousse produite par un mélange d'eau et de produit moussant

26. Face à une personne qui fait un malaise dans la rue, il faut :

☐ A ne rien faire en attendant l'arrivée de la police
☒ B appeler les pompiers en composant le 18
☒ C placer la personne en position latérale de sécurité

27. En étant sapeur-pompier, on peut acquérir les spécialités suivantes :

☐ A plongeur
☐ B alpiniste
☒ C secouriste en milieu périlleux

28. Les sapeurs-pompiers sont organisés par grades :

☐ A chef, sous-chef, exécutant
☒ B sapeur, caporal, caporal-chef, sergent, adjudant
☐ C sergent-chef, adjudant-chef, sapeur

29. Pour réaliser la prévention des incendies dans les immeubles, les sapeurs-pompiers :

☒ A participent aux commissions de sécurité qui examinent les projets de construction
☐ B contrôlent l'activité des architectes
☐ C recrutent des agents de sécurité

30. Lorsqu'on est sapeur-pompier, on peut porter :

☒ A l'uniforme lors des manifestations officielles
☐ B la tenue d'intervention en dehors d'une garde
☐ C les effets vestimentaires du SDIS en congé

CORRIGÉS

1 A, B, C – Pour compétences partagées. Ils sont compétents pour le secours à personne avec le service d'aide médicale urgente (Samu) mais également dans la lutte contre l'incendie et la protection de l'environnement.

2 C – Le 112 est le numéro européen d'appel d'urgence et le 15 celui du Samu.

3 B – Pour toute action ne relevant pas de leurs compétences, une contribution du bénéficiaire est demandée, par exemple pour la destruction d'un nid de guêpes.

4 A – La lutte contre les incendies ne représente que 10 % de leurs interventions.

5 C – À Paris (ainsi que dans les départements de la petite couronne) et à Marseille, ils sont militaires : Brigade des sapeurs-pompiers de Paris (BSPP) et Bataillon des marins-pompiers de Marseille (MMPM).

6 B – Le SPP est un fonctionnaire territorial ; le SPV est un citoyen qui souscrit un engagement pour 5 ans.

7 C – Le président du conseil d'administration du service départemental d'incendie et de secours.

8 A

9 B – Jusqu'en 1996, les sapeurs-pompiers étaient gérés essentiellement par les communes.

10 A

11 B

12 C

13 B – Le port de l'uniforme n'est autorisé que pour les activités de service.

14 A, C – Le gyrophare et la sirène ne donnent pas la priorité, ils informent les automobilistes qu'ils doivent céder le passage.

15 C

16 B – Les centres de première intervention sont des petits centres dont la vocation est d'intervenir uniquement dans leur commune d'implantation.

17 A – Le statut interdit une période de travail supérieure à 24 heures consécutives.

18 A – Afin de pouvoir assurer la continuité des secours, le préfet réquisitionne les effectifs opérationnels de garde.

19 A – Centre de traitement des appels.

20 A, C

21 A – Les urgences médicales ne relèvent pas de la compétence des sapeurs-pompiers.

22 C – Les sapeurs-pompiers n'interviendront pas sauf en cas d'urgence avérée.

23 B

24 B

25 C

26 B, C

27 A, C

28 B

29 A

30 A

Partie 2
LES ÉPREUVES D'ADMISSIBILITÉ

Étude de texte
(concours externe non SPV)

QCM de mathématiques
(concours externe non SPV)

QCM de connaissances professionnelles
(concours SPV)

© Éditions Foucher

Étude de texte

(concours externe non SPV)

Coefficient 1

Durée : 1 heure

 # Faites le point

Testez vos connaissances

foucherconnect.fr/rcspv06

© Éditions Foucher

1 PRÉSENTATION DE L'ÉPREUVE

1 Qu'est-ce que l'étude de texte ?

L'étude de texte a pour objet d'apprécier la capacité du candidat à repérer et analyser des informations. Coefficient : 1 - Durée : 1 heure.

A | Les connaissances requises

Aucun programme n'étant indiqué dans les définitions de l'épreuve, attendez-vous à ce que soient évalués :

- votre esprit de synthèse : vous devez être capable de repérer les idées essentielles, de les ordonner, de résumer, etc. ;
- vos connaissances générales ;
- votre maîtrise de la langue : des questions peuvent vérifier votre capacité à comprendre et à manipuler le vocabulaire, à traiter et à relier les informations.

L'épreuve vise à évaluer la compréhension d'un texte, mais aussi les compétences d'écriture dans la rédaction des réponses. Les correcteurs attachent de l'importance à la syntaxe et à l'orthographe.

IMPORTANT

Une composition émaillée d'erreurs d'orthographe et de grammaire est particulièrement préjudiciable.

B | Le texte à expliquer

Le texte à expliquer est un texte fonctionnel (qui n'est pas de fiction), généralement d'actualité, le plus souvent un article de presse. Le texte peut aussi être issu d'un essai (écrit de réflexion) sur un sujet traversant les époques.

© Éditions Foucher

2 Quels sont les types de questions ?

A | Pour exploiter le texte

Des questions relèvent de la **compréhension globale** du texte.

Exemples

- Résumez le texte.
- Dégagez les idées principales.
- Quel est le problème évoqué ?

D'autres questions relèvent de la **compréhension détaillée** du texte.

Exemples

- Recherchez des expressions qui prouvent…
- Relevez les passages qui montrent…
- Citez les domaines concernés par…
- Expliquez l'expression…
- Définissez le mot…
- D'après l'auteur, qui est responsable de… ?

B | Pour vérifier la culture générale

Certaines questions demandent l'avis du candidat ou font appel à ses connaissances générales.

Exemples

- Citez une autre association humanitaire, expliquez son objectif.
- D'après vous, quel rôle joue la publicité ?
- Pensez-vous, comme l'auteur, que… ?

© Éditions Foucher

2 MÉTHODE DE L'ÉPREUVE

L'épreuve de français dure 1 heure : c'est court. Aussi est-il tentant d'aborder l'épreuve en se jetant sur les questions : essayez de résister ! Entraînez-vous en temps réel. Utilisez un brouillon et numérotez bien les questions.

1 Comprendre le texte

A | Le premier contact avec le texte

Le texte nécessite une lecture attentive. Si le candidat prend connaissance des questions d'abord, sa lecture est orientée par la recherche des réponses. Or il est nécessaire qu'il comprenne le texte dans sa globalité.

MÉTHODE

Commencez par observer le **paratexte** : nom de l'auteur, date de parution, titre... Ces informations vous donnent sans doute une première idée sur le type de texte : un point de vue, un reportage, etc.
Observez ensuite la **forme du texte** : dans un article de presse, le titre, le chapeau, les intertitres sont mis en valeur et donnent déjà des renseignements importants.
Lisez une première fois le texte et posez-vous cette question : De quoi parle-t-il ? (Imaginez que vous en faites un rapide résumé à quelqu'un.) Si vous n'en êtes pas capable, recommencez la lecture.

B | La première lecture : une lecture de repérage

Lors de la première lecture du texte, vous devez vous poser les questions suivantes :

- **Quel est le thème ?** Le thème est le sujet du texte : ce dont on parle. On préfère le mot « thème » au mot « sujet » qui a plusieurs sens. Dans un article de presse,

© Éditions Foucher

il est souvent annoncé dans le titre. Dans un essai, le titre de l'ouvrage peut aussi donner cette information. Si le titre ne fournit pas le renseignement ou est absent, les premières lignes du texte éclairent le lecteur ;

- **Quel est le contexte ?** Qui parle à qui ? Où ? Quand ? Dans quel but ? Ce sont les questions que le lecteur doit impérativement se poser ;
- **Quelle est l'opinion défendue ?** Dans la plupart des cas, le texte proposé a une visée argumentative. L'auteur défend une opinion : une thèse. Elle est le plus souvent annoncée au tout début du texte. Si ce n'est pas le cas, elle est l'aboutissement d'un raisonnement et se trouve généralement à la fin du texte. Quoi qu'il en soit, au terme de la lecture, il faut se demander : quel message l'auteur veut-il me transmettre ? De quoi veut-il me convaincre ? ;
- **Quelles sont les intentions de l'auteur ?** Dans un texte argumentatif, l'auteur veut convaincre ses lecteurs du bien-fondé de son opinion, en développant une suite d'arguments.

C | La deuxième lecture : une lecture sélective

Le candidat doit lire attentivement les questions, puis relire le texte. Cette deuxième lecture est donc orientée en fonction des consignes.

MÉTHODE

Utilisez des surligneurs (2 couleurs, pas plus) et un crayon à papier pour entourer les mots de liaison et les mots clés par exemple.

1 | Repérer les mots clés et les mots de liaison

Dans une lecture sélective, il faut repérer les mots ou expressions clés qui éclairent le sens du texte. Il faut entourer les mots de liaison qui structurent le texte et permettent de comprendre le raisonnement de l'auteur.

Les premiers mots clés à identifier sont évidemment ceux qui donnent le thème du texte et précisent le problème posé. Mais il est nécessaire d'aller plus loin et de relever les termes les plus importants, ceux qui vont permettre de comprendre le point de vue exposé dans le texte.

Exemple 1

Aujourd'hui, beaucoup de fonds sous-marins qui furent des paradis ont été transformés en quasi déserts. Bien entendu, la pollution agricole et industrielle est responsable d'une partie de ce désastre écologique. Mais l'industrie du tourisme, telle que nous la subissons, doit être mise en cause. (Jacques-Yves Cousteau et Yves Paccalet, *Almanach Cousteau de l'environnement*, 1991.)

Le thème : la pollution des fonds marins
Ce début de texte annonce l'**opinion défendue par l'auteur (sa thèse)** : le milieu marin est en danger, en grande partie à cause de l'industrie du tourisme.

© Éditions Foucher

Exemple 2

Voici deux paragraphes qui commencent de la même manière et, pourtant, l'un et l'autre défendent des points de vue opposés.

A. En France, trois adolescents sur quatre ont un profil sur Facebook. Mais ils ne réalisent pas qu'ils sont vulnérables face aux harceleurs et aux séducteurs. « Je me suis rendu compte que mon fils est en contact avec des adultes lorsqu'il est sur certains jeux », dit une maman inquiète.

B. En France, trois adolescents sur quatre ont un profil sur Facebook. À un âge où la communication est parfois délicate, Facebook permet de se parler directement sans craindre le regard des autres. Ils ont alors une image plus valorisante d'eux-mêmes. De plus, Facebook permet de discuter en dehors du collège, de s'entraider pour les devoirs.

Les mots et expressions clés qui montrent l'opinion défendue sont surlignés. Les mots de liaison sont soulignés. Dans le paragraphe A, Facebook met en danger les adolescents ; dans le paragraphe B, Facebook est positif et aide les adolescents à communiquer.

2 Bien identifier les consignes

Il est nécessaire de distinguer les questions qui concernent uniquement un travail sur le texte de celles qui exigent des commentaires et/ou des connaissances. Les questions demandant une réponse longue nécessitent un brouillon : résumer le texte, dégager les idées principales...

A | Les questions sur le texte

Elles demandent d'exploiter le texte. Le candidat ne doit en aucun cas donner son opinion. Il doit bien identifier la consigne.

MÉTHODE

« Quelle est l'opinion de l'auteur ? » est une question différente de « Relevez la phrase qui exprime l'opinion de l'auteur ». Vous pouvez répondre à la première avec vos propres mots ; la seconde, au contraire, demande de reprendre un extrait du texte que vous recopierez avec des guillemets.

B | Quelques verbes de consigne

Verbe	Sens du verbe
Caractériser	Définir avec précision quelque chose ou quelqu'un
Citer	Nommer de façon précise
Comparer	Voir ce qui est pareil et ce qui est différent

© Éditions Foucher

Définir	Donner précisément le sens d'un mot, d'une expression
Expliquer	Faire comprendre en développant
Identifier	Retrouver pour un élément particulier les données qui le caractérisent
Relever	Reprendre des fragments de texte
Résumer	Rédiger un texte court reprenant avec ses propres mots les idées principales
Retranscrire	Recopier une phrase ou un groupe de mots à l'identique

3 Répondre aux questions vérifiant la compréhension globale

A | Trouver l'idée principale ou un titre

L'**idée principale** doit correspondre le plus exactement possible à ce qu'a voulu dire l'auteur à propos du thème. Elle ne doit pas être la reprise d'une phrase du texte : le candidat doit utiliser ses propres mots et écrire une seule phrase.

Exemple

Avec des actions concrètes, chacun d'entre nous peut contribuer à protéger l'environnement.

Le **titre** résume l'essentiel du texte en une formule claire et concise : 5 à 10 mots.

MÉTHODE

N'hésitez pas à employer des signes de ponctuation :
- deux points mettent en évidence un problème, créent un lien de cause à effet ;
- un point d'exclamation souligne un sentiment, un jugement…

Exemple

Reprenez la phrase de l'exemple précédent et réduisez-la en une formule qui pourrait être un titre : « Environnement : le tourisme aussi responsable ! »

Il faut éviter les titres en deux ou trois mots (titres chocs) qui risquent de ne pas informer sur l'idée principale du texte. Il est tentant d'écrire une formule du type : « Environnement : tous responsables ! », mais dans ce cas, on peut comprendre que nous sommes tous responsables de la pollution, ce qui n'est pas l'opinion défendue dans l'extrait de texte.

B | Repérer les idées principales

Lors de la lecture, il faut bien repérer les étapes du déroulement de la réflexion de l'auteur afin de réutiliser ensuite les éléments pertinents pour le sujet à traiter. Dégager les idées principales, c'est identifier l'enchaînement des arguments qui soutiennent l'opinion défendue par l'auteur. Il faut surligner les arguments et supprimer les exemples et les détails secondaires qui illustrent les idées.

IMPORTANT

Lors du concours, vous pouvez avoir à répondre à ce type de questions :
- relever les idées principales ;
- dégager les idées principales ;
- résumer le texte.

1 | Différencier les arguments des exemples

a. Les arguments

Ce sont des idées qui appuient la thèse (opinion) défendue. Ce sont ces idées que le candidat doit surligner. Les arguments peuvent :

- être fondés sur la raison, la logique ;

Exemple

Parce que l'école est le lieu éducatif par excellence, les professeurs doivent avoir une solide formation.

- faire appel à des citations de personnes reconnues dans leur domaine, ou à des chiffres très significatifs ;

Exemple

La télévision est le média le plus démocratique, 99 % des foyers possèdent au moins un téléviseur.

- faire référence à des valeurs communes : défense de la liberté, du respect, de la justice, etc.

Exemple

La Déclaration des droits de l'homme nous rappelle que nous sommes tous égaux et que nous avons les mêmes droits.

b. Les exemples

Les exemples sont toujours concrets. Ils peuvent illustrer des arguments mais, parfois, ils peuvent remplacer l'argument. On ne les surligne pas.

On peut aussi partir d'un exemple pour dérouler l'argumentation. Dans ce cas, il faut chercher l'idée que veut transmettre l'auteur à travers l'exemple.

Exemple

« Un SDF est mort de froid, les logements d'urgence sont très insuffisants et les SDF sont de plus en plus nombreux, pourtant nous vivons dans un pays riche. »

Un cas concret (un SDF est mort de froid) permet d'avancer des faits (SDF de plus en plus nombreux) et laisse entendre l'idée que l'on défend : il est anormal de mourir de froid dans un pays riche.

Parmi les exemples, on peut trouver :

- des faits concrets ;
- des anecdotes ;
- des chiffres ;
- des témoignages : très courants dans la presse, ils ajoutent du crédit aux propos tenus.

2 | Suivre le déroulement du texte

Il faut procéder paragraphe par paragraphe (qu'on peut numéroter), puis, sur une feuille de brouillon, retranscrire les arguments de chaque paragraphe en les résumant avec ses propres mots. Cette retranscription au brouillon est une étape indispensable lorsqu'on demande de résumer le texte.

En avançant paragraphe par paragraphe, le candidat est sûr de ne rien oublier.

MÉTHODE

Indiquez par des mots de liaison comment s'enchaînent les idées (opposition, addition, cause…).
Aérez votre brouillon, laissez de grands blancs entre chaque idée, et paginez vos feuilles.

Exemple

L'extrait du texte ci-dessous vous montre comment relever les idées principales, étape par étape. Les mots de liaison sont soulignés. On progresse donc paragraphe par paragraphe en réduisant l'essentiel à 1 ou 2 phrases simples et claires, puis en restituant les articulations logiques. Vous devez utiliser vos propres mots : trouvez des synonymes ; mais, attention, certains mots ne peuvent être remplacés. Dans l'exemple ci-dessous, vous ne pourrez pas remplacer les mots « touristes » ou « pollution ». Entraînez-vous à synthétiser : un mot ou une expression peuvent se substituer à une énumération.

Paragraphe 1. « Aujourd'hui, beaucoup de fonds sous-marins qui furent des paradis ont été transformés en quasi déserts. Bien entendu, la pollution agricole et industrielle est responsable d'une partie de ce désastre écologique. Mais l'industrie du tourisme, telle que nous la subissons, doit être mise en cause.

Ce premier paragraphe annonce la thèse défendue par l'auteur : le milieu marin est en danger, en grande partie à cause de l'industrie du tourisme. »

Paragraphe 2. « Le « mur de béton », comme on l'appelle, n'a pas été édifié pour le confort des seuls vacanciers ; la mer « appelle » les hommes, et on observe dans tous les pays d'importantes migrations de populations en direction de la façade maritime. Mais quand même… Les « marinas pieds dans l'eau », les ports de plaisance artificiels, les terrains de camping géants dont les égouts vont directement dans la mer, les ravages des chasseurs « sportifs » au harpon, etc. : tout cela est bien réel. […] »

Jacques-Yves Cousteau et Yves Paccalet, *Almanach Cousteau de l'environnement*, 1991.

Idée principale sous-entendue par une suite d'exemples : Certes la mer a toujours attiré les populations, mais les touristes ont provoqué l'édification d'infrastructures qui provoquent dégâts et pollution.

C | Faire un résumé

Lors du concours, on peut demander au candidat de résumer le texte. On lui indique alors le nombre de mots ou de lignes qu'il doit impérativement respecter. Le résumé se fait avec ses propres mots. Il ne s'agit donc pas de raccourcir le texte en le coupant. Ce qui importe dans le résumé, c'est de **mettre en valeur les idées essentielles** et elles seules. Le candidat doit donc repérer les mots clés et relever les idées principales selon la méthode présentée. Il doit éliminer les détails secondaires et les exemples.

MÉTHODE

Rédigez d'abord au brouillon et aérez-le : laissez beaucoup de blanc entre chaque paragraphe, cela vous facilitera les opérations de correction et le décompte des mots ou des lignes. N'oubliez pas de numéroter les pages. Puis recopiez votre texte au propre, en soignant le mieux possible l'écriture et la présentation.

Quand vous vous entraînez, lisez votre texte à voix haute et demandez-vous : mon texte est-il compréhensible ? Si c'est possible, faites-le lire à une tierce personne qui doit comprendre sans avoir besoin de retourner au texte source.

Exemple

Résumé des paragraphes 1 et 2 de l'exemple précédent

Le milieu marin est en danger, en grande partie à cause de l'industrie du tourisme. Certes, la mer a toujours attiré les populations, mais les touristes ont provoqué l'édification d'infrastructures qui causent dégâts et pollution.

4 Répondre aux questions vérifiant la compréhension du vocabulaire

Expliquer un mot ou une expression, trouver un synonyme (parfois un antonyme) sont des consignes classiques. Pour expliquer le sens d'un mot ou d'une expression, il faut procéder avec méthode et bien comprendre le contexte dans lequel ils se situent.

A | Expliquer un mot

La plupart des mots sont **polysémiques** : ils peuvent être employés au sens propre ou au sens figuré. Pour expliquer un mot, on choisit d'abord de donner son sens premier (premier sens dans le dictionnaire).

Exemple

Dans la phrase suivante, expliquez le mot « *prolifération* » : « *Compte tenu de l'extraordinaire prolifération des moyens de communication, on ne sait plus reconnaître l'essentiel de l'accessoire.* »

- **1re étape** : on donne le sens général du mot. « Prolifération » signifie production surnuméraire, multiplication rapide.
- **2e étape** : on définit le mot dans le contexte de la phrase ou du texte. Dans cette phrase, l'auteur constate une augmentation rapide de tous les moyens de communication : télévision, radio, Internet, smartphone… le mot « prolifération » suggère que nous sommes submergés par les informations, que nous ne les maîtrisons pas.

B | Expliquer une expression

Avant d'expliquer une expression (groupe de mots ou proposition), il faut s'interroger sur la nature de la difficulté présentée. Autrement dit, se demander pourquoi on demande cette explication.

Si l'expression comporte un **mot difficile**, on cherche d'abord à expliquer le mot difficile puis on le relie à son contexte dans une phrase explicative.

Si l'expression est une **expression toute faite** (utilisée au sens figuré), on cherche alors un groupe de mots ayant le même sens afin de donner le sens global de l'expression.

Exemple

Expliquez : « *Des coupes sombres dans le personnel* ».

Ce sont des licenciements importants.

Si l'expression comporte une **figure de style**, il faut d'abord identifier le procédé, puis expliquer l'expression dans son contexte.

Exemple

Expliquez l'expression « *se régale des on-dit* » dans la phrase « *Une certaine société se régale des on-dit.* »

Le terme « se régale » est une métaphore qui signifie ici que certains adorent les ragots, les rumeurs.

Si l'expression exprime une idée essentielle du texte (c'est-à-dire une expression clé qui permet de comprendre le texte), le candidat doit montrer qu'il a su faire les liens avec le reste de l'argumentation.

Exemple

Expliquez l'expression « *en hypothéquant leur avenir* » dans la phrase : « *Nous produisons des tonnes de déchets, laissant à nos successeurs le soin d'affronter les conséquences, en hypothéquant leur avenir.* »

Hypothéquer un bien, c'est prendre le risque de le perdre pour obtenir un avantage immédiat. Cette phrase montre que notre mode de consommation, qui satisfait nos besoins d'aujourd'hui, met en péril l'avenir de nos enfants.

C | Trouver un synonyme ou un antonyme

IMPORTANT

Un **synonyme** remplace un autre mot : c'est un mot de sens voisin, qui appartient à la même classe grammaticale.
Un **antonyme** est un mot de sens contraire, qui appartient à la même classe grammaticale.

Que l'on demande un synonyme ou un antonyme, il faut toujours être attentif au contexte. En effet, il existe très peu de synonymes absolus. Il faut donc rester très attentif au sens de la phrase pour rester le plus proche possible du sens du mot. Les synonymes appartiennent toujours à la même classe grammaticale. Un nom appelle un nom ; un adjectif qualificatif appelle un adjectif qualificatif, etc. Si le mot est au pluriel, le synonyme doit être proposé au pluriel. Avec ce type de consigne, il ne faut pas donner une explication du mot ni le commenter.

Exemples

» « *Des investigations plus poussées ont permis de trouver le coupable.* »
Donnez le synonyme du mot « *investigations* ».
Investigations : recherches
« Investigations » est un nom au pluriel, le synonyme est donc un nom au pluriel.

Si vous ne trouvez pas le synonyme mais que vous avez compris le sens de la phrase, reformulez autrement. Il y a de grandes chances que vous trouviez ainsi le mot : ils ont fait des enquêtes, des recherches pour trouver le coupable.

» « *Ce travail était exténuant.* »
Donnez le synonyme de « exténuant »
Exténuant : épuisant
Il faut trouver un mot de sens proche. Le mot « fatigant » n'est pas assez fort. Il faut aussi respecter le niveau de langue, on ne peut donc écrire « crevant » qui est familier.

5 Répondre aux questions appelant des commentaires sur le texte

Ces questions sont extrêmement variées. Ce sont des questions du type :

- Expliquez la phrase ou le passage…
- Comment comprenez-vous la réaction… ?
- Expliquez les motivations de…
- Que veut dire l'auteur quand… ?
- Pourquoi cet événement provoque-t-il… ?
- Pourquoi l'auteur peut-il être qualifié de… ?
- Qualifiez le ton du texte et expliquez pourquoi l'auteur…

Il n'est naturellement pas possible de rendre compte de toutes les questions qui peuvent être posées. Dans tous les cas, il est demandé une **réponse bien rédigée et bien structurée**.

Pour bien répondre, le travail préalable est toujours le même : faire une lecture globale puis sélective du texte.

6 Rédiger un avis personnel

À partir du thème du texte, on peut vous demander de commenter une idée du texte ou de développer une idée personnelle (donner votre avis).

Ne commencez pas par écrire « Je pense que… » ou « Je crois que… » ou « À mon avis… » !

Il vous est demandé de fournir un travail ressemblant à une mini-composition. Vous devez respecter l'architecture commune à toute rédaction :

- une mini-introduction ;
- un petit développement ;
- une conclusion.

- L'**introduction** est simple :
  - une phrase pour situer le sujet dans son contexte ou dans l'actualité ;
  - une autre phrase pour présenter le plan de votre développement.
- Le **développement** se compose au minimum de deux parties : l'une défend la thèse de la question ; l'autre la réfute. Vous commencez par celle qui n'est pas votre opinion. Chaque partie développe une idée illustrée par un argument et si possible un exemple.
- La **conclusion** fait le bilan de ce qui a été développé dans un premier temps et, éventuellement, ouvre sur une autre perspective.

C'est seulement dans une deuxième phrase de conclusion que vous donnez votre avis (si on vous le demande), vous êtes alors autorisé à employer le « je » ou à écrire « personnellement, je pense que... ».

IMPORTANT

N'exposez pas une nouvelle idée dans la conclusion.
Soyez toujours modéré, nuancé et positif !

Exemple

Sujet : Choisissez un type de pollution. Vous en montrerez les causes, les conséquences, et proposerez des solutions pour l'éviter.

Travail de préparation (au brouillon)

1. Comme pour toute thématique, vous devez définir, ici rappeler ce qu'est une pollution.
2. Avant de choisir, faites la liste des pollutions que vous connaissez. Par exemple : de l'air, de l'eau (eau douce ou mer), de la terre (du sol), de l'environnement végétal (des forêts), etc.

Il vous faut en choisir une. Effectuez votre choix en fonction de vos connaissances : il faut que vous ayez quelque chose à dire à propos des causes, conséquences et moyens de prévention de la pollution que vous avez choisie.
Le sujet vous donne ici clairement un plan à suivre en 3 parties.

Corrigé commenté

(Introduction : amener le sujet par une définition de la pollution)
La pollution est une dégradation de l'environnement de l'homme qui a des conséquences néfastes sur cet environnement et sur l'homme.
(Annonce de votre choix de pollution)
Parmi ces pollutions, il y a celle de l'eau, sous ses multiples formes.

(Annonce du plan qui reprend les 3 aspects demandés). Nous nous interrogerons sur les causes de la pollution de l'eau puis sur les conséquences de celle-ci. Enfin nous envisagerons des solutions pour éviter ce type de pollution.

(Développement)
(Les causes de la pollution de l'eau) L'eau douce des rivières et des lacs peut être polluée par des produits chimiques tels les nitrates présents dans les engrais ou les pesticides et les herbicides utilisés dans l'agriculture. Les déjections des animaux d'élevage s'ajoutent souvent à ceux-ci. Les rejets de la vie quotidienne et de l'industrie qui se déversent dans les cours d'eau viennent les polluer ainsi que les mers et les océans. Certains cargos procèdent à des dégazages illicites qui dégradent l'eau et les côtes. Le naufrage de navires ou de pétroliers est à l'origine de catastrophes écologiques.
(Les conséquences de la pollution de l'eau) C'est tout l'environnement qui subit les conséquences de la pollution de l'eau : destruction de la flore (plantes aquatiques) et de la faune (poissons, coquillages, oiseaux). La qualité de l'eau est menacée : l'eau propre devient rare. Les effets sur la chaîne alimentaire peuvent se ressentir jusque dans nos assiettes.
(Les mesures à prendre pour éviter ces désastres : organisez votre réponse autour de deux aspects : d'abord au niveau individuel puis au niveau collectif)
Au niveau individuel, nous pouvons réduire notre consommation d'eau pour préserver cette denrée qui devient rare. Utiliser des produits d'entretien biodégradables est à la portée de tous. Respecter l'eau en ne prenant pas les rivières et la mer pour des poubelles.
Sur le plan collectif, des stations d'épuration rendent l'eau à nouveau consommable mais elles doivent être encore plus nombreuses. La qualité de l'eau est surveillée. L'agriculture doit réduire l'utilisation de produits chimiques, se tourner davantage vers la culture biologique. Des lois réglementent la navigation fluviale et maritime avec de très fortes amendes pour ceux qui ne les respectent pas.

(Conclusion : bilan)
L'eau est un bien précieux, vital pour tous les êtres vivants. Il dépend de chacun de nous de la préserver et aux institutions de faire respecter les lois qui la protègent.

Sujet corrigé

Étude de texte

Coefficient 1

Durée : 1 heure

1 Le sujet

LA DENT D'OR

Assurons-nous bien du fait, avant que de nous inquiéter de la cause. Il est vrai que cette méthode est bien lente pour la plupart des gens qui courent naturellement à la cause, et passent par-dessus la vérité du fait ; mais enfin nous éviterons le ridicule d'avoir trouvé la cause de ce qui n'est point.

Ce malheur arriva si plaisamment sur la fin du siècle passé à quelques savants d'Allemagne, que je ne puis m'empêcher d'en parler ici.

En 1593, le bruit courut que, les dents étant tombées à un enfant de Silésie, âgé de sept ans, il lui en était venue une d'or à la place d'une de ses grosses dents. Horstius, professeur en médecine dans l'université de Helmstad, écrivit en 1595 l'histoire de cette dent, et prétendit qu'elle était en partie naturelle, en partie miraculeuse, et qu'elle avait été envoyée de Dieu à cet enfant, pour consoler les chrétiens affligés par les Turcs. Figurez-vous quelle consolation, et quel rapport de cette dent aux chrétiens ni aux Turcs. En la même année, afin que cette dent d'or ne manquât pas d'historiens, Rullandus en écrit encore l'histoire. Deux ans après, Ingolsteterus, autre savant, écrit contre le sentiment que Rullandus avait de la dent d'or, et Rullandus fait aussitôt une belle et docte réplique. Un autre grand homme, nommé Libavius, ramasse tout ce qui avait été dit de la dent, et y ajoute son sentiment particulier. Il ne manquait autre chose à tant de beaux ouvrages, sinon qu'il fût vrai que la dent était d'or. Quand un orfèvre l'eut examinée, il se trouva que c'était une feuille d'or appliquée à la dent, avec beaucoup d'adresse ; mais on commença par faire des livres, et puis on consulta l'orfèvre.

Rien n'est plus naturel que d'en faire autant sur toutes sortes de matières. Je ne suis pas si convaincu de notre ignorance par les choses qui sont, et dont la raison nous est inconnue, que par celles qui ne sont point, et dont nous trouvons la raison. Cela veut dire que, non seulement nous n'avons pas les principes qui mènent au vrai, mais que nous en avons d'autres qui s'accommodent très bien avec le faux.

De grands physiciens ont fort bien trouvé pourquoi les lieux souterrains sont chauds en hiver, et froids en été. De plus grands physiciens ont trouvé depuis peu que cela n'était pas.

...

© Éditions Foucher

Les discussions historiques sont encore plus susceptibles de cette sorte d'erreur. On raisonne sur ce qu'ont dit les historiens ; mais ces historiens n'ont-ils été ni passionnés, ni crédules, ni mal instruits, ni négligents ? Il en faudrait trouver un qui eût été spectateur de toutes choses, indifférent, et appliqué.

Fontenelle, « La dent d'or », extrait de *L'Histoire des oracles*, 1687.

1. Trouvez un autre titre à ce texte et justifiez votre choix.
2. Résumez, en deux ou trois phrases, l'anecdote racontée par Fontenelle.
3. De qui se moque Fontenelle dans la phrase suivante « mais on commença par faire des livres, et puis on consulta l'orfèvre » ? Quelle relation faites-vous entre cette phrase et le premier paragraphe du texte ?
4. Trouvez un synonyme du mot « bruit » (« En 1593, le bruit courut... », ligne 7).
5. Trouvez un synonyme et un mot de la même famille de « docte » (« une belle et docte réplique », ligne 15).
6. Quel est l'antonyme du mot « cause » (« nous inquiéter de la cause », ligne 1) ?

2 Le corrigé

1. *Le titre proposé doit prouver que vous avez compris le sens général du texte.*

Propositions de titres : « Une information non vérifiée » ; « Quand le faux se fait passer pour vrai… » ; « Des scientifiques bien peu avisés ! »

Il s'agit de montrer ici que :

- des scientifiques qui ne vérifient pas leurs informations se fourvoient dans un faux raisonnement ;
- la crédulité est une faiblesse humaine que doivent éviter absolument les scientifiques…

2. *Utilisez vos propres mots, soyez clair et synthétique.*

Selon une rumeur, une molaire en or avait miraculeusement poussé dans la bouche d'un enfant de 7 ans qui avait perdu ses dents. Des scientifiques réputés écrivirent et discutèrent sur cette affaire sans jamais la mettre en doute. Plus tard, un spécialiste examina la dent qui, en fait, n'était pas en or.

3. *Cherchez ce que représente le « on » dans le texte. « On » peut être égal à « nous » dans le langage courant, mais il est souvent utilisé pour désigner des personnes que l'on ne veut pas nommer. Ici Fontenelle emploie le « on » avec une valeur ironique et méprisante pour symboliser des gens qu'il ne veut pas désigner de façon explicite.*

Le « on » représente les savants (médecins, historiens…) qui ont écrit sur la dent d'or sans même vérifier si l'histoire était vraie, ce qui va à l'encontre de la vérité scientifique. Le premier paragraphe montre que Fontenelle est à la recherche de la vérité, ce qui passe par la méthode et l'expérience : il faut toujours s'assurer du fait avant de chercher la cause.

4. *Un synonyme est un mot de sens voisin, qui appartient à la même classe grammaticale. Ici « bruit » est un nom, donc le synonyme doit être un nom. « Un bruit qui court » est une expression toute faite où le mot « bruit » est utilisé au sens figuré.*

Bruit : rumeur.

5. Docte : savante

Docte → docteur

6. *Un antonyme est un mot de sens contraire, qui appartient à la même classe grammaticale.*

Cause est le contraire de conséquence.

 # Faites le point

Testez vos connaissances

foucherconnect.fr/rcspv06

© Éditions Foucher

QCM de mathématiques
(concours externe non SPV)

Coefficient 1

Durée : 1 heure

Méthode

Présentation et méthode de l'épreuve

Entraînement

- Sujet corrigé 1
- Sujet corrigé 2

✔ **FAITES LE POINT !**

PRÉSENTATION ET MÉTHODE DE L'ÉPREUVE

L'épreuve de mathématiques est un questionnaire à choix multiples (QCM). Elle dure 1 heure et son coefficient est 1. L'usage de la calculatrice est interdit.

1 Le programme

L'épreuve de mathématiques porte sur le programme suivant :

- 1. **Arithmétique :** Nombres entiers, nombres décimaux, opérations y compris fractions, règles de trois, partages proportionnels ;
- 2. **Géométrie :** Lignes droites, perpendiculaires, autres polygones, cercles, secteurs, segments, arc, mesures de longueur, surfaces, volumes courants d'un parallélépipède, prisme, cylindre, cône, sphère ;
- 3. **Notions associées :** Le temps, les unités de temps, conversions, vitesse et vitesse moyenne, poids, densité.

2 Méthode de l'épreuve

- Calculer le temps moyen par question.

Exemple

Si vous devez répondre à 40 questions en 60 minutes, vous disposez en moyenne d'une minute et demie par question.

- Effectuer une première lecture rapide. Cocher les questions que vous êtes sûr de savoir résoudre. Répondre à ces questions.
- Dans un deuxième temps, traiter les autres questions sans dépasser le temps moyen : ne pas s'attarder sur une question.
- Terminer par les questions qui demandent plus de réflexion.

- Même si le temps est compté, ne pas répondre trop vite à une question qui semble facile en première lecture. Attention aux pièges !

Exemple

En passant de 3,5 % à 4,5 %, un taux de prélèvement augmente de :

- ❑ A. 28,57 %
- ❑ B. 1 %
- ❑ C. 22,22 %
- ❑ D. 10 %

Ne pas répondre trop vite 1 %, qui est l'augmentation en valeur, mais pas en pourcentage.

Pourcentage d'augmentation : $\frac{4,5-3,5}{3,5}=0,2857$.

La réponse exacte est la réponse A.

Mais, à l'inverse, il ne faut pas voir des difficultés où il n'y en a pas.

- Les connaissances mathématiques nécessaires pour répondre aux questions doivent être bien maîtrisées : vous n'avez pas le temps d'hésiter pendant l'épreuve. Lorsque cette condition est remplie, un entraînement régulier à l'épreuve du QCM permet d'acquérir les réflexes nécessaires et de gagner du temps.

3 Conseils mathématiques

L'objectif est d'être le plus efficace possible. La manière d'aborder les questions permet de gagner du temps et d'éviter les erreurs. Voici quelques conseils. En vous entraînant, vous pouvez trouver d'autres astuces pour améliorer votre efficacité.

- **Choisir la méthode de calcul la plus rapide lorsqu'il y en a plusieurs.**

Exemple

Le prix d'un objet s'élevait à 1 600 € en 2018. Il a augmenté successivement de 10 % en 2019, puis de 5 % en 2020. Quel est le prix de l'objet en 2020 ?

- ❑ A. 1 860 €
- ❑ B. 1 840 €
- ❑ C. 1 848 €
- ❑ D. 1 900 €

La méthode la plus rapide pour répondre est l'utilisation des coefficients multiplicateurs : augmenter un prix de 10 %, c'est le multiplier par 1,1 et augmenter un prix de 5 %, c'est le multiplier par 1,05.

$1\,600 \times 1{,}1 \times 1{,}05 = 1\,848$

Sinon, il faut calculer le montant de la première augmentation, l'ajouter, calculer le montant de la deuxième augmentation et l'ajouter. C'est beaucoup plus long.

- **Partir des réponses proposées au lieu de raisonner directement.**

Exemple

Une bibliothécaire achète 22 revues, les unes à 3 € et les autres à 2,70 €. Elle paie en tout 63,90 €. Combien de revues de chaque sorte a-t-elle achetées ?

❑ A. 15 revues à 3 € et 7 revues à 2,70 €

❑ B. 13 revues à 3 € et 9 revues à 2,70 €

❑ C. 11 revues à 3 € et 11 revues à 2,70 €

❑ D. 7 revues à 3 € et 17 revues à 2,70 €

On peut éliminer la réponse D : le nombre total de revues est 24.

On calcule : $15 \times 3 + 7 \times 2{,}70 = 63{,}90$.

La réponse A est la réponse exacte.

- **Utiliser les ordres de grandeurs.**

Il n'est pas toujours nécessaire de calculer la valeur exacte pour donner la bonne réponse.

Exemple

Une voiture parcourt 795 km en 8 h 6 min. Quelle est sa vitesse moyenne ?

❑ A. 85,1 km/h

❑ B. 88,3 km/h

❑ C. 98,3 km/h

❑ D. 102 km/h

Cherchons une valeur proche de la valeur exacte.

795 km est voisin de 800 km ; 8 h 6 min est voisin de 8h.

La vitesse moyenne est donc proche de 100 km/h.

Deux réponses semblent possibles : C ou D.

Mais la réponse est inférieure à 100 km/h. En effet, en 8 h 6 min, à une vitesse supérieure à 100 km/h, la distance parcourue est supérieure à 800 km.

La réponse exacte est donc la réponse C.

Sujet corrigé 1

Sujet inédit

Coefficient 1

Durée : 1 heure

1 Le sujet

Répondez aux questions suivantes en cochant la ou les bonnes réponses.

1. En gelant, 5 litres d'eau donnent 5,5 litres de glace. Le volume de glace obtenu à partir de 20 litres d'eau est :

- ❑ A. 21 litres
- ❑ B. 19 litres
- ☒ C. 22 litres

2. Pour calculer 60 % d'une longueur, on multiplie cette longueur par :

- ☒ A. 0,4
- ❑ B. 0,6
- ❑ C. 0,06

3. À vol d'oiseau, deux villes sont distantes de 40 km. La distance entre ces deux villes sur une carte au 1/500 000e est :

- ❑ A. 80 cm
- ☒ B. 8 mm
- ❑ C. 8 cm

4. Un triangle qui a ses trois angles égaux est un triangle :

- ☒ A. équilatéral
- ❑ B. isocèle
- ❑ C. quelconque

5. Une tortue terrestre se déplace à la vitesse moyenne de 240 m/h. La distance parcourue en 25 min est :

- ❑ A. 100 m
- ☒ B. 110 m
- ❑ C. 120 m

6. En 2019, l'effectif des sapeurs-pompiers en France était de 253 000. Les femmes sapeurs-pompiers étaient au nombre de 43 891. Le pourcentage (arrondi à l'unité) de femmes était de :

❑ A. 15 %
❑ B. 17 %
❑ C. 20 %

7. La durée d'une réparation sur un véhicule est 1,20 h. Donner ce résultat en heures et minutes :

❑ A. 1 h 20 min
❑ B. 1 h 12 min
❑ C. 1 h 02 min

8. Ulysse dispose de 4 morceaux de bois de différentes longueurs : 50 cm ; 0,48 m ; 0,071 dam ; 157 mm. Le plus long est celui qui mesure :

❑ A. 157 mm
❑ B. 50 cm
❑ C. 0,071 dam

9. Lors d'une élection, le candidat Dupont a obtenu $\frac{5}{12}$ des voix. Il a donc obtenu :

❑ A. plus de la moitié des voix
❑ B. moins de la moitié des voix
❑ C. on ne peut pas savoir

10. Un robinet a un débit de 12 litres par minute. Le temps de remplissage d'un réservoir de 3 m^3 est :

❑ A. 2 h 50 min
❑ B. 3 h
❑ C. 4 h 10 min

11. La masse volumique de l'aluminium est 2,7 g/cm^3. La masse d'un cube d'aluminium de 4 cm de côté est :

❑ A. 172,8 g
❑ B. 108 g
❑ C. 43,2 g

12. Le nombre de battements du cœur de Mathieu au repos est habituellement de 70 par minute. Son nombre de battements en une journée complète est de :

❑ A. 4 200
❑ B. 100 800
❑ C. 6 048 000

13. La longueur (arrondie au m) d'un cercle de 14 m de diamètre est :

❑ A. 43,98 m
❑ B. 44 m
❑ C. 88 m

14. Une balle de tennis se déplaçant à la vitesse de 20 m/s traverse un court de tennis de 24 m de long en :

- ❑ A. 0,8 s
- ☒ B. 1,1 s
- ❑ C. 1,2 s

15. Les $\frac{3}{5}$ de la moitié de 80 km sont égaux à :

- ❑ A. 24 km
- ☒ B. 36 km
- ❑ C. 48 km

16. Dans un département, sur un effectif de 6 000 sapeurs-pompiers, 22 % ont entre 35 et 40 ans, soit deux fois plus que ceux âgés de 50 à 55 ans. Le nombre de sapeurs-pompiers âgés de 50 à 55 ans est :

- ☒ A. 660
- ❑ B. 1 320
- ❑ C. 1 040

17. Un cylindre a une hauteur de 2 m et un rayon de base de 0,4 m. Son volume, arrondi au centième, est :

- ❑ A. 1,01 m^3
- ❑ B. 2,08 m^3
- ☒ C. 1,45 m^3

18. Lorsqu'il marche, Kevin fait des pas de 1 m. Il fait 5 pas en 4 secondes. Sa vitesse moyenne est :

- ❑ A. 4 km/h
- ❑ B. 4,5 km/h
- ☒ C. 4,8 km/h

19. Sur le plan d'une maison, 8 cm représentent 4 m dans la réalité. L'échelle du plan est :

- ❑ A. 1/50e
- ☒ B. 1/500e
- ❑ C. 1/20e

20. En 2017, les sapeurs-pompiers ont effectué 12 744 interventions par jour. Il y a donc eu :

- ❑ A. 1 intervention toutes les secondes
- ☒ B. 1 intervention toutes les 6,8 secondes
- ❑ C. 1 intervention toutes les 8,2 secondes

21. Oliver mesure 112 cm à 6 ans. À 12 ans, il mesure :

❑ A. 134 cm
❑ B. 224 cm
☒ C. On ne peut pas savoir

22. On refait une portion de route de 11 m de large sur une longueur de 1,4 km. On enlève le goudron existant sur une épaisseur de 25 cm. Le volume de goudron enlevé est :

☒ A. 3 850 m^3
❑ B. 385 m^3
❑ C. 38 500 m^3

23. Un champ carré d'un hectare mesure 100 m de côté. On le représente à l'échelle 1/5000e. L'aire du carré qui représente ce champ à l'échelle est :

❑ A. 4 cm^2
☒ B. 4 dm^2
❑ C. 0,4 m^2

24. Clarisse prend son service à 6 h 25 et s'arrête à 15 h 15. Elle fait une pause déjeuner de 1 h 20 min. Son temps de travail est de :

☒ A. 7 h 30 min
❑ B. 7 h 10 min
❑ C. 7 h

25. La hauteur initiale de la pyramide de Khéops en Égypte était de 147 m, soit 280 coudées royales égyptiennes. Une coudée royale égyptienne vaut :

❑ A. 1,905 m
☒ B. 0,525 m
❑ C. 0,635 m

26. Un terrain de 420 m^2 est occupé aux deux cinquièmes par de la pelouse et le reste par des arbres. La surface occupée par les arbres est de :

❑ A. 168 m^2
☒ B. 280 m^2
❑ C. 252 m^2

27. Un jardin rectangulaire a une longueur de 70 m et une largeur de 3 200 cm. Son périmètre est de :

❑ A. 204 m
❑ B. 780 m
☒ C. 2 240 m^2

28. $\frac{5}{3} - \frac{6}{5} =$

❑ A. 0,46
❑ B. $\frac{7}{15}$
❑ C. $\frac{-1}{8}$

29. Un magasin propose trois offres promotionnelles. L'offre la plus intéressante est :

❑ A. 4 paquets de 150 g pour 2,40 €
❑ B. 1 paquet de 400 g pour 1,80 €
❑ C. un carton de 6 paquets de 50 g pour 1,40 €

30. L'aire d'un carré de côté 0,8 cm est :

❑ A. 6,4 cm^2
❑ B. 0,64 cm^2
❑ C. 3,2 cm^2

31. Le prix hors taxe d'un produit est 110 €. Le taux de TVA sur ce produit est 10 %. Le prix taxe comprise est :

❑ A. 100 €
❑ B. 11 €
❑ C. 121 €

32. Le solide représenté ci-contre est :

❑ A. un cône de révolution
❑ B. un cylindre de révolution
❑ C. un pavé droit

33. Un avion de 240 places décolle pour Bangkok. Au départ de Paris, $\frac{2}{3}$ des places sont occupées. À l'escale de Dubaï, de nouveaux passagers viennent occuper les $\frac{3}{5}$ des places restantes. Aucun passager ne descend. Le nombre de places vides est alors de :

❑ A. 10
❑ B. 208
❑ C. 32

34. Un médicament est vendu dans des ampoules contenant 2 mL de médicament. L'usine qui le fabrique produit 1 million d'ampoules par jour. La quantité de médicament mise dans ces ampoules est de :

❑ A. 200 L
❑ B. 400 L
❑ C. 2 m^3

35. L'effectif d'une caserne est passé de 40 sapeurs-pompiers à 45. Le pourcentage d'augmentation des effectifs est :

- ❑ A. 8,5 %
- ❑ B. 10,5 %
- ❑ C. 12,5 %

36. Jessica prend le train à 9 h 45 min. Son trajet dure normalement 25 min, mais suite à un incident technique, le train accuse un retard de 7 min. L'heure d'arrivée du train de Jessica est :

- ❑ A. 10 h 17 min
- ❑ B. 9 h 57 min
- ❑ C. 10 h 02 min

37. Le côté d'un triangle équilatéral mesure 4,6 m. Un carré a le même périmètre que ce triangle. Le côté du carré mesure :

- ❑ A. 3,45 m
- ❑ B. 1,25 m
- ❑ C. 2,65 m

38. Sami télécharge un fichier de 70 mégaoctets en 20 secondes. En supposant que la vitesse de transfert reste la même, le temps de téléchargement d'un fichier de 112 mégaoctets est :

- ❑ A. 30 s
- ❑ B. 32 s
- ❑ C. 34 s

39. L'aire d'un appartement est de 80 m². La cuisine est rectangulaire et mesure 3 m sur 4 m. Quelle fraction de l'aire de cet appartement représente l'aire de la cuisine ?

- ❑ A. $\frac{7}{80}$
- ❑ B. $\frac{3}{20}$
- ❑ C. $\frac{14}{80}$

40. Comparer 0,3 L et 30 cm³.

- ❑ A. 0,3 L > 30 cm³
- ❑ B. 0,3 L = 30 cm³
- ❑ C. 0,3 L < 30 cm³

2 Corrigés

1. C. $\frac{5{,}5 \times 20}{5}$ = 22 litres.

2. B. $\frac{60}{100}$ = 0,6.

3. C. 40 km = 4 000 000 cm ; $\frac{4\,000\,000}{500\,000}$ = 8 cm.

4. A. Un triangle équilatéral a 3 côtés égaux et 3 angles égaux à 60°.

5. A. $\frac{240 \times 25}{60}$ = 100 m.

6. B. $\frac{43\,891}{253\,000} \approx$ 0,17, soit 17 %.

7. B. 1,2 h = 1 h + (0,2 × 60) min = 1 h 12 min.

8. C. 50 cm = 50 cm ; 0,48 m = 48 cm ; 0,071 dam = 71 cm ; 157 mm = 15,7 cm.

9. B. $\frac{5}{12} < 0{,}5$.

10. C. 3 m^3 = 3 000 dm^3 = 3 000 L

3 000 ÷ 12 = 250 min = 4 h 10 min

11. A. Volume du cube = 4^3 = 64 cm^3 ; masse = 2,7 × 64 = 172,8 g

12. B. 70 × 60 × 24 = 100 800 battements

13. B. $\pi \times 14 \approx 44$ m

14. C. $\frac{24}{20}$ = 1,2 s

15. A. 80 ÷ 2 = 40 ; $40 \times \frac{3}{5}$ = 24 km.

16. A. 6 000 × 0,11 = 660

17. A. $\pi \times 0{,}4^2 \times 2 \approx 1{,}0053$ m^3.

18. B. $\frac{5 \times 3\,600}{4}$ = 4 500 m en 1 heure, soit 4,5 km en 1 heure.

19. A. 4 m = 400 cm ; 400 ÷ 8 = 50 cm. L'échelle est 1/50e.

20. B. Dans 1 jour, il y a : 3 600 × 24 = 86 400 s.

86 400 ÷ 12 744 ≈ 6,8

21. C. On ne peut pas savoir car la taille n'est pas proportionnelle à l'âge.

22. A. 1,4 km = 1 400 m ; 25 cm = 0,25 m.

11 × 1 400 × 0,25 = 3 850 m^3.

23. A. Côté du carré sur le dessin : $\frac{10\,000}{5\,000}$ = 2 cm ; aire du carré = 2 × 2 = 4 cm^2.

24. A. 15 h 15 – 6 h 25 = 8 h 50 ; 8 h 50 – 1 h 20 = 7 h 30.

25. B. $147 \div 280 = 0{,}525$ m

26. C. $\dfrac{420 \times 3}{5} = 252\ \text{m}^2$.

27. A. 3 200 cm = 32 m

$(70 + 32) \times 2 = 204$ m.

28. B. $\dfrac{5}{3} - \dfrac{6}{5} = \dfrac{25}{15} - \dfrac{18}{15} = \dfrac{7}{15}$.

29. A. Pour chaque offre, on calcule le prix du kg de biscuits.

$\dfrac{2{,}4 \times 1\,000}{4 \times 150} = 4$ €/kg ; $\dfrac{1{,}8 \times 1\,000}{400} = 4{,}5$ €/kg ; $\dfrac{1{,}4 \times 1\,000}{50 \times 6} \approx 4{,}6$ €/kg

30. B. $0{,}8 \times 0{,}8 = 0{,}64\ \text{cm}^2$

31. C. $110 \times 0{,}1 = 11$ € ; $110 + 11 = 121$ €.

32. B.

33. C. $240 \times \dfrac{1}{3} = 80$ places vides au départ de Paris.

$80 \times \dfrac{2}{5} = 32$ places vides au départ de Dubaï.

34. C. 2 mL = 0,002 L ; $0{,}002 \times 1\,000\,000 = 2\,000$ L = 2 m^3

35. C. $\dfrac{45 - 40}{40} = \dfrac{5}{40} = 0{,}125$ soit 12,5 %

36. A. 9 h 45 min + 25 min + 7 min = 9 h 77 min = 10 h 17 min

37. A. Périmètre du triangle équilatéral : $4{,}6 \times 3 = 13{,}8$ cm.

Côté du carré : $13{,}8 \div 4 = 3{,}45$ m

38. B. $\dfrac{20 \times 112}{70} = 32$ s

39. B. Aire de la cuisine : $3 \times 4 = 12\ \text{m}^2$; $\dfrac{12}{80} = \dfrac{3}{20}$

40. A. 0,3 L = 0,3 dm^3 = 300 cm^3.

Sujet corrigé 2

Sujet inédit

Coefficient 1

Durée : 1 heure

1 Le sujet

Répondez aux questions suivantes en cochant la ou les bonnes réponses.

1. L'écriture décimale de 3 % est :

☒ A. 0,03
☐ B. 0,3
☐ C. 3

2. L'emplacement d'une intervention est situé à 3 km du centre de secours. Cette distance sur un plan à l'échelle 1/10 000 est égale à :

☒ A. 30 cm
☐ B. 3 cm
☐ C. 15 cm

3. Jérémy a parcouru en voiture 420 km et a consommé 27,3 litres d'essence. Jessica quant à elle a fait 450 km avec 28,8 litres d'essence.

☒ A. Les deux voitures ont la même consommation aux 100 km
☐ B. La voiture de Jérémy consomme plus que celle de Jessica
☐ C. La voiture de Jessica consomme plus que celle de Jérémy

4. Soit l'expression $2 \overset{①}{\times} \dfrac{3 \overset{②}{+} 5}{8} \overset{③}{-} 17$. On doit commencer le calcul par l'opération :

☐ A. ①
☒ B. ②
☐ C. ③

5. La contenance d'une citerne est de 133 m^3. Elle contient de l'eau aux deux septièmes. La quantité d'eau dans la citerne est :

☒ A. 38 m^3
☐ B. 95 m^3
☐ C. 42,7 m^3

6. Gaëtan paie 39 € pour 30 litres d'essence. S'il avait pris 40 litres, il aurait payé :

❑ A. 49 €
❑ B. 52 €
❑ C. 53 €

7. Dans un club de 200 adhérents, 70 % des personnes jouent au football, 40 % au handball et 15 % pratiquent les deux sports. Le pourcentage de personnes qui ne pratiquent aucun des deux sports est :

❑ A. 5 %
❑ B. 8 %
❑ C. on ne peut pas savoir

8. L'arête d'un cube mesure 5 cm. Un pavé droit a pour dimensions : 4,6 cm × 8 cm × 3,5 cm. Le solide qui a le plus grand volume est :

❑ A. le cube
❑ B. le pavé droit
❑ C. les deux solides ont le même volume

9. Sur une carte à l'échelle 1/75 000e, la distance entre deux villes est 10 cm. La distance réelle séparant ces deux villes est :

❑ A. 75 km
❑ B. 0,75 km
❑ C. 7,5 km

10. 250 mL de gel hydroalcoolique contiennent 180 mL d'éthanol. Le pourcentage d'éthanol dans le gel est :

❑ A. 65 %
❑ B. 70 %
❑ C. 72 %

11. Une bouteille d'oxygène de 2,1 m^3 débite 15 L/min. Cette bouteille va distribuer de l'oxygène pendant :

❑ A. 120 min
❑ B. 2 h 20 min
❑ C. 1 h 40 min

12. Les diagonales d'un parallélogramme se coupent en leur milieu.

❑ A. Vrai
❑ B. Faux
❑ C. Cela dépend

13. En 2019, les sapeurs-pompiers ont effectué près de 4 820 000 interventions. 85 % d'entre elles sont des secours d'urgence aux personnes. Le nombre de secours d'urgence aux personnes est :

❑ A. 4 970 000
❑ B. 4 097 000
❑ C. 4 907 000

14. Le terrain de football pour les finales de matchs internationaux mesure 105 m sur 68 m. L'aire de ce terrain est :

❑ A. 7 140 m^2
❑ B. 173 m^2
❑ C. 1 730 m^2

15. Pour fabriquer son cocktail des îles, Léo mélange 1,5 dL de rhum, 120 cm^3 de lait de coco, 5 cL de jus de citron et 0,18 dm^3 de jus de fruit exotique. La quantité de cocktail obtenue est :

❑ A. 0,4 L
❑ B. un demi-litre
❑ C. 55 cL

16. Sur une carte, on mesure la distance entre Bordeaux et Saint-Jean-de-Luz. On trouve 40 cm et la carte indique 200 km. L'échelle de la carte est :

❑ A. 1/50 000^e
❑ B. 1/500 000^e
❑ C. 1/5 000^e

17. Parmi les affirmations suivantes, l'affirmation fausse est :

❑ A. 3,8 daL = 38 dm^3
❑ B. 0,045 m^3 = 450 L
❑ C. 80 dm^3 = 0,08 m^3

18. Dans une ville de 12 300 habitants, 4 305 habitants ont un animal de compagnie. Le pourcentage de personnes ne possédant pas d'animal de compagnie dans cette ville est :

❑ A. 65 %
❑ B. 40 %
❑ C. 35 %

19. Un ballon de basket est assimilable à une boule de 24 cm de diamètre. Le volume de cette boule (arrondi à l'unité) est :

❑ A. 1 810 cm^3
❑ B. 603 cm^3
❑ C. 7 238 cm^3

20. Boris a cumulé 28 jours de RTT (réduction du temps de travail). Il pense en utiliser les $\frac{3}{7}$ aux prochaines vacances. Le nombre de jours de RTT restants sera alors de :

❑ A. 12 jours
❑ B. 16 jours
❑ C. 20 jours

21. Dany partage 2 400 € entre ses trois enfants. Le premier reçoit 40 % de cette somme, le deuxième le tiers du reste. Pour le troisième, il reste :

☒ A. 640 €
❑ B. 480 €
❑ C. 960 €

22. En 100 tours de roue, un cycliste parcourt 175,84 m. Le diamètre de la roue est (prendre $\pi = 3{,}14$) :

❑ A. 28 cm
☒ B. 56 cm
❑ C. 50 cm

23. Le prix d'un meuble livré à domicile est 2 597 €. Les frais de livraison représentent 6 % du prix du meuble retiré en magasin. Le prix du meuble retiré en magasin est :

☒ A. 2 441,18 €
❑ B. 2 450 €
❑ C. 2 415,40 €

24. Un objet en argent pèse 27,3 g pour un volume de 2,6 cm³. La masse volumique de l'argent est :

❑ A. 10,5 g/cm³
❑ B. 10 g/cm³
☒ C. 9,3 g/cm³

25. $\frac{12}{7} + \frac{4}{14} =$

☒ A. $\frac{16}{21}$
❑ B. $\frac{16}{14}$
❑ C. 2

26. En 1951, l'aviatrice Jacqueline Auriol devient la femme la plus rapide du monde : elle parcourt 100 km en 7 min 20 s à bord d'un Vampire. Sa vitesse moyenne, arrondie au km/h, était :

❑ A. 818 km/h
☒ B. 741 km/h
❑ C. 1 004 km/h

27. En raison d'une hausse de 5 %, un loyer augmente de 21 €. Le loyer avant augmentation était de :

❑ A. 390 €
❑ B. 400 €
☒ C. 420 €

© Éditions Foucher

28. Un toit en terrasse rectangulaire mesure 35 m de long et 11 m de large. Il est recouvert d'une couche de neige de 35 cm d'épaisseur. 1 dm^3 de neige pèse 120 g. La masse de neige qui couvre le toit est :

- ☒ A. 1 617 kg
- ❑ B. 16 170 kg
- ❑ C. 161 700 kg

29. Dans les caves de Roquefort, avec 5 000 litres de lait, on fabrique 400 fromages. Chacun pèse 2,6 kg en moyenne. La masse de fromage obtenue avec 2 000 litres de lait est :

- ❑ A. 160 kg
- ❑ B. 416 kg
- ☒ C. 512 kg

30. Un cycliste se déplace à la vitesse moyenne de 24 km/h. La vitesse moyenne d'un piéton correspond au cinquième de la vitesse d'un cycliste. La vitesse d'un joggeur est plus élevée de 9 km/h que celle d'un piéton. Une voiture va 6 fois plus vite qu'un joggeur. Le calcul qui donne la vitesse d'une voiture est :

- ☒ A. $(24 \times \frac{1}{5} + 9) \times 6$
- ❑ B. $24 \times \frac{1}{5} + 9 \times 6$
- ❑ C. $24 \times (\frac{1}{5} + 9 \times 6)$

31. 1 000 litres de fioul domestique fournissent autant d'énergie que 3 m^3 de granulés de bois. Le volume de fioul qui fournit autant d'énergie que 7,5 m^3 de granulés de bois est :

- ❑ A. 2 500 litres
- ☒ B. 2 100 litres
- ❑ C. 2 800 litres

32. Un écran plat de télévision est vendu initialement au prix de 200 €. Il subit deux démarques successives de 20 % chacune. Le prix final est :

- ❑ A. 120 €
- ☒ B. 128 €
- ❑ C. 130 €

33. Les côtés de l'angle droit d'un triangle rectangle mesurent 4,2 m et 3,5 m. L'aire du triangle rectangle est :

- ❑ A. 7,35 m^2
- ☒ B. 14,7 m^2
- ❑ C. 7,7 m^2

34. Une portion de 200 g de frites contient 30 g de lipides. La masse de lipides contenue dans 260 g de frites est :

❑ A. 40 g
❑ B. 42 g
☒ C. 39 g

35. Pour poser 1 m² d'isolation, le temps prévu est de 0,15 h. Le temps à prévoir pour la pose de 22 m² d'isolation est :

❑ A. 3 h 30 min
❑ B. 3 h 18 min
☒ C. 330 min

36. La longueur d'un rectangle mesure 24 m. Sa largeur mesure 150 cm de moins que sa longueur. Son aire est :

❑ A. 22,5 m²
☒ B. 36 m²
❑ C. 540 m²

37. Pour les soldes, un commerçant vend 25 € un pantalon dont le prix initial était de 50 €. Il demande à deux de ses employés de rédiger l'étiquette.
Étiquette 1 : doubler votre pouvoir d'achat
Étiquette 2 : gros rabais de 50 %
La bonne réponse parmi les trois propositions suivantes est :

❑ A. Les deux étiquettes sont justes.
☒ B. Une des étiquettes est juste, l'autre fausse.
❑ C. Les deux étiquettes sont fausses.

38. Un triathlon se court en trois épreuves : $\frac{1}{36}$ de la distance totale à la nage, $\frac{1}{4}$ en course à pied et le reste à vélo. La fraction de la distance totale parcourue à vélo est :

☒ A. $\frac{2}{19}$ ❑ B. $\frac{13}{18}$ ❑ C. $\frac{12}{15}$

39. Dans un rallye, un pilote a parcouru les 4 étapes en 33 min 12 s, 26 min 45 s, 18 min et 46 min 23 s. Le temps total mis est :

☒ A. 2 h 04 min 20 s
❑ B. 122 min 20 s
❑ C. 2 h 03 min

40. La masse volumique de l'alcool est environ de 800 g/dm³. Le volume de 400 g d'alcool est de :

☒ A. 5 cL
❑ B. 5 dm³
❑ C. 0,5 L

2 Corrigés

1. A. $\frac{3}{100} = 0{,}03$

2. A. 3 km = 300 000 cm. $\frac{300\,000}{10\,000} = 30$ cm

3. B. Consommation de Jérémy : $\frac{27{,}3}{420} \times 100 = 6{,}5$ L pour 100 km

Consommation de Jessica : $\frac{28{,}8}{450} \times 100 = 6{,}4$ L pour 100 km

4. B. Le trait de fraction tient lieu de parenthèses autour de $3 + 5$.

5. A. $\frac{133 \times 2}{7} = 38$ m^3

6. B. $\frac{39 \times 40}{30} = 52$ €

7. A. 70 % + 40 % – 15 % = 95 %

95 % des adhérents pratiquent au moins un des deux sports.

100 % – 95 % = 5 %

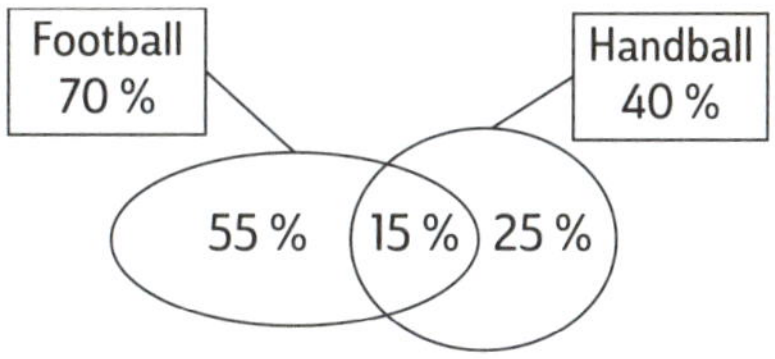

8. B. Volume du cube : $5 \times 5 \times 5 = 125$ cm^3

Volume du pavé droit : $4{,}6 \times 8 \times 3{,}5 = 128{,}8$ cm^3

9. C. $10 \times 75\,000 = 750\,000$ cm = 7,5 km

10. C. $\frac{180}{250} = 0{,}72$ soit 72 %

11. B. 2,1 m^3 = 2 100 L. $2\,100 \div 15 = 140$ min = 2 h 20 min

12. A.

13. B. $4\,820\,000 \times 0{,}85 = 4\,097\,000$

14. A. $105 \times 68 = 7\,140$ m^2

15. B. On exprime toutes les quantités en litres. $0{,}15 + 0{,}12 + 0{,}05 + 0{,}18 = 0{,}5$ L

16. B. 200 km = 20 000 000 cm

$20\,000\,000 \div 40 = 500\,000$. L'échelle est 1/500 000e.

17. B. 0,045 m^3 = 45 L

18. A. $\frac{4\,305}{12\,300} = 0{,}35$ soit 35 % ; 100 % – 35 % = 65 %

19. C. Rayon de la boule = $24 \div 2 = 12$ cm. Volume de la boule = $\frac{4}{3} \times \pi \times 12^3 \approx 7\,238$ cm^3

20. B. $28 \times \frac{4}{7} = 16$ jours restants

21. C. 1er enfant : $2\,400 \times 0{,}4 = 960$ €. Reste : 1 440 €.

2e enfant : $1\,440 \times \frac{1}{3} = 480$ €. Reste : $1\,440 - 480 = 960$ €.

22. B. En un tour de roue, le cycliste parcourt $175{,}84 \text{ m} \div 100 = 1{,}7584 \text{ m} = 175{,}84 \text{ cm}$. Diamètre $= 175{,}84 \div 3{,}14 = 56$ cm.

23. B. $2\,597 \div 1{,}06 = 2\,450$ €.

24. A. $27{,}3 \div 2{,}6 = 10{,}5 \text{ g/cm}^3$

25. C. $\frac{12}{7} + \frac{4}{14} = \frac{12}{7} + \frac{2}{7} = \frac{14}{7} = 2$.

26. A. 1 h = 3 600 s ; 7 min 20 s = (7×60) s + 20 s = 440 s.

$\frac{100 \times 3\,600}{440} \approx 818{,}18$ km/h.

27. C. $21 \div 0{,}05 = 420$ €.

28. B. Si 1 dm^3 de neige pèse 120 g, 1 m^3 de neige pèse 120 kg.

Volume de neige : $35 \times 11 \times 0{,}35 = 134{,}75 \text{ m}^3$

Masse de neige : $120 \times 134{,}75 = 16\,170$ kg.

29. B. Nombre de fromages : $\frac{400 \times 2\,000}{5\,000} = 160$. Masse de fromage : $2{,}6 \times 160 = 416$ kg.

30. A.

31. A. $\frac{1\,000 \times 7{,}5}{3} = 2\,500$ L

32. B. $200 \times 0{,}8 \times 0{,}8 = 128$ €.

33. A. $\frac{4{,}2 \times 3{,}5}{2} = 7{,}35 \text{ m}^2$

34. C. $\frac{260 \times 30}{200} = 39$ g

35. B. $0{,}15 \times 22 = 3{,}3$ h = 3 h + $(0{,}3 \times 60)$ min = 3 h 18 min.

36. C. Largeur = $24 - 1{,}5 = 22{,}5$ m

Aire = $24 \times 22{,}5 = 540 \text{ m}^2$

37. A. Le pouvoir d'achat est doublé : pour le même prix, on a 2 pantalons au lieu d'un seul.

Le rabais est de 50 % : $\frac{50-25}{50} = 0{,}5$ soit 50 %.

38. B. $\frac{1}{36} + \frac{1}{4} = \frac{10}{36} = \frac{5}{18}$; $1 - \frac{5}{18} = \frac{13}{18}$.

39. A. Le temps total est : 123 min 80 s = 124 min 20 s = 2 h 4 min 20 s.

40. C. $\frac{400}{800} = 0{,}5 \text{ dm}^3 = 0{,}5$ L

FAITES LE POINT !

Exercice Testez vos connaissances !

Entourez les réponses exactes.

	A	B	C
1. À quoi correspond le double du quart de la moitié d'un litre ?	125 mL	25 cL	25 dL
2. Daniel partage 240 € entre ses trois enfants. Le 1er reçoit 40 % de cette somme, le 2e le tiers du reste. Quelle somme reste-t-il pour le 3e ?	112 €	64 €	96 €
3. Quel est le plus petit de ces trois volumes ?	0,159 daL	1,68 L	1 587 cm^3
4. Quelle est l'aire de carton nécessaire pour construire un cube de 5 cm d'arête ?	150 cm^2	125 cm^2	80 cm^2
5. Un camion consomme en moyenne 16 litres de gasoil aux 100 km. Quelle sera sa consommation pour un parcours de 635 km ?	39,6 litres	91,8 litres	101,6 litres
6. Une pompe solaire a un débit de 120 L/h. Combien de temps lui faut-il pour remplir une cuve de 9 m^3 ?	75 heures	108 heures	111 heures
7. Une piscine a la forme d'un parallélépipède rectangle dont les dimensions intérieures sont : longueur 9 m, largeur 4 m et profondeur 1,50 m. Quel est son volume ?	54 m^3	14,50 m	52,50 m^3
8. Quelle est la suite d'opérations dont le résultat est 80 ?	$3 \times 7 \times 2^3$	$(3 + 7) \times 2^3$	$3 + 7 \times 4^2$
9. Trois ramettes de papier valent 10,50 €. Quel est le prix de dix ramettes ?	105 €	35 €	75 €
10. Le croquis d'un jardin est à l'échelle 1/200. On veut représenter une allée de 4 m de large. Quelle est la largeur de l'allée sur le croquis ?	2 cm	2 mm	1 cm

© Éditions Foucher

	A	B	C
11. Dans un service administratif de 90 personnes, on compte 63 femmes. Quel est le pourcentage d'hommes dans le service ?	70 %	43 %	30 %
12. La citerne cylindrique d'un camion a pour diamètre 2,60 m et pour longueur 6 m. Quelle est sa capacité en litres ? *Prendre* $\pi = 3,14$.	127 358,4 litres	31 839,6 litres	318 396 litres
13. Le périmètre d'un carré est 64 m. Quelle est son aire ?	256 m²	240 m	4 096 m²
14. Quel est le taux de remise lorsqu'on fait payer 42 € un article marqué 56 € ?	33 %	30 %	25 %
15. Un train roule à la vitesse moyenne de 120 km/h. Quelle distance parcourt-il en 1 h 12 min ?	144 km	151,2 km	145,8 km
16. La plantation de pins des Landes nécessite une surface au sol de 9 m² par pin. Combien de pins peut-on planter sur un terrain de 0,18 ha ?	200 pins	50 pins	20 pins
17. La longueur totale des arêtes d'un cube est égale à 60 mm. Calculer le volume du cube.	1 000 mm³	421,875 cm³	125 mm³
18. Un salaire de 1 400 € subit une hausse de 1 %. Quel est le nouveau salaire ?	1 401 €	1 414 €	1 386 €
19. Un piéton marche à la vitesse moyenne de 5 km/h. Combien de temps mettra-t-il pour parcourir 14 km ?	2,48 h	2 h 48 min	2 h 54 min
20. Un rectangle mesure 150 m de longueur et 2 140 cm de largeur. Quelle est l'aire de ce rectangle ?	321 000 cm²	3 210 m²	2 450 m²
21. J'ai utilisé 50 kg de semences pour un terrain de 1 600 m². Quelle surface aurais-je pu ensemencer avec 90 kg de semences ?	28 800 m²	3 200 m²	28,8 ares
22. On accorde une remise de 378 € sur une installation d'un montant de 16 800 €. Quel pourcentage représente cette réduction ?	0,44 %	2,25 %	11,1 %
23. Le jéroboam de champagne a une contenance de 3 L. Combien de coupes d'une contenance de 15 cL peut-on remplir ?	45	20	50

© Éditions Foucher

	A	B	C
24. Parmi les solides ci-contre, quel est celui qui a le plus grand volume ?	Un cube d'arête 3 cm	Un cylindre de rayon 3 cm et de hauteur 2 cm	Une sphère de rayon 2,4 cm
25. Dans 125 g de champignons, il y a 110 g d'eau. Quelle masse d'eau y a-t-il dans 2 kg de champignons ?	1 760 g	687,5 g	1 123 g
26. Une piscine a la forme d'un parallélépipède rectangle de longueur 10 m et de largeur 5 m. L'évaporation a fait baisser le niveau de l'eau de 5 cm. Quel volume d'eau faut-il rajouter pour que l'eau de la piscine retrouve son niveau d'origine ?	25 000 L	0,25 m^3	2 500 L
27. À quelle distance réelle, en km, correspond une distance de 4,6 cm sur une carte à l'échelle 1/25 000 ?	1,15 km	11,5 km	115 km
28. Un champ rectangulaire a une superficie de 96 ares et une longueur de 400 m. Quelle est sa largeur ?	24 m	240 m	150 m
29. On accorde une réduction de 1 800 € sur un transport d'un montant de 4 500 €. Quel pourcentage représente cette réduction ?	50 %	40 %	2,5 %
30. On multiplie par 2 la longueur d'un rectangle et on divise par 2 sa largeur.	L'aire du rectangle a augmenté	L'aire du rectangle a diminué	L'aire du rectangle n'a pas changé
31. Quelle durée est égale à 1,35 h ?	81 minutes	95 minutes	1 heure 35 minutes
32. Trois ouvriers montent un mur en 6 heures. Combien mettraient 4 ouvriers travaillant au même rythme pour monter un mur identique ?	8 heures	4 heures	4 heures et demie
33. Quelle est la distance, en mètres, parcourue par un vélo en 30 tours de roue si le rayon de la roue est de 5 dm ? *Prendre* $\pi = 3,14$.	942 m	56,50 m	94,20 m
34. On veut représenter sur un plan un carré de 121 m^2 par un carré de 121 cm^2. Quelle est l'échelle de ce plan ?	1/10 000	1/1 000	1/100
35. Lise et Louane partent en voiture de Paris à 17 h 38 en direction de Bordeaux. Elles arrivent à 22 h 23. Quelle est la durée du voyage ?	3 h 45 min	4 h 45 min	2 h 45 min

© Éditions Foucher

	A	B	C
36. En roulant à une vitesse moyenne de 52 km/h, quelle est la distance, en mètres, parcourue en 24 minutes ?	20,8 m	20 800 m	1 248 m
37. Quel est le périmètre d'un triangle équilatéral de 7 m de côté ?	28 m	49 m	21 m
38. Une machine dans une usine de soda remplit 1 000 bouteilles en 4 minutes. Combien de bouteilles remplit-elle en 10 minutes ?	1 500	2 000	2 500
39. Le montant de votre loyer est de 500 € ; il va augmenter de 100 %. Combien paierez-vous désormais ?	750 €	1 000 €	1 500 €
40. Si Eva roule à 75 km/h sur 120 km, combien de temps durera son trajet ?	1 h	1 h 16 min	1 h 36 min

© Éditions Foucher

CORRIGÉS

1. Réponse B
1 litre = 1 000 mL
$((1\,000 \div 2) \div 4) \times 2 = 250$ mL = 25 cL

2. Réponse C
Part du premier : $240 \times 0{,}4 = 96$ €
Reste : $240 - 96 = 144$ €
Part du deuxième : $144 \div 3 = 48$ €
Part du troisième : $144 - 48 = 96$ €

3. Réponse C
On exprime les trois volumes dans la même unité, par exemple en litre.
0,159 daL = 1,59 L ; 1,68 L = 1,68 L ; 1 587 cm^3 = 1,587 L
Le plus petit des trois volumes est 1,587 L, donc 1 587 cm^3.

4. Réponse A
Le cube a 6 faces qui sont des carrés de 5 cm de côté.
Aire d'un carré de côté $c = c^2$
$5^2 \times 6 = 25 \times 6 = 150$ cm^2

5. Réponse C
Il y a proportionnalité entre la consommation et la distance parcourue.
$\frac{16 \times 635}{100} = 101{,}6$ litres

6. Réponse A
9 m^3 = 9 000 L
$9\,000 \div 120 = 75$ heures

7. Réponse A
Volume du parallélépipède rectangle = longueur × largeur × hauteur
$9 \times 4 \times 1{,}5 = 54$ m^3

8. Réponse B
$(3 + 7) \times 2^3 = 10 \times 8 = 80$

9. Réponse B
Prix d'une ramette : $10{,}50 \div 3 = 3{,}5$ €
Prix de 10 ramettes : $3{,}5 \times 10 = 35$ €

10. Réponse A
4 m = 400 cm
Sur un croquis à l'échelle 1/200, les dimensions sont 200 fois plus petites que les dimensions réelles.
$400 \div 200 = 2$ cm

11. Réponse C
$90 - 63 = 27$. Il y a 27 hommes dans le service.

$27 \div 90 = 0{,}3$; $0{,}3 \times 100 = 30$
Il y a 30 % d'hommes dans le service.

12. Réponse B
Rayon $= 2{,}6 \div 2 = 1{,}3$ m
Volume d'un cylindre $= 3{,}14 \times \text{rayon}^2 \times \text{hauteur}$
$3{,}14 \times 1{,}3^2 \times 6 = 31{,}839\,6\ \text{m}^3 = 31\,839{,}6$ litres

13. Réponse A
Côté du carré : $64 \div 4 = 16$ m
Aire du carré : $16^2 = 256\ \text{m}^2$

14. Réponse C
Montant de la remise : $56 - 42 = 14$ €.
$14 \div 56 = 0{,}25$; $0{,}25 \times 100 = 25$
Le taux de remise est 25 %.

15. Réponse A
1 h 12 min = 72 min
$$\frac{120 \times 72}{60} = 144 \text{ km}$$

16. Réponse A
0,18 ha = 1 800 a
$1\,800 \div 9 = 200$
On peut planter 200 pins sur 0,18 ha.

17. Réponse C
Un cube a 12 arêtes de même longueur.
Arête du cube : $60 \div 12 = 5$ mm
Volume du cube $= \text{arête}^3 = 5^3 = 125\ \text{mm}^3$

18. Réponse B
$1\,400 \times (1 + 0{,}01) = 1\,400 \times 1{,}01 = 1\,414$ €

19. Réponse B
$14 \div 5 = 2{,}8$ h $= 2$ h $+ (0{,}8 \times 60)$ min $= 2$ h 48 min

20. Réponse B
2 140 cm = 21,4 m
Aire du rectangle = longueur × largeur $= 150 \times 21{,}4 = 3\,210\ \text{m}^2$

21. Réponse C
Il y a proportionnalité entre la masse de semences et l'aire de la surface ensemencée.
$$\frac{1\,600 \times 90}{50} = 2\,880\ \text{m}^2 = 28{,}8 \text{ ares}$$

22. Réponse B
$378 \div 16\,800 = 0{,}0225$; $0{,}0225 \times 100 = 2{,}25$
Le pourcentage de réduction est 2,25 %.

23. Réponse B
3 L = 300 cL

300 ÷ 15 = 20
On peut remplir 20 coupes.

24. Réponse C
Volume du cube : $3^3 = 27\ cm^3$
Volume du cylindre : $3{,}14 \times 3^2 \times 2 = 56{,}53\ cm^3$
Volume de la sphère : $\frac{4}{3} \times 3{,}14 \times 2{,}4^3 = 57{,}88\ cm^3$
C'est la sphère qui a le plus grand volume.

25. Réponse A
2 kg = 2 000 g
Il y a proportionnalité entre la masse de champignons et la masse d'eau.
$\frac{110 \times 2\,000}{125} = 1\,760$ g

26. Réponse C
5 cm = 0,05 m
Volume d'eau à rajouter : $10 \times 5 \times 0{,}05 = 2{,}5\ m^3$ = 2 500 litres

27. Réponse A
4,6 × 25 000 = 115 000 cm = 1,15 km

28. Réponse A
96 ares = 9 600 m^2
9 600 ÷ 400 = 24
La largeur du rectangle mesure 24 m.

29. Réponse B
1 800 ÷ 4 500 = 0,4 ; 0,4 × 100 = 40
Le pourcentage de réduction est 40 %.

30. Réponse C
(longueur × 2) × (largeur ÷ 2) = longueur × largeur × 2 ÷ 2 = longueur × largeur
Donc l'aire du rectangle ne change pas.
On peut vérifier en prenant un exemple numérique.

31. Réponse A
1,35 h = (60 × 1,35) min = 81 min

32. Réponse C
1 ouvrier monterait le mur en : 6 × 3 = 18 heures.
4 ouvriers monteraient le mur en : 18 ÷ 4 = 4,5 heures, donc 4 heures et demie.

33. Réponse C
Longueur d'un cercle = 3,14 × diamètre = 3,14 × 2 × rayon
Distance parcourue en 1 tour de roue : 3,14 × 2 × 5 = 31,4 dm = 3,14 m
Distance parcourue en 30 tours de roue : 3,14 × 30 = 94,2 m

34. Réponse C
Côté du grand carré : $\sqrt{121}$ m = 11 m = 1 100 cm
Côté du petit carré : 11 cm

Échelle = $\frac{11}{1\,100} = \frac{1}{100}$

35. Réponse B

22 h 23 – 17 h 38 = 21 h 83 – 17 h 38 = 4 h 45 min

36. Réponse B

$52 \times \frac{24}{60}$ = 20,8 km = 20 800 m

37. Réponse A

Un triangle équilatéral a ses trois côtés égaux.

$7 \times 3 = 21$

Le périmètre est égal à 21 m.

38. Réponse C

$\frac{1\,000 \times 10}{4}$ = 2 500 bouteilles

39. Réponse B

Montant de l'augmentation : 500 €

Nouveau loyer : 500 + 500 = 1 000 €

40. Réponse C

120 ÷ 75 = 1,6 h = 1 h + (60 × 0,6) min = 1 h 36 min

QCM de connaissances professionnelles (concours SPV)

Coefficient 1

Durée : 1 heure

Méthode

Présentation et méthode de l'épreuve

Entraînement

- Sujet corrigé

✔ **FAITES LE POINT !**

PRÉSENTATION ET MÉTHODE DE L'ÉPREUVE

Ce type d'épreuve prévue en 1 heure comporte entre 20 et 40 questions à choix multiple. Bien lire les consignes et les barèmes est primordial.

1 Les objectifs de l'épreuve

Elle a pour but :

- d'apprécier l'aptitude du candidat à restituer les connaissances professionnelles qu'il a acquises lors de sa formation initiale de sapeur-pompier volontaire ;
- de vérifier qu'il est capable d'identifier une ou plusieurs bonnes réponses face à un questionnaire à choix multiple (QCM).

2 Les caractéristiques de l'épreuve

Vous serez particulièrement vigilant sur le barème proposé car plusieurs cas de figure pourront être proposés :

- le QCM ne retire pas de points dans le cas de mauvaise réponse ;
- le QCM retire des points dans le cas de mauvaise réponse ;
- le QCM retire des points en cas d'absence de réponses ;
- le QCM propose une ou plusieurs réponses justes.

3 Méthode : opérer des choix stratégiques

- Vous serez nécessairement face à des questions pour lesquelles :

– vous connaissez les réponses à valider ;

– vous hésitez sur certaines cases à cocher ;

– vous n'avez aucun élément de réponse à l'esprit.

- Dans tous les cas, **lisez attentivement les consignes et le barème**. N'hésitez pas à réaliser une seconde lecture pour bien comprendre : vous déciderez d'une réponse ou d'une absence de réponse selon ce qui est indiqué : les mauvaises réponses sont-elles pénalisées ? L'absence de réponse entraîne-t-elle un retrait de points ?
- Répondez aux questions dans l'ordre chronologique du questionnaire. Le fait de vouloir découvrir l'intégralité des questions peut être un élément déstabilisant.
- Validez les réponses dont vous êtes sûr et, suivant le temps qu'il vous reste, abordez celles pour lesquelles vous hésitez en fonction du barème.
- Sous réserve que le barème ne soit pas pénalisant, complétez le questionnaire pour répondre aux questions restées sans réponse.

Sujet corrigé

Concours SPV
Inédit

Coefficient 1

Durée : 1 heure

1 Le sujet

Cochez la ou les bonnes réponses.

1. La zone d'explosivité d'un gaz est la zone :

❑ A. comprise entre la LIE et la LSE
❑ B. comprise entre 0 % de concentration d'un gaz dans l'air et la LIE
❑ C. située à partir de la LSE quand celle-ci existe

2. La convexion est un transfert de chaleur :

❑ A. à travers la masse d'un matériau en suivant sa forme
❑ B. par le mouvement d'un fluide du bas vers le haut
❑ C. suite à l'énergie dégagée par un corps chaud

3. Quelle est la définition du point d'inflammation ?

❑ A. Température minimale à partir de laquelle un combustible émet suffisamment de vapeurs inflammables qui, au contact d'une flamme pilote, s'enflamment spontanément et se maintiennent après le retrait de celle-ci
❑ B. Température à laquelle un combustible émet suffisamment de vapeurs pour s'enflammer spontanément sans apport de flamme pilote
❑ C. Température minimale à partir de laquelle un combustible émet suffisamment de vapeurs inflammables qui, au contact d'une flamme pilote, s'enflamment spontanément et s'éteignent après le retrait de celle-ci

4. La marche générale des opérations est un ensemble d'actions qui se déroulent de manière :

❑ A. chronologique
❑ B. simultanée
❑ C. chronologique ou simultanée

5. La combustion instantanée correspond à :

❑ A. la détonation, vitesse de réaction supérieure à celle du son
❑ B. la déflagration, grande vitesse de réaction inférieure à la vitesse du son
❑ C. une émission simultanée de lumière avec élévation de la température

6. Les accessoires hydrauliques :

❑ A. permettent de relier les éléments nécessaires à un établissement
❑ B. contribuent à la distribution de l'eau dans les établissements
❑ C. sont des appareils étanches qui permettent de projeter et de diriger un agent extincteur

7. Le taux de concentration de la mousse est le rapport entre :

❑ A. le volume d'émulseur et le volume de solution moussante
❑ B. le volume de mousse et le volume d'émulseur
❑ C. le volume de mousse et le volume de solution moussante

8. Lors de la reconnaissance, les sapeurs-pompiers observent les règles de sécurité liées aux risques suivants :

❑ A. les risques liés au sinistre
❑ B. les risques liés aux véhicules de secours
❑ C. les risques liés au comportement du sapeur-pompier

9. Le sauvetage est une action :

❑ A. de prévention
❑ B. d'urgence et de prévention
❑ C. d'urgence

10. Le sauvetage est le fait de :

❑ A. soustraire une victime à un danger mortel et immédiat
❑ B. déplacer des personnes dont l'intégrité physique est menacée
❑ C. déplacer des personnes dont l'intégrité physique n'est pas menacée

11. La réglementation des équipements de protection individuelle (EPI) définit :

❑ A. 4 familles qui prennent en compte la tête, les membres supérieurs, le tronc et l'abdomen
❑ B. 8 familles qui prennent en compte la protection de la tête, de l'ouïe, des yeux, du visage, des voies respiratoires, des mains et des bras, des pieds et des jambes, du tronc et de l'abdomen et du corps entier
❑ C. 2 familles qui prennent en compte la tête et les membres supérieurs

12. Quel est le calcul du pied d'échelle destiné à mettre en place une échelle à coulisse ?

❑ A. 1/4 de la hauteur développée + 0,80 m
❑ B. 1/5e de la hauteur développée + 0,80 m
❑ C. 1/5e de la hauteur développée + 0,60 m

13. Quelle est la définition de la réaction au feu ?

❑ A. C'est la capacité d'un élément de construction à résister au feu pendant un temps donné
❑ B. C'est la solidité d'une construction établie pendant un temps donné
❑ C. C'est le comportement au feu d'un matériau quand il est lui-même soumis en tant que combustible.

14. Le corps d'un message se structure de la façon suivante :

❑ A. Je suis, je vois, j'entends, je fais
❑ B. Je suis, je vois, je réalise, j'établis
❑ C. Je suis, je vois, je fais, je demande

15. Quels sont les outils de détection utilisés par les sapeurs-pompiers ?

❑ A. Le détecteur de monoxyde de carbone
❑ B. La caméra thermique et les détecteurs multi-gaz
❑ C. Le détecteur de fumées

16. Quelles sont les règles de sécurité lors d'un déplacement pour intervention ?

❑ A. Le sapeur doit se conformer au code de la route
❑ B. Le conducteur doit pouvoir prouver l'usage des gyrophares et du deux-tons sans obligation de ralentir au carrefour
❑ C. Le conducteur doit pouvoir prouver l'usage des gyrophares et du deux-tons en ralentissant bien avant le carrefour

17. Quel est le rôle des équipes secouristes en intervention avec un VSAV ?

❑ A. Ils prennent en charge sans délai les détresses vitales
❑ B. Ils assurent la régulation et apportent une réponse médicale
❑ C. Ils pratiquent sans délai les gestes de premiers secours adaptés

18. Quelles sont les mesures de sécurité à prendre lors d'un accident de la route ?

❑ A. Baliser le site de 150 à 200 mètres
❑ B. Interdire toute approche (témoins, fumeurs)
❑ C. Installer une protection incendie (extincteur)

19. Dans la phase de recueil des informations du secouriste, quels sont les bilans réalisés par les sapeurs-pompiers ?

❑ A. Le bilan circonstanciel
❑ B. Le bilan d'urgence vitale
❑ C. Le bilan complémentaire

20. Quelles sont les caractéristiques du plan NOVI ?

❑ A. C'est un plan d'action en cas d'accident concernant un nombre réduit de victimes
❑ B. C'est un plan d'action en cas d'accident de nombreuses victimes
❑ C. Il fait partie des plans élaborés dans le cadre du dispositif ORSEC

21. Quels sont les risques naturels prévisibles sur le territoire national ?

❑ A. Les inondations, les séismes, les éruptions volcaniques, les mouvements de terrain
❑ B. Les tsunamis, les canicules, les chutes de météorites
❑ C. Les avalanches, les incendies de forêt, les cyclones, les tempêtes

22. Quel est, au sens de la loi du 16 février 2015, le statut juridique de l'animal ?

❑ A. Les animaux sont définis comme des êtres vivants dotés de sensibilité
❑ B. Les animaux sont soumis au régime des biens
❑ C. Les animaux sont définis comme des êtres vivants qui ne sont pas dotés de sensibilité

23. Au titre du décret du 27 février 2015, comment sont définis les risques de la défense extérieure contre l'incendie (DECI) ?

❑ A. Risques courants faibles, ordinaires et exceptionnels
❑ B. Risques courants faibles, ordinaires et importants
❑ C. Risques particuliers

24. Quelles sont les actions principales relatives à la ventilation opérationnelle ?

❑ A. Protéger (empêcher les fumées de venir dans un volume)
❑ B. Désenfumer (évacuer les fumes d'un local)
❑ C. Attaquer (agir sur les fumées et le foyer)

25. Quels sont les grands principes du service public ?

❑ A. Égalité et continuité
❑ B. Proximité et régularité
❑ C. Adaptabilité ou mutabilité

26. Au titre de la loi du 20 avril 2016 relative à la déontologie, quels sont les principes que le fonctionnaire doit respecter dans l'exercice de ses fonctions ?

❑ A. Dignité, impartialité, intégrité
❑ B. Probité, neutralité, laïcité
❑ C. Loyauté, parité, mixité

27. Le schéma départemental d'analyse et de couverture des risques (SDACR) :

❑ A. dresse l'inventaire des risques de toute nature
❑ B. détermine les objectifs de couverture
❑ C. définit le classement des centres de secours

28. Cocher la ou les réponse(s) fausse(s).

❑ A. Les sapeurs-pompiers civils sont des fonctionnaires de l'État
❑ B. Les sapeurs-pompiers de la BSPP et du BMPM sont des militaires
❑ C. Les sapeurs-pompiers civils sont des agents territoriaux

29. Combien d'interventions l'ensemble des sapeurs-pompiers ont-ils réalisées sur le territoire national au cours de l'année 2020 ?

- ❑ A. Environ 7 millions, soit 1 intervention toutes les 4,5 secondes
- ❑ B. Environ 5 millions, soit 1 intervention toutes les 6,5 secondes
- ❑ C. Environ 3 millions, soit 1 intervention toutes les 10 secondes

30. Quelle est la conduite à tenir sur une plaie grave ?

- ❑ A. Identifier la gravité de la plaie
- ❑ B. Ne pas traiter la plaie et attendre le médecin traitant
- ❑ C. Traiter la plaie avec un pansement compressif et apporter de l'oxygène

2 Corrigé

1. A.
2. B.
3. A.
4. C.
5. A.
6. B.
7. A.
8. A. ; C.
9. C.
10. A.
11. B.
12. C.
13. C.
14. C.
15. A. ; B.
16. A. ; C.
17. A. ; C.
18. A. ; B. ; C.
19. A. ; B. ; C.
20. B. ; C.
21. A. ; C.
22. A. ; B.
23. B. ; C.
24. A. ; B. ; C.
25. A. ; C.
26. A. ; B.
27. A. ; B.
28. A.
29. B.
30. A. ; C.

FAITES LE POINT !

Exercice 1 Les sigles

1. Que signifie DGSCGC ?
2. Que signifie SDACR ?
3. Au sein des organes paritaires de concertation, que signifie CST ?
4. Dans le cadre de la dénomination des véhicules d'incendie, que signifient les suffixes suivants : PC ? VSAV ? SR ? EPSA ?
5. Que signifie COGIC ?
6. Que signifie FPTL ?
7. Que veut dire CATSIS ? Qui en est le président ?

Exercice 2 L'environnement administratif et juridique

1. Qui est le responsable de l'organisation des secours dans une commune ?
2. Qui assure la direction administrative et financière du SDIS ?
3. Quel est le statut d'un sapeur-pompier professionnel ?
4. Les commissions administratives paritaires donnent notamment un avis sur l'avancement d'échelon et le refus de titularisation. Vrai ou Faux ?
5. Comment sont classés les centres d'incendie et de secours ?
6. Rédigez, en toutes lettres et par ordre croissant, les grades d'officiers de sapeurs-pompiers (hors SSSM).
7. Combien de départs et quels types de départs doivent assurer simultanément les centres de secours principaux ?
8. Quelle différence faites-vous entre le devoir de réserve et la discrétion professionnelle ?

Exercice 3 Les connaissances professionnelles

Connaissances professionnelles : PBE (protection des personnes, des biens et de l'environnement)

1. Dans une opération d'épuisement à l'intérieur de locaux, peut-on utiliser une motopompe d'épuisement thermique ? Expliquez votre réponse

Connaissances professionnelles : INC (Incendie)

2. Dans le cadre de la « marche générale des opérations », quel(s) est (sont) l'(les) objectif(s) du déblai ?

3. Quels sont la pression et le débit nominaux d'une lance de 70-18 (ou 65-18) ; ceux d'une lance de 45-14 (ou 40-14) ?

4. Quels sont les principaux modes de propagation de la chaleur ?

5. Dans une progression horizontale protégée à l'aide du lot de sauvetage, quelle est la distance maximale séparant deux points d'amarrage ?

6. Quels sont les risques encourus par le binôme d'attaque lors d'un incendie ?

7. Citez cinq accessoires hydrauliques.

8. Quelle est la capacité en litres d'eau d'un FPT normalisé ?

9. Quels sont les rôles du double porte-lance ?

10. Citez les classes de feu et donnez un exemple pour chacune d'elles.

11. Quelle est la quantité d'émulseur dans un FPT normalisé ?

12. Quelle est la différence entre une colonne sèche et une colonne humide ?

13. Citez les différentes étapes de la « marche générale des opérations ».

Connaissances professionnelles : TOP (techniques opérationnelles)

14. Selon le code international de l'aviation civile utilisé lors des procédures radio sapeur-pompier, comment épelle-t-on les chiffres 7, 8 et 1 ?

15. Que doit réaliser tout porteur d'ARI avant d'encliqueter son micro-régulateur sur son masque ?

16. Citez les différents emplois opérationnels, par ordre décroissant de responsabilité.

17. Quelles distances en mètres représentent 2 cm sur une carte à l'échelle 1/25 000 et 0,5 mm sur une carte à l'échelle 1/50 000 ?

18. Que peut provoquer une piqûre d'insecte chez une personne sensible ?

19. Où devez-vous vous positionner lors d'un tronçonnage sur un terrain en pente ? Pourquoi ?

20. Quelle est la définition de la prévision ?

21. Définissez le nord magnétique et le nord géographique.

22. De quoi se compose la ligne de vie ?

23. Quelles sont les quatre procédures opérationnelles autorisées par le GNR LSPCC ?

Connaissances professionnelles : SUAP (secours d'urgence aux personnes)

24. Citez les trois grandes fonctions vitales.

25. À quoi sert une électrode de secourisme ?

26. Dans quelle position place-t-on une victime inconsciente et qui ventile ?

CORRIGÉS

Exercice 1

1. DGSCGC signifie Direction générale de la sécurité civile et de la gestion des crises.

2. SDACR est l'acronyme de schéma départemental d'analyse et de couverture des risques.

3. CST signifie comité social territorial.

4. Signification des suffixes :
- PC : poste de commandement ;
- VSAV : véhicule de secours et d'assistance aux victimes ;
- SR : secours routier ;
- EPSA : échelle pivotante semi-automatique.

5. COGIC signifie centre opérationnel de gestion interministérielle des crises.

6. FPTL signifie fourgon-pompe-tonne léger.

7. CATSIS est l'acronyme de commission administrative et technique des services d'incendie et de secours. Cette commission est présidée par le directeur départemental des services d'incendie et de secours (DDSIS).

Exercice 2

1. Le responsable de l'organisation des secours dans une commune est le maire.

2. C'est le directeur départemental des services d'incendie et de secours qui assure la direction administrative et financière du service départemental d'incendie et de secours (SDIS).

3. Le statut d'un sapeur-pompier professionnel est celui de fonctionnaire territorial.

4. Vrai. Les commissions administratives paritaires (CAP) sont obligatoirement consultées pour donner un avis sur les avancements d'échelon et les refus de titularisation.

5. Les centres d'incendie et de secours sont ainsi classés :
- centre de première intervention (CPI) ;
- centre de secours (CS) ;
- centre de secours principal (CSP).

6. Les grades d'officiers de sapeurs-pompiers (hors service de santé et de secours médical) sont, par ordre croissant :
- lieutenant de 2e classe ;
- lieutenant de 1re classe ;
- lieutenant hors classe ;

- capitaine ;
- commandant ;
- lieutenant-colonel ;
- colonel ;
- contrôleur général.

7. Les centres de secours principaux doivent assurer simultanément plusieurs départs, dont :
- un départ incendie ;
- deux départs de secours à personnes ;
- un autre départ.

8. Le devoir de réserve vise à ne pas divulguer d'informations sur les victimes ou les sinistré(e)s. La discrétion professionnelle vise à ne pas divulguer d'informations vis-à-vis de son administration.

Exercice 3

1. Dans une opération d'épuisement à l'intérieur de locaux, on ne peut pas utiliser une motopompe d'épuisement thermique en raison du risque d'intoxication au monoxyde de carbone (CO) dégagé par le moteur à combustion.
Connaissances professionnelles : INC

2. Dans le cadre de la « marche générale des opérations », le déblai a pour buts :
- au cours de l'attaque, de faciliter les établissements et l'attaque ;
- une fois que le feu est considéré comme éteint, de déplacer les décombres qui pourraient encore cacher des foyers et d'écarter ainsi tout risque de reprise de feu.

3. La pression nominale d'une lance de 70-18, dite grosse lance, est de 5,7 bars et son débit nominal de 500 L/min ; ceux d'une lance de 45-14, dite petite lance, sont de 3,5 bars et 250 L/min.

4. Les principaux modes de propagation de la chaleur sont :
- le rayonnement, la conduction, la convection ;
- le déplacement des substances en combustion, sous formes gazeuses, liquides ou solides.

5. Dans une progression horizontale protégée à l'aide du lot de sauvetage, la distance maximale séparant deux points d'amarrage est déterminée par la hauteur libre sous la personne en progression, de manière à stopper sa chute avant qu'elle ne heurte un obstacle.

6. Les risques encourus par le binôme d'attaque lors d'un incendie sont :
- l'explosion de fumées ;
- l'embrasement généralisé éclair ;
- l'effondrement.

7. Les accessoires hydrauliques sont les suivants : clés de barrage ; clés de poteau ; clés tricoise et polycoise ; étrangleurs ; crépines ; flotteurs ; pèse bouches et poteaux ;

contrôleur de débit ; appareils de prise de pression ; crochets, courroies, colliers d'amarre ; dispositifs de franchissement de tuyaux ; hydro-éjecteurs ; vide-caves ; bouchons d'obturateurs ; filtres amovibles ; pompes d'épuisement ; pulvérisateurs dorsaux ; seaux pompes. *La réponse ne doit comporter que cinq de ces éléments.*

8. Un fourgon-pompe-tonne (FPT) normalisé doit contenir au moins 2 000 litres d'eau.

9. Le double porte-lance :
- veille à la sécurité ;
- assure la liaison ;
- aide le porte-lance ;
- relève le porte-lance.

10. Les classes de feu sont les suivantes :
- classe A – feux secs : bois ;
- classe B – feux gras : hydrocarbures ;
- classe C – feux de gaz : propane ;
- classe D – feux de spéciaux : sodium.

11. La quantité d'émulseur dans un fourgon-pompe-tonne normalisé est d'au moins 200 litres.

12. Une colonne sèche est un dispositif de lutte contre l'incendie installé à demeure dans un immeuble ou un établissement recevant du public. Il s'agit d'une conduite rigide qui parcourt le bâtiment ou l'édifice, dotée d'une entrée simple ou double et de sorties dans la ou les zones à défendre contre l'incendie. Les sapeurs-pompiers y raccordent, d'une part, un ou plusieurs tuyaux proches de la zone d'attaque ou de protection et, d'autre part, à l'extérieur ou dans un endroit facilement accessible, un tuyau alimenté par un engin d'incendie surhydrant. Lorsque ces colonnes sont en permanence alimentées en eau, elles sont dites colonnes humides.

13. La « marche générale des opérations » (MGO) comprend les phases principales de l'extinction d'un incendie : la reconnaissance ; la ventilation opérationnelle ; les sauvetages ; les établissements ; l'attaque ; la protection ; le déblai ; la surveillance ; le relogement ; la réhabilitation des personnels et le reconditionnement du matériel ; la préservation des traces et incendies.

14. Selon le code international de l'aviation civile, on épelle 1 : un tout seul ; 7 : quatre et trois ; 8 : deux fois quatre.

15. Avant d'encliqueter son micro-régulateur sur son masque, tout porteur d'appareil respiratoire isolant (ARI) doit procéder aux actions suivantes :
- R : ouverture complète du ou des robinets ;
- A : ajustement du harnais ;
- P : pression au manomètre ;
- A : armement du système sonore de détresse ;
- C : code de communication ;
- E : étanchéité du masque.

16. Les différents emplois opérationnels sont, par ordre décroissant de responsabilité : chef de site, chef de colonne, chef de groupe, chef d'agrès, chef d'équipe et équipier.

17. Sur une carte à l'échelle 1/25 000, 2 cm représentent une distance de 50 m. Sur une carte à l'échelle 1/50 000, 0,5 mm représente une distance de 25 m.

18. Chez une personne sensible, une piqûre d'insecte peut provoquer une réaction allergique, voire un état de choc.

19. Lors d'un tronçonnage sur un terrain en pente, il convient de se positionner en amont afin de se protéger de la chute de l'objet découpé.

20. La prévision est l'ensemble des mesures destinées à limiter le développement et les conséquences d'un sinistre.

21. Le nord magnétique est la direction indiquée par la pointe en couleur de la boussole ; un peu à gauche du pôle nord. Le nord géographique correspond à la direction du pôle nord indiqué sur la carte.

22. La ligne de vie se compose de la liaison personnelle ; la ligne guide.

23. Les quatre procédures opérationnelles autorisées par le guide national de référence (GNR) relatif au lot de sauvetage et de protection contre les chutes (LSPCC) sont :
- le sauvetage par l'extérieur ;
- le sauvetage en excavation ;
- la protection individuelle contre les chutes ;
- la reconnaissance d'appartement ou ouverture de porte.

24. Les trois grandes fonctions vitales sont : la fonction nerveuse (ou conscience), la fonction ventilatoire (ou respiratoire ou respiration), la fonction circulatoire (ou circulation).

25. En secourisme, une électrode sert à :
- transmettre des informations sur le rythme cardiaque ;
- permettre le choc électrique en vue d'une réanimation.

26. On place une victime inconsciente et qui ventile en position latérale de sécurité ou sur le côté.

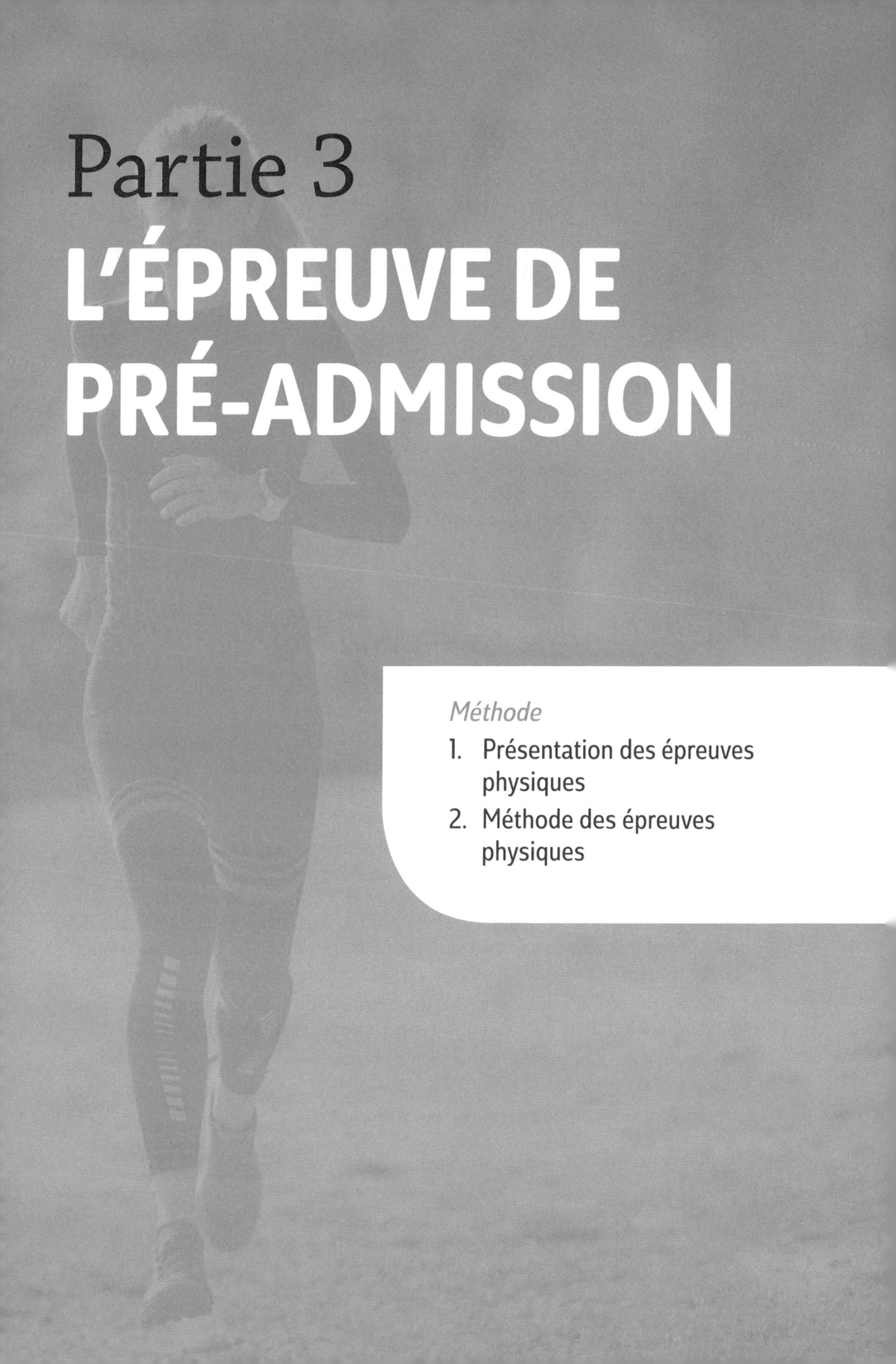

Partie 3
L'ÉPREUVE DE PRÉ-ADMISSION

Méthode

1. Présentation des épreuves physiques
2. Méthode des épreuves physiques

1 PRÉSENTATION DES ÉPREUVES PHYSIQUES

Le candidat participe aux épreuves physiques communes aux différents cadres d'emplois de sapeurs-pompiers professionnels. Celles-ci sont déterminées suivant un temps imparti et des barèmes fixés par l'arrêté du 30 novembre 2020. La moyenne des notes obtenues est affectée d'un coefficient 4.

1 Description des trois épreuves

- Pour chaque candidat, la pré-admission comprend trois épreuves d'exercices physiques réalisées dans l'ordre suivant :
  - **1° une épreuve de natation** (50 mètres en nage libre) à valider dans un temps imparti. Pour être déclaré en réussite, le candidat doit réaliser l'épreuve dans un temps maximum de 50 secondes pour les hommes et d'une minute pour les femmes. À défaut, le candidat est déclaré en échec ;
  - **2° une épreuve de parcours professionnel adapté** répartie en six étapes successives. L'épreuve du parcours de robustesse est notée sur 20 points. Le temps imparti est de 4 minutes pour les hommes et 5 minutes 30 secondes pour les femmes. Lorsque le temps imparti est écoulé, l'épreuve s'arrête. Chacune des cinq premières étapes validées compte pour un point. Au cours de l'étape 6, chacune des distances de 18 mètres validée compte pour un point ;
  - **3° une épreuve d'endurance cardio-respiratoire (Luc Léger)** notée sur 20 points selon deux barèmes différents (homme et femme).
- Une pause de 1 heure au moins devra séparer chacune des épreuves.
- Le candidat n'a droit qu'à un seul essai par épreuve.

 # info
Barème des épreuves sportives (arrêté du 30 novembre 2020).
foucherconnect.fr/rcspv04

2 L'épreuve de natation (50 mètres nage libre)

A| Tenue

Cette épreuve se déroule en maillot de bain (slip de bain pour les hommes, maillot une pièce pour les femmes). Toute autre tenue est interdite (ex. : short de bain, combinaison).
À l'exception du bonnet de bain, aucun accessoire n'est autorisé.
Les verres de contact peuvent être portés sans lunettes de natation sous la seule responsabilité du candidat.

B| Description

Le candidat doit sauter ou plonger du bord de la piscine afin d'effectuer un parcours de 50 mètres en nage libre sans arrêt.
En cas d'utilisation d'un bassin de 25 mètres, seul le plan vertical du mur devra être touché par une partie quelconque du corps au moins lors du virage.

C| Barème

Pour être déclaré en réussite, le candidat doit réaliser l'épreuve dans un temps maximum de 50 secondes pour les hommes et de 1 minute pour les femmes. À défaut, le candidat est déclaré en échec.

3 L'épreuve de parcours professionnel adapté

A| Tenue

Cette épreuve se déroule en tenue de sport, le candidat est équipé pendant toute la durée de l'épreuve d'une charge dorsale fixée sur un dossard d'ARI dont la masse totale est de 22 kg plus ou moins 500 grammes.
À l'exception de la magnésie qui est autorisée, toute autre substance additionnelle ou tout autre accessoire sont interdits (ex. : gants et assimilés, protection de genoux...).

B| Déroulement chronologique de l'épreuve

L'épreuve consiste à réaliser un parcours comprenant six étapes. Chaque étape doit être validée par le candidat pour qu'il puisse poursuivre le parcours à l'étape suivante.

© Éditions Foucher

Le chronomètre est déclenché lorsque le candidat se met en mouvement pour débuter le parcours.
Un examinateur accompagne le candidat tout au long du parcours. Chaque faute constatée par l'examinateur sera indiquée au candidat qui devra la corriger immédiatement conformément au descriptif suivant.

 # vidéo
Réalisation du parcours professionnel adapté.
foucherconnect.fr/rcspv05

C| Descriptif des étapes

L'ensemble des étapes se déroule sur une piste délimitée par deux lignes espacées de 18 mètres avec une zone supplémentaire de 1 mètre de part et d'autre désignée dans le texte « zone de 1 m en bout de piste » (piste de l'épreuve du Luc Léger).

1| Étape 1

Cette étape se déroule sur une piste délimitée par deux lignes espacées de 18 mètres et la zone de 1 m en bout de piste.
Avant le départ, les deux pieds du candidat se trouvent avant la ligne délimitant la piste.
Le candidat réalise un aller-retour en franchissant la ligne opposée délimitant la piste située à 18 mètres avec au moins un pied qui devra toucher le sol et repartir en sens inverse pour revenir à sa place initiale.

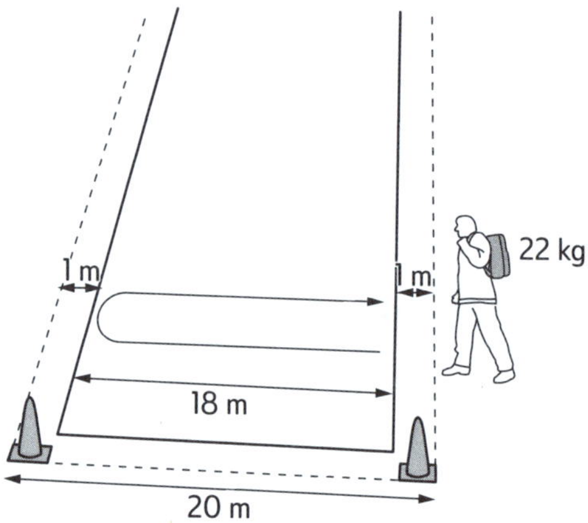

Dans la zone de 1 m en bout de piste se trouve une barre fixe de 2,5 à 3,5 centimètres de diamètre, placée à une hauteur minimale de 1,90 mètre qui permet au candidat de se suspendre totalement sans toucher le sol et sans que l'espace libre ne soit supérieur à 30 cm environ. Un dispositif de 5 cm de largeur plus ou moins 1 cm et 5 cm de diamètre plus ou moins 1 cm est fixé au centre de la barre.
Le candidat saisit librement la barre fixe à deux mains qu'il place d'un côté du repère central. D'une position stationnaire, où seules les mains sont en contact avec la barre fixe et les pieds décollés du sol, le candidat réalise une translation afin de saisir des deux mains la barre de l'autre côté du repère. Il réalise ensuite une nouvelle translation afin de saisir des deux mains la barre de l'autre côté du repère, lieu de position de départ, puis repose les pieds au sol.
L'étape n° 1 est validée lorsque le candidat descend de la barre fixe et se tient en station debout sur ses deux pieds.

© Éditions Foucher

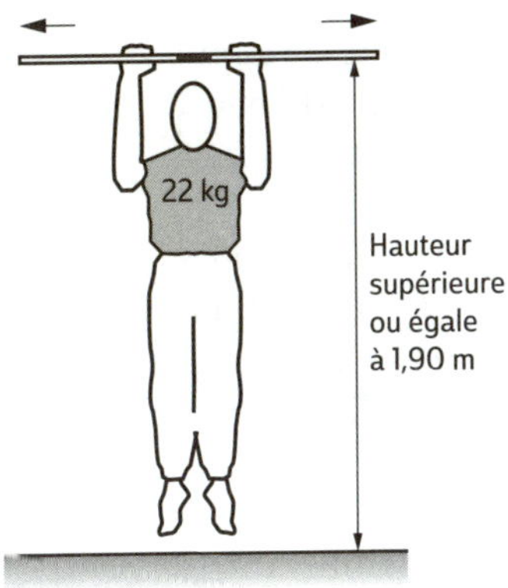

2 | Étape 2

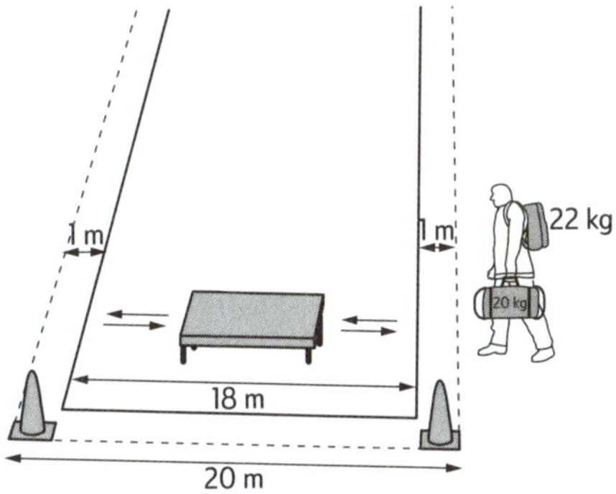

Cette étape se déroule sur une piste délimitée par deux lignes espacées de 18 mètres. Le centre d'un obstacle d'une longueur de 3 mètres, d'une largeur de 25 centimètres et d'une hauteur de 30 centimètres (banc suédois) est placé à mi-distance, dans le sens longitudinal de la piste.
Deux repères visuels placés à 50 centimètres de chaque extrémité du banc déterminent la zone d'entrée et de sortie de cet obstacle.
Avant le départ, les deux pieds du candidat se trouvent derrière la ligne délimitant la piste.
Le candidat saisit une charge de 20 kg (sac à poignée centrale) dans une main et parcourt un aller de 18 mètres qui comprend la traversée de l'obstacle de bout en bout. La montée sur l'obstacle se fait par l'appui de tout ou partie d'un pied au moins dans la zone d'entrée. La descente de l'obstacle se fait après l'appui au moins de tout ou partie d'un pied dans la zone de sortie.
Le candidat franchit la ligne délimitant la piste située à 18 mètres, dépose la charge de 20 kg au sol derrière la ligne et la saisit avec l'autre main. Il réalise le trajet retour en franchissant l'obstacle dans les mêmes conditions que durant le trajet aller.
L'étape n° 2 est validée lorsque le candidat franchit entièrement le banc et pose les deux pieds au sol.

3 | Étape 3

Cette étape se déroule à l'aide de deux marches matérialisées par une marche placée contre le banc en son centre et le banc lui-même ainsi que deux charges de 20 kg chacune (sacs à poignées centrales).
Dès la descente du banc au terme de l'étape 2, le candidat saisit la seconde charge de 20 kg placée sur la première marche. Une charge dans chaque main, soit 40 kg, le candidat effectue 10 montées et descentes sur les marches telles que définies ci-dessus.

© Éditions Foucher

À chaque reprise, les deux pieds ont un appui sur le sol et sur la surface supérieure du banc.
Le nombre de réalisations validé est compté à voix haute par l'examinateur.
Lorsque l'examinateur a compté 10, le candidat dépose l'une des deux charges sur l'emplacement initial et termine le trajet retour de l'étape 3 pour franchir la ligne délimitant la piste située à 18 mètres.
L'étape n° 3 est validée lorsque le candidat franchit entièrement la ligne délimitant la piste.

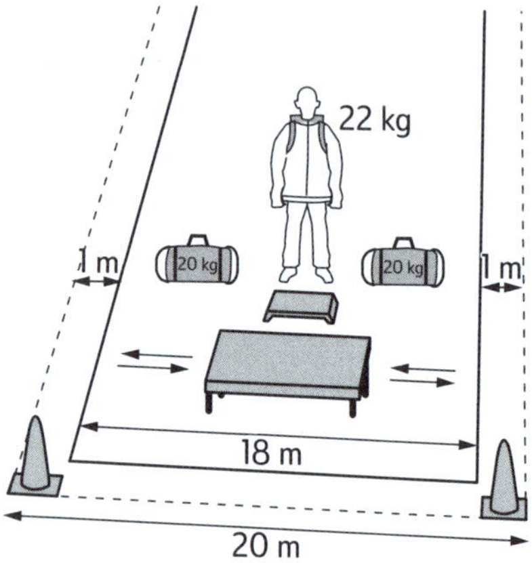

4 | Étape 4

Cette étape se déroule à l'aide d'une charge de 10 kg (sac à poignées) et d'un repère visuel à une hauteur de 1,60 m sur un support vertical positionné dans la zone de un mètre en bout de piste.
Le candidat saisit la charge de 10 kg placée au sol et touche alternativement le repère puis le sol sans lâcher la charge. Il répète 10 fois cet exercice.
Chaque touché au sol validé est compté à voix haute par l'examinateur.
L'étape n° 4 est validée lorsque l'examinateur a compté le dixième touché au sol.

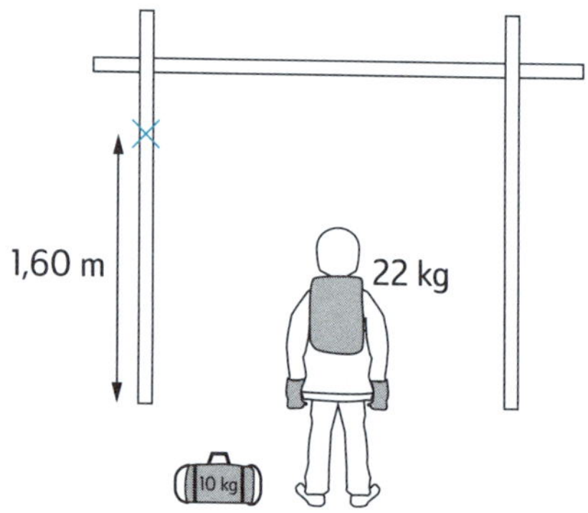

5 | Étape 5

Cette étape se déroule sur une piste délimitée par deux lignes espacées de 18 mètres.
Un obstacle dans le sens longitudinal de la piste dont le centre est placé à mi-distance est matérialisé par un dispositif en tunnel de 3 mètres de longueur, de 1,20 mètre de largeur minimum et d'une hauteur comprise entre 65 et 70 centimètres.
Une charge de 40 kg, munie d'une sangle de 1,20 m est placée dans l'axe du tunnel au-delà de la ligne opposée dans la zone de 1 m en bout de piste.
En restant dans la zone d'un mètre en bout de piste, le candidat saisit une corde de 12 mm de diamètre (type LSPCC) reliée à la charge et la tracte vers lui sur 18 m jusqu'à ce que celle-ci franchisse entièrement la ligne délimitant la piste.
Durant la traction, au moins un pied du candidat se trouve dans la zone de 1 m en bout de piste. Le candidat saisit alors la charge par la sangle et retourne la déposer à sa place initiale en passant sous l'obstacle.
Enfin, le candidat réalise le trajet retour en passant sous l'obstacle.
L'étape n° 5 est validée lorsque le candidat franchit entièrement la ligne délimitant la piste avec au moins un pied.

© Éditions Foucher

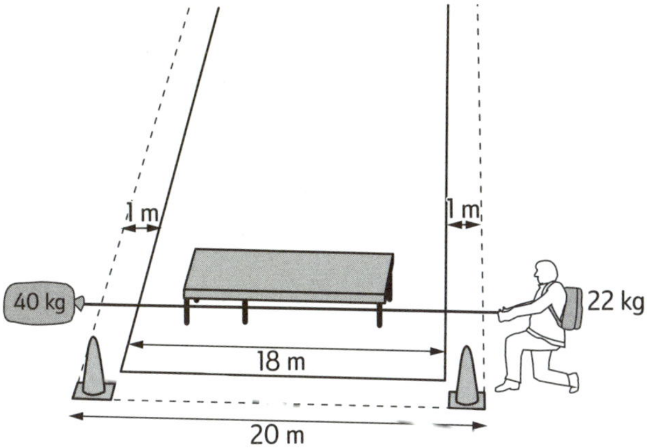

6 | Étape 6

Cette étape se déroule sur une piste délimitée par deux lignes espacées de 18 mètres. Avant le départ, les deux pieds du candidat se trouvent avant la ligne délimitant la piste dans la zone de 1 m en bout de piste. Le candidat saisit une charge de 20 kg dans chaque main, soit 40 kg. Le candidat réalise des allers-retours sur la piste de 18 mètres.

À chaque extrémité, le candidat devra franchir entièrement la ligne délimitant la piste avec au moins un pied qui devra toucher le sol et repartir en sens inverse.

Le candidat est autorisé à poser une ou deux charges dans les zones de 1 m en bout de piste uniquement, les reprendre et poursuivre l'étape.

Si l'une ou les deux charges touche le sol entre les deux lignes délimitant la piste de 18 m, cette distance n'est pas validée ni comptée et le candidat devra regagner l'une des zones de 1 m en bout de piste afin de poursuivre l'étape.

Chaque distance de 18 mètres validée est comptée à voix haute par l'examinateur.

L'étape n° 6 s'arrête lorsque : le candidat valide 15 fois la distance de 18 mètres ; le temps imparti est écoulé ; le candidat abandonne.

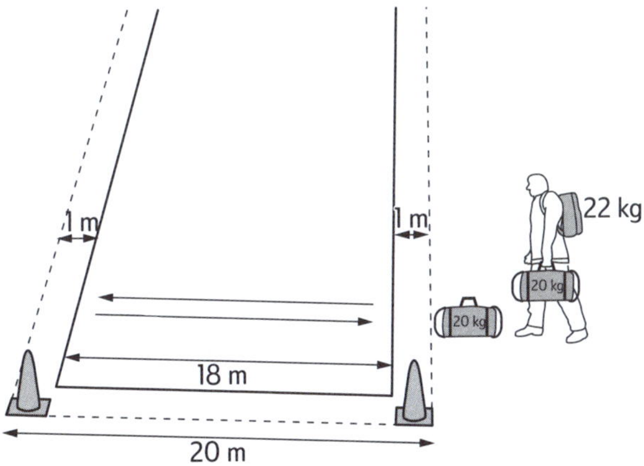

D| Barème

L'épreuve du parcours de robustesse est notée sur 20 points.
Le temps imparti est de 4 min pour les hommes et 5 min 30 s pour les femmes.
Lorsque le temps imparti est écoulé, l'épreuve s'arrête.
Chacune des cinq premières étapes validées compte pour un point. Au cours de l'étape 6, chacune des distances de 18 mètres validée compte pour un point.

4 L'épreuve d'endurance cardio-respiratoire (Luc Léger)

Cette épreuve se déroule en tenue de sport, avec chaussures sans pointe. Un dossard numéroté identifie chaque candidat.

- Cette épreuve consiste à courir en navette sur une piste délimitée par deux lignes espacées de 20 mètres au rythme d'une bande sonore qui indique au candidat le nombre de paliers atteints. Les lignes font partie de la piste. En début d'épreuve, la vitesse est lente puis elle augmente par palier toutes les 60 secondes.

Avant le départ, les deux pieds du candidat se trouvent avant la ligne délimitant la piste.

- Le candidat qui glisse ou tombe pendant l'épreuve est autorisé à la poursuivre dans la mesure où cette chute ne modifie pas le nombre de navettes.
- Le candidat doit régler sa vitesse de manière à se trouver en bout de piste au moment où retentit le signal sonore. À chaque fois, le candidat doit franchir entièrement la ligne délimitant la piste avec au moins un pied qui doit toucher le sol et repartir en sens inverse. À chacune des extrémités de la piste, un volume de tolérance est matérialisé au sol par une ligne, faisant partie de ce volume, tracée à 1 mètre avant la ligne délimitant la piste et à l'intérieur de celle-ci. Le volume de tolérance s'inscrit entre ces deux lignes. Lorsque le signal sonore retentit, le candidat doit être entré à l'aide d'une partie quelconque du pied dans le volume de tolérance d'un mètre.
- L'épreuve prend fin lorsque le candidat ne peut plus suivre l'allure imposée, c'est-à-dire lorsqu'il n'est pas entré à l'aide d'une partie quelconque du pied dans le volume de tolérance de 1 mètre lorsque le signal sonore retentit, lorsqu'il ne franchit pas entièrement la ligne délimitant la piste avec au moins un pied qui doit toucher le sol ou lorsqu'il abandonne.
- L'épreuve d'endurance cardio-respiratoire est notée sur 20 points selon le barème suivant :

© Éditions Foucher

Barème d'évaluation endurance cardio-respiratoire		
Note	Homme	Femme
20	14P	11P
19	13P45sec	10P45sec
18	13P30sec	10P30sec
17	13P15sec	10P15sec
16	13P	10P
15	12P45sec	9P45sec
14	12P30sec	9P30sec
13	12P15sec	9P15sec
12	12P	9P
11	11P30sec	8P45sec
10	11P	8P30sec
9	10P30sec	8P
8	10P	7P30sec
7	9P30sec	7P
6	9P	6P30sec
5	8P30sec	6P
4	8P	5P30sec
3	7P30sec	5P
2	7P	4P30sec
1	6P30sec	4P
0	6P	3P30sec

© Éditions Foucher

2 MÉTHODE DES ÉPREUVES PHYSIQUES

Bien que les moyens techniques aient considérablement allégé les efforts lors des interventions, la condition physique demeure un élément essentiel de la compétence du sapeur-pompier et surtout une composante indispensable à sa sécurité. De plus, porter l'uniforme impose de conserver tout au cours de sa carrière une prestance qui suppose une hygiène de vie correcte. Les épreuves physiques, éliminatoires, ne s'improvisent pas : elles se préparent.

1 Une bonne condition générale

- Les aptitudes physiques et sportives des candidats sont évaluées par des tests écartant les paramètres techniques et professionnels. Les épreuves ont pour objectif d'apprécier le profil physique des candidats au regard d'un profil type nécessaire à la profession de sapeur-pompier. En conséquence, la réussite aux épreuves repose essentiellement sur une bonne condition générale. Celle-ci doit permettre d'afficher des capacités d'endurance, de vitesse et de souplesse.

Commencez par disposer d'une bonne condition physique. À cette fin, vous devez établir un programme de préparation physique pour les 15 semaines précédant le concours. Durant cette période, chaque jour, il convient de réaliser une séance d'entraînement d'une heure environ, partagée entre un travail pour la condition physique et des exercices spécifiques aux épreuves.

- Une séance type est composée de trois parties :
- **échauffement (15 minutes)** : cette première phase peut prendre la forme d'un footing progressif permettant à l'organisme de monter en température. Il est important dans cette phase de prendre une allure légère ;
- **travail spécifique (30 à 35 minutes)** : cette deuxième phase est consacrée au travail en vue d'améliorer les performances d'une épreuve. Au cours d'une séance, le travail s'effectue pour une ou deux épreuves ;

© Éditions Foucher

- **retour au calme (10 à 15 minutes)** : cette dernière phase est importante car elle permet à l'organisme de retrouver un rythme normal. Outre les exercices respiratoires, cette phase est particulièrement propice aux exercices de souplesse.

2 L'entraînement spécifique à chaque épreuve

A| L'épreuve de natation

Pour les candidats peu à l'aise dans l'eau, il convient de commencer par nager 25 mètres puis 50 mètres, si possible dans un bassin de 50 mètres. Lorsque la distance est maîtrisée, le travail porte sur la vitesse pour arriver à un temps de réalisation inférieur à 50 secondes pour les hommes ou à 1 minute pour les femmes. En ce sens, un départ plongé est la meilleure solution.

B| L'épreuve du parcours professionnel adapté

Ce parcours requiert plusieurs aptitudes conformes aux réalités opérationnelles dont les principales sont les suivantes.

- **Renforcement musculaire des membres supérieurs**

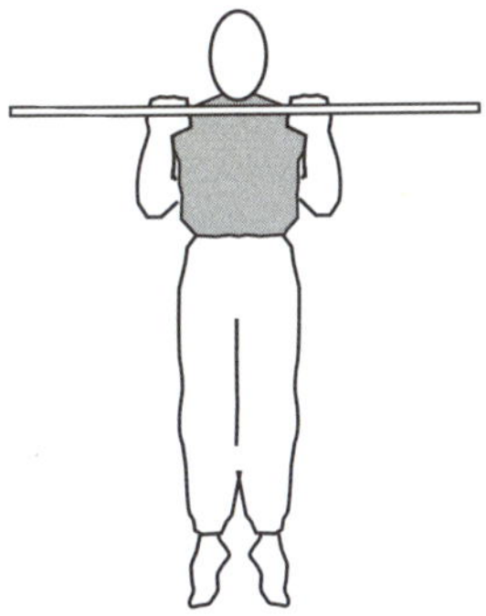

L'entraînement peut se faire à son domicile sous forme d'exercices quotidiens, en installant une barre de traction dans un couloir ou au chambranle d'une porte.

Les candidats s'estimant faibles peuvent commencer par un maintien sur la barre de quelques minutes puis, au fil du temps, effectuer des tractions de plus en plus soutenues.

- **Renforcement musculaire de la ceinture dorso-abdominale (gainage)**

Pour cet atelier, l'entraînement peut se faire à son domicile sous la forme d'exercices quotidiens, le matin ou le soir. Les candidats s'estimant faibles commencent par un exercice comportant seulement une position maintenue quelques secondes. Puis le temps de maintien sera progressivement augmenté pour tendre vers au moins 3 minutes. À chaque entraînement, le nombre de mises en position sera multiplié par deux.

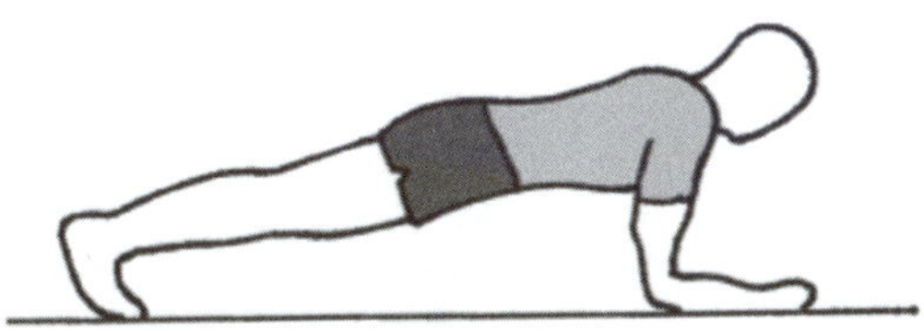

- **Renforcement musculaire des membres inférieurs**

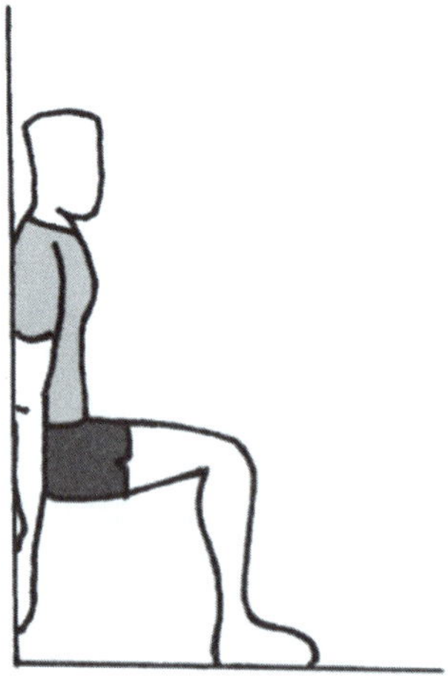

S'adosser progressivement en position assise le dos en appui contre un plan vertical.

Le dos doit être bien plat, les pieds écartés équivalant à la largeur du bassin, les cuisses horizontales formant un angle de 90° avec le buste et avec les jambes, bras ballants.

Les mains ne doivent pas être appuyées sur le plan vertical ni posées sur les cuisses ou les genoux, mais simplement posées le long de celui-ci.

Maintenir la position en augmentant progressivement le temps de station au cours d'exercices réguliers.

C | L'épreuve d'endurance cardio-respiratoire

Il n'existe pas d'exercices spécifiques pour cette épreuve puisqu'elle a pour objet d'évaluer votre condition générale. Il convient donc de rechercher une succession d'activités sollicitant l'ensemble du corps afin de faire travailler le rythme cardiaque et la respiration. Les exercices de type foncier alternant des périodes de fractionnés sont particulièrement bien adaptés pour cette épreuve. Dès que le candidat se sent prêt, il convient de réaliser l'épreuve pour évaluer sa condition au regard des paliers pour être déclaré apte.

CONSEILS

- Les sapeurs-pompiers volontaires peuvent demander aux opérateurs ou éducateurs sportifs des sapeurs-pompiers (OSSP ou ESSP) de leur centre ou du service formation de leur établir un programme d'entraînement.
- Plus vous commencerez l'entraînement tôt, meilleurs seront vos résultats et votre certitude d'être admis à concourir aux épreuves suivantes.

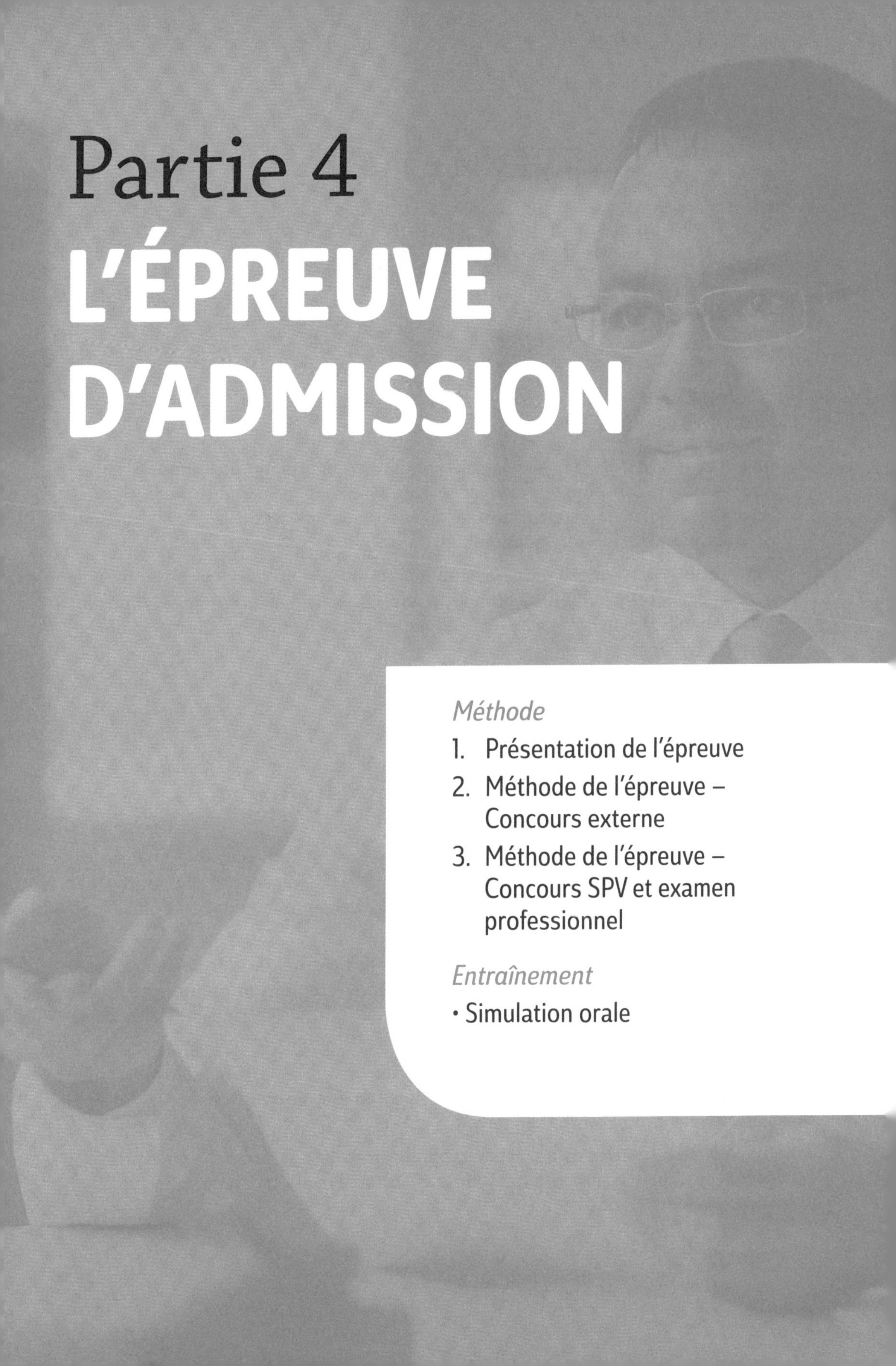

Partie 4
L'ÉPREUVE D'ADMISSION

Méthode

1. Présentation de l'épreuve
2. Méthode de l'épreuve – Concours externe
3. Méthode de l'épreuve – Concours SPV et examen professionnel

Entraînement

• Simulation orale

1 PRÉSENTATION DE L'ÉPREUVE

Vous avez raison d'être enthousiaste car vous avez un projet professionnel d'envergure : réussir le concours ou l'examen de caporal de sapeur-pompier professionnel. Devant le jury, il vous restera à faire partager cette énergie positive, cette dynamique qui vous anime depuis quelques mois.

L'oral d'entretien, d'une durée de 15 minutes et affecté d'un coefficient 4, se déroule en deux parties. Pendant les 5 premières minutes vous devez présenter les raisons pour lesquelles vous faites acte de candidature. Les 10 minutes suivantes sont un échange avec le jury.

Tout au long de votre préparation, trois préoccupations majeures doivent vous animer : vous informer, réfléchir et communiquer.

1 Le fonctionnement du jury

De manière générale, le jury est composé de sapeurs-pompiers de tous grades ainsi que des personnels travaillant à leurs côtés, tels que des agents administratifs. Les jurys évaluent les compétences et le potentiel de chaque candidat.e. le plus objectivement possible.

La question essentielle à se poser, de la même façon qu'elle fait écho au jury, est la suivante : **Qu'attend-on d'un caporal de sapeur-pompier professionnel ?** À vous de prouver que vous avez le profil recherché, que vous seriez capable de travailler avec le jury, d'une façon ou d'une autre.

Le jury donne son assentiment à des personnes ayant la posture relative au cadre d'emplois de caporal. Vous devez donc **prouver au jury que vous disposez des aptitudes et des compétences requises**.

Par ailleurs, l'entretien est un **acte de communication** à part entière par lequel vous devez convaincre le jury afin d'établir une véritable relation d'échange.

2 Les critères d'évaluation

Ils sont composés de **cinq volets** :

- la **tenue** (présentation physique, vestimentaire, etc.), l'**expression orale** (qualité de l'expression, maîtrise de soi, etc.) et l'**attitude** (comportement, gestuelle, etc.) ;
- les 5 minutes de présentation du candidat (qualité de l'exposé) ;
- la **cohérence du propos** (cohérence des réponses aux différentes questions et aux affirmations de l'exposé) ;
- la **capacité à la vie en collectivité** (compatibilité comportementale avec le système hiérarchique) ;
- le cinquième volet concerne :
  - les motivations,
  - la formation physique (la pratique sportive est-elle un facteur de sociabilité et d'équilibre ?),
  - le candidat a-t-il le souci de la progression et de l'entretien de sa forme physique ?,
  - le candidat a-t-il le sens du service public (quelle perception le candidat a-t-il de la notion de service public ?),
  - l'expérience vécue (quelle est l'expérience du candidat face à une situation personnelle difficile ou marquante ?).

3 Le déroulement de l'épreuve

A| L'attente dans la chambre d'appel

Comme en témoignent bon nombre d'athlètes en compétition individuelle (natation, athlétisme...), si vous ne gagnez pas la compétition dans ce lieu, vous pouvez cependant la perdre à cet endroit. C'est pourquoi vous ne devez écouter aucun commentaire, aucun avis, ni même échanger un regard avec le/la candidat.e. sortant.e. Restez concentré.e, dans votre bulle !

L'attente est parfois longue... mais c'est un moment qui doit rester propice à votre calme intérieur. Projetez-vous sur le fait que vous réussissez cette épreuve !

B| Le jury vous invite à rentrer dans la salle

« Bonjour Madame la présidente/Monsieur le président » ou « Bonjour Madame et Messieurs les membres du jury » (pas de « Messieurs-dames ») !

Vous vous présentez debout devant le jury (ex : « François Martin » ou « sapeur Martin… affecté au CIS Alpha), puis vous vous déplacez à côté de la chaise prévue à cet effet et attendez que le jury vous invite à vous y asseoir.

C| Le jury vous propose de vous asseoir

Vous vous installez sur la chaise en position droite sans que les jambes soient trop écartées.

Vous pouvez, si vous le souhaitez, dégrafer un bouton de votre tailleur ou de votre veste pour une meilleure aisance physique.

Cet entretien est un échange et la distance avec les membres du jury sera de l'ordre de 2 à 3 mètres.

ATTENTION !
Une distance réduite peut inciter à la « conversation », en occultant l'aspect entretien de recrutement, ou entraîner une familiarité déplacée.

D| Le jury vous informe du début de l'entretien

Vous adopterez une tonalité verbale en fonction de l'espace laissé entre vous et le jury.

C'est votre zone de confort et vous allez occuper cet espace/temps pendant 4 minutes et 45 secondes (pour éviter d'être interrompu par le jury…).

Vous êtes souriant et courtois, votre visage et vos yeux doivent s'illuminer car c'est un plaisir d'échanger avec le jury.

IMPORTANT
Pour la suite de l'entretien, voir la simulation orale qui suit.

4 Comment faire face au jury ?

Face au jury vous serez notamment évalué sur votre savoir-être. Vous devez donc donner du crédit à votre présence en respectant les codes en vigueur.

- **Le code vestimentaire et l'apparence personnelle :**
  - la tenue de rigueur est un tailleur pantalon ou jupe pour les femmes et un costume avec cravate pour les hommes. Un chemisier ou une chemise qui éclaire votre visage est un réel atout ;
  - les détails tels que des chaussures cirées et la couleur des chaussettes sont très importants ;

– limitez les bijoux et accessoires à quelques éléments sobres, d'autant plus qu'en service, et pour des raisons de sécurité, certains sont proscrits ;
– les mains, élément essentiel du non-verbal, doivent étés soignées, notamment les ongles ;
– une coiffure ou une coupe de cheveux compatible avec l'uniforme est de rigueur.

• **Provoquez immédiatement une bonne impression !**

Dès votre entrée dans la pièce, regardez tous les membres du jury. Aucun membre de jury n'est plus important qu'un autre. D'autre part, rassurez-vous, il n'existe aucun « jeu de rôle » (le « gentil » vs « le méchant »).

N'hésitez pas : souriez et dites-leur bonjour de manière courtoise en commençant par la présidente ou le président, puis par les membres féminins. La présidente ou le président est toujours au centre.

Dès la première minute vous devez susciter l'attention du jury. À cet égard, précisez le plan que vous allez décliner au cours de cet entretien.

En effet, les membres du jury n'ont pas la même attention tout au long de la journée : ils voient passer entre 15 et 20 personnes par jour. Vous devez donc les captiver !

• **Facilitez la communication**

Gardez en toutes circonstances sourire, politesse, calme et réactivité. Prenez un temps de silence avant de répondre à une question ou une mise en situation. Cela démontre que vous prenez le recul nécessaire et cela traduit également une délicatesse face au jury que vous n'interrompez pas.

Si un des membres du jury lit un document, il est possible que ce soit votre fiche individuelle ou le dossier que vous avez constitué lors de votre inscription. C'est un élément destiné à enrichir le vivier de questions. Soyez prêt à répondre à **des questions sur votre parcours**.

Dans cette première partie de l'entretien, où vous vous présentez, concluez sur un aspect positif, qui le sera également pour un SDIS.

• **Gérez votre stress**

Le mécanisme du stress peut conduire à des comportements plus ou moins adaptés. Aussi n'hésitez pas à cultiver la confiance dans votre travail pour compenser ce risque. En effet, comme pour un sportif, une bonne préparation entraînera chez vous le besoin de prouver ce dont vous êtes capable. Vous serez alors concentré sur ce que vous avez à faire et ne ressentirez que les effets positifs du stress.

5 Les attitudes

Certaines attitudes donnent toujours une mauvaise impression. Elles sont donc à proscrire :

– entrer dans la salle avec les mains dans les poches ;
– mâcher un chewing-gum ;

– être avachi sur la chaise ;
– jouer avec un objet (stylo, pièce de monnaie…) pendant l'entretien ;
– ne pas regarder les membres du jury.

À l'inverse, il ne faut pas chercher à adopter une attitude qui ne correspond pas à son apparence naturelle. Là encore, l'attitude correcte se trouve dans l'équilibre juste entre une décontraction totale et une rigidité fermée.

Astuces contre le trac

Le trac est un phénomène naturel qui touche tous les candidats à une épreuve orale. L'important est de le maîtriser, et non de vouloir le cacher ou le supprimer.

- Tout d'abord, soyez prêt pour l'oral :

– entraînez-vous à prendre la parole devant un public ;
– révisez vos connaissances, en particulier au moyen de fiches de synthèse ;
– préparez-vous en amont. Vous devez être soulagé.e. de tout l'aspect logistique et vestimentaire. Ce sont des éléments que vous avez réfléchis, préparés avec soin. Ne faites pas l'économie d'une chambre d'hôtel si nécessaire.

- Ensuite, pratiquez quelques exercices de relaxation avant d'entrer dans la salle et pendant l'entretien :

– respirez lentement et profondément plusieurs fois de suite en vidant bien vos poumons à chaque expiration ;
– pensez à quelque chose qui vous est agréable sans rapport avec le concours ;
– dites-vous que vous faites au mieux ce que vous êtes en train de faire !

- Pour finir, gardez à l'esprit que les membres du jury ont, eux aussi, passé des épreuves orales. Comme vous, ils ont eu le trac. Aussi, ils ne vous tiennent pas rigueur d'une émotion qui reflète votre authenticité. Toutefois, le métier de sapeur-pompier requiert une maîtrise de ses émotions : montrez que vous êtes fait pour cette profession en maîtrisant les vôtres au cours de cette épreuve.

6 En résumé

- Soignez la relation avec le jury dès votre entrée et tout au long des dix minutes de l'entretien.
- Entraînez-vous (devant une glace, avec les membres de votre famille…) : vous vous sentirez plus à l'aise et, le jour de l'oral, vous serez rodé et en confiance, ce qui vous permettra de profiter du dernier point.
- Anticipez tout ce qui peut l'être : tenue, aisance verbale, présentation de votre parcours… ces éléments n'occuperont alors plus votre esprit et vous pourrez consacrer toute votre énergie à l'essentiel : la confiance en vous le Jour J !
- Prenez plaisir à l'échange avec le jury, ce qui sera possible grâce à votre confiance en vous, tout en conservant l'humilité nécessaire !

2 MÉTHODE DE L'ÉPREUVE – CONCOURS EXTERNE

L'oral débute toujours par un exposé du candidat sur ses motivations. Généralement, les jurys énoncent clairement les règles au candidat : celui-ci dispose de 5 minutes ; au-delà du temps imparti, des questions lui seront posées. Pendant les 10 minutes restantes, entre 3 et 5 questions lui sont posées, puis les membres du jury se feront préciser certains points de ses réponses.

1 La présentation des motivations

La règle principale est d'être authentique. Ne cherchez pas à afficher des motivations ou des connaissances du métier que vous n'avez pas. Le jury est toujours plus sensible à un candidat modeste mais authentique qu'à un candidat parfait mais dont la sincérité est incertaine. La première partie de l'entretien peut se décomposer en trois volets, minutés.

A| Premier volet : la première minute

Durant la première minute, rappelez de manière synthétique qui vous êtes, par exemple sous forme de rubriques.

Exemples

- Je suis X (prénom, nom), j'ai 18 ans et je réside à tel endroit.
- Actuellement je suis étudiant dans telle classe.
- Je travaille comme… dans telle entreprise.
- Je suis à la recherche d'un emploi dans l'attente de devenir sapeur-pompier professionnel.
- Mon niveau scolaire est de… ; j'ai acquis tel diplôme…
- Je dispose en plus des qualifications suivantes : …
- Mon activité professionnelle actuelle consiste en…

– J'ai effectué mon service national dans telle unité et mon travail consistait en telles activités... *(Si vous avez été exempté de service national, précisez la raison. En dehors de raisons médicales, cela n'est pas incompatible avec le métier de sapeur-pompier.)*

B| Deuxième volet : 3 minutes

- En 3 minutes, exposez ce qui vous pousse à devenir sapeur-pompier professionnel. Votre souhait remonte à longtemps, précisez-le en évitant la phrase « je veux être pompier depuis que je suis petit ». Tous les enfants ont une période où ils veulent être sapeur-pompier ! Préférez une formulation du type : « Ce désir est fort depuis longtemps, cela s'est traduit par des activités en relation avec les sapeurs-pompiers : engagement comme jeune sapeur-pompier (JSP), comme pompier volontaire, service militaire chez les sapeurs-pompiers, visites de casernes, collection d'insignes ou de casques, lecture de revues, etc. »
- Puis, expliquez ce qui vous a attiré dans ces activités : l'uniforme, le contact avec le public, la diversité des missions, le travail en équipe, l'action...
- Enfin, précisez pourquoi cet intérêt pour la profession ne s'est pas traduit par un engagement comme sapeur-pompier volontaire ou comme jeune sapeur-pompier. Là aussi, soyez sincère ! Donnez les vraies raisons, en les expliquant si besoin : pas de centre de secours près de votre domicile, volonté de finir vos études au préalable, autre activité qui occupait déjà votre temps libre, etc.
- Pour conclure ce volet, vous pouvez évoquer, si cela correspond à vos désirs, les évolutions que vous envisagez dans votre carrière professionnelle.

C| Troisième volet : la dernière minute

- Présentez à ce moment-là les autres facettes de votre personnalité : activités associatives dans un club sportif, passion pour une activité particulière. Là encore, il ne s'agit pas de vous inventer une vie parfaite mais plutôt de montrer que vous êtes un individu inséré dans son environnement.
- À la fin de votre propos, apportez une conclusion qui vous permette de rendre la parole au jury.
- Soyez naturel, parlez avec vos mots tout en faisant attention aux expressions que vous employez.
- Entraînez-vous : au début seul, devant une glace, avec une montre ; puis, devant des amis ou de la famille. Écoutez leurs remarques. Cet exercice devant un public vous aidera à surmonter votre trac.

Pour réussir ces trois volets, vous pouvez réaliser une fiche de synthèse. Elle vous aidera à structurer vos propos. En effet, après avoir fixé la trame de son exposé, il faut s'habituer à le dire en respectant la règle des 5 minutes maximum. Attention, il ne s'agit pas de réciter un texte !

2 Les réponses aux questions du jury

- Dans cette partie, le jury, avec différentes questions, va revenir sur votre exposé pour apprécier votre sincérité, la cohérence de vos propos, ou approfondir un point particulier.

Exemples

- Pouvez-vous nous préciser ce que vous voulez exprimer par… ?

- Pouvez-vous développer l'idée que vous avez avancée… ?

- Bien que ça ne soit pas le thème de l'entretien, il est vivement conseillé d'avoir quelques connaissances du milieu professionnel. Pour cela, il peut être utile de lire régulièrement les revues *Sapeurs-pompiers de France, ASP mag* et *Soldats du feu* et d'avoir des contacts avec des sapeurs-pompiers professionnels ou volontaires pour connaître l'actualité du métier.
- Le jury va chercher à mieux cerner vos aptitudes et vos qualités sur les points essentiels du métier de sapeur-pompier :

– la motivation ;

Exemples

- Quelles sont les motivations qui vous dirigent vers le métier de sapeur-pompier ?

- Quels sont les faits qui vous ont donné l'envie de devenir sapeur-pompier ?

- Nous percevons bien votre motivation pour être sapeur-pompier. Mais le fait de devenir sapeur-pompier professionnel ne va-t-il pas stopper cette ardeur ?

- Comment avez-vous connu le métier de sapeur-pompier professionnel ?

- Quelle différence y a-t-il entre SPP, SPV et SP à la BSPP ?

- Comment définissez-vous le métier de sapeur-pompier ?

- Quels sont les aspects positifs et négatifs du métier de sapeur-pompier ?

- Dans quelles tâches vous verriez-vous le mieux chez les sapeurs-pompiers ? Le moins bien ?

- Connaissez-vous le métier de sapeur-pompier ? Définissez-le en quelques mots. Êtes-vous prêt à remplir toutes les missions relevant de celui-ci ?

- Pourquoi choisissez-vous la profession de sapeur-pompier (agent de collectivité territoriale) plutôt que celle d'agent de sécurité dans une entreprise ou celle de sapeur-pompier dans une unité militaire ?

- Quelles sont vos ambitions quant à une éventuelle carrière chez les sapeurs-pompiers ? Commentez en donnant des arguments.

– la capacité à s'adapter à la vie en collectivité et à travailler dans un système hiérarchique ;

Exemple

Comment pensez-vous vivre la discipline ?

– le souci du maintien de la condition physique. Si vous pratiquez un sport en club ou de façon régulière, vos performances peuvent vous être demandées ;

Exemples

- Pratiquez-vous de façon régulière une activité physique ? Pourquoi ?
- « Un esprit sain dans un corps sain », est-ce que cette expression peut s'adapter à la profession de sapeur-pompier ?
- Quels types de sport pratiquez-vous et que peuvent-ils apporter au métier de sapeur-pompier ? Pensez-vous que tous les sports soient bénéfiques au métier de sapeur-pompier ? Expliquez et citez des sports en exemple.
- Quel est le grand sportif qui vous a le plus marqué ? Pourquoi ?
- Connaissez-vous les sports pratiqués par les sapeurs-pompiers dans les centres de secours ? Qu'en pensez-vous ? À votre avis, l'exercice du métier de sapeur-pompier exige-t-il une excellente condition physique ?
- Pensez-vous être en parfaite condition physique ?

– la notion du service public ;

Exemples

- Au sens réglementaire, donnez la définition du service public.
- Pouvez-vous nous citer les droits et les obligations des fonctionnaires ?
- Quelle différence faites-vous entre le devoir de réserve et la discrétion professionnelle ?
- Quels sont les trois grands principes du service public ?
- Selon vous, que peut attendre le citoyen du service public ? Que pensez-vous de la gratuité des secours ?
- Les sapeurs-pompiers ont-ils le droit de grève ?
- Qu'est-ce qu'un fonctionnaire ?

– l'expérience personnelle et la capacité à en tirer un enseignement

Exemple

- Au cours de ces derniers mois, quelle est l'actualité qui vous a le plus marqué et pourquoi ?
- Au regard de votre parcours universitaire, pourquoi ne pas avoir tenté le concours externe de lieutenant de sapeur-pompier professionnel ?

3 MÉTHODE DE L'ÉPREUVE – CONCOURS SPV ET EXAMEN PROFESSIONNEL

Le déroulement de l'épreuve et les critères d'évaluation sont identiques à ceux du concours externe. Le jury attend de vous que vous présentiez de manière claire votre expérience dans le monde des sapeurs-pompiers. La qualité de votre propos conditionne la deuxième partie relative aux motivations.

1 La présentation du parcours professionnel

Il ne s'agit pas ici de réciter un catalogue de ce que vous avez fait mais de montrer que votre histoire professionnelle correspond à une démarche dont l'aboutissement est le recrutement comme caporal de sapeur-pompier professionnel. Aussi cette seconde partie peut s'organiser en trois temps.

A| Premier volet : la première minute

Durant la première minute, rappelez de manière synthétique « qui vous êtes ».

B| Deuxième volet : 3 minutes

En moins de 3 minutes (la précision est importante), exposez votre parcours professionnel.

- Débutez votre propos par votre situation présente.

Exemples

- Je suis sapeur-pompier volontaire (précisez le grade) depuis x années dans tel centre (si le centre n'appartient pas au service départemental dans lequel vous passez le concours, précisez le département).

- Je suis sapeur-pompier à la BSPP depuis x années.
- Je suis marin-pompier au BMPM depuis x années.
- Je suis sapeur dans l'UIISC n° 00 à … depuis x années.
- Je suis sapeur-pompier professionnel affecté au CIS…

- Après cette présentation, déroulez votre parcours en commençant par votre première activité en rapport avec la profession : « J'ai commencé mon parcours en devenant jeune sapeur-pompier » ou « en m'engageant comme sapeur-pompier volontaire ».
- Avant de présenter les autres étapes, il peut être intéressant de préciser les raisons qui vous ont conduit à intégrer ce milieu. Ensuite, pour chaque étape de votre parcours – changement de centre, de grade, etc. – précisez les activités, les qualifications acquises et les interventions qui vous ont marqué.
- Pour conclure cette partie, présentez votre situation actuelle et le centre dans lequel vous exercez : activités opérationnelles, effectifs, moyens, risques défendus, etc.
- Enfin, si vous assurez des responsabilités administratives, d'encadrement ou d'animation, présentez-les.

C| Troisième volet : 1 minute

Cette troisième étape doit permettre au jury de déceler vos motivations à cet avancement de grade.

- **Sur le plan professionnel :** à ce titre, précisez les bénéfices de ce grade tels que : accès à de nouvelles formations, à des responsabilités différentes, ainsi que l'implication au sein d'une spécialité et ou de spécificités opérationnelles.
- **Sur le plan personnel :** meilleur épanouissement, projection à moyen terme d'un déroulement de carrière harmonieux (concours interne de sergent, par exemple).
- **Au service du SDIS et du citoyen :** engouement très prononcé pour le service rendu à la population.

Exemple

Ma fonction actuelle de sapeur-pompier de 1re classe m'a permis de me conforter dans ce choix d'orientation professionnelle. C'est pourquoi l'accès à ce grade de caporal me permettrait de développer de nouvelles connaissances professionnelles que je pourrais mettre au service de la population.

- Pour réussir cette présentation, il est impératif de rédiger un *curriculum vitae* Il vous aidera à clarifier vos souvenirs et à préciser tous les éléments de votre parcours. De plus, ce travail vous incitera à limiter votre propos à l'essentiel. En effet, il faut s'habituer à présenter son « histoire professionnelle » en 5 minutes.

2 Les réponses aux questions du jury

- Le jury, avec différentes questions, revient sur votre exposé pour apprécier votre sincérité, la cohérence de vos propos ou approfondir un point particulier. Il vous demande des précisions sur votre parcours et ouvre le thème de l'entretien pour apprécier votre personnalité.
- A cette fin, il vous interroge sur les étapes de votre parcours, sur vos qualifications et sur votre expérience professionnelle. Il peut également vous poser des questions relatives aux grandes évolutions du métier (techniques, organisation, difficultés, etc.) et aux différences entre « volontaire » et « professionnel ». Afin de répondre au mieux :

– prenez un peu de temps avant de répondre à une question ou une mise en situation. Cela vous permet de prendre du recul et traduit une maîtrise du caractère émotionnel ;

– si vous ne savez pas répondre à une question, dites-le plutôt que d'inventer une réponse.

Exemples

- Avez-vous appartenu à une section de jeunes sapeurs-pompiers ? Pourquoi ce choix si précoce ? Aviez-vous déjà l'intention de devenir sapeur-pompier ?

- Pouvez-vous nous présenter la disponibilité d'un sapeur-pompier professionnel ou volontaire ?

- Combien d'heures pensez-vous qu'un sapeur-pompier effectue hebdomadairement ? Justifiez votre réponse.

- Les missions remplies par les sapeurs-pompiers sont de plus en plus diversifiées ; doit-on à votre avis favoriser la polyvalence des personnels ou la spécialisation ? Pourquoi ?

- Quelles sont les compétitions sportives organisées par les organismes nationaux gérant les sapeurs-pompiers ? Comment concevez-vous la pratique du sport individuel et/ou collectif dans l'emploi du temps journalier du sapeur-pompier ? Commentez d'après votre expérience personnelle.

- Pour vous, quelle place prend la pratique du sport par rapport à l'instruction théorique ou l'instruction pratique dans la profession de sapeur-pompier ? L'exercice et le maintien de la condition physique sont-ils gages d'efficacité dans les missions remplies par les sapeurs-pompiers ?

- Que pensez-vous de la hiérarchie et de la discipline chez les sapeurs-pompiers ?

- Comment vous projetez-vous dans une dizaine d'années ?

- Enfin, la qualité de vos réponses dépend essentiellement de votre connaissance du monde des sapeurs-pompiers. Aussi, il est indispensable de lire régulièrement les revues professionnelles et d'obtenir auprès de votre hiérarchie un point de situation des grands dossiers qui font l'actualité du métier.

Simulation orale

Exposé d'un candidat Concours externe	Coefficient 4 Durée : 15 minutes

L'entretien-type suivant est celui d'un candidat externe. Nous y avons ajouté des questions spécifiques aux deux autres publics, en signalant qu'elles s'adressent à un candidat SPV et à un sapeur-pompier professionnel de 1re classe, pour qu'il n'y ait pas d'ambiguïté.

Sachez aussi que le jury sera plus exigeant avec les candidats évoluant déjà dans ce monde professionnel : ils sont censés avoir appris au cours de l'exercice de leur activité.

L'EXPOSÉ DU CANDIDAT

Jury : Bonjour Monsieur, comme vous le savez, vous disposez de 5 minutes de présentation et la seconde partie de cette épreuve sera consacrée à différentes questions posées par le jury sur une durée de 10 minutes au plus. Êtes-vous prêt ?

Candidat : Oui Madame la présidente/Monsieur le président, je suis prêt.

Jury : Alors nous vous laissons la parole...

Candidat : Madame, Messieurs... Issu d'une famille de la région parisienne et âgé de 26 ans, je réside dans le département des Yvelines.

Je suis actuellement en couple et père d'un petit garçon et j'exerce la fonction d'agent commercial dans une société d'agroalimentaire au sein de la ville de Plaisir.

Ma présentation va s'articuler selon deux axes principaux :

- un premier aspect relatif à mon parcours scolaire et professionnel ;
- puis un second volet orienté sur les motivations qui m'amènent à postuler pour devenir sapeur-pompier professionnel.

MÉTHODE

Bravo ! Dresser ainsi de façon claire le plan de son intervention permettra au jury de vous poser des questions en cohérence avec votre présentation. D'autre part, cela souligne que vous êtes capable de structurer votre propos.

Très jeune, j'ai été attiré par le sens des relations humaines et le goût de la communication. C'est dans cet esprit qu'à l'issue de ma réussite au baccalauréat, j'ai rejoint une école de commerce. Cette période m'a ainsi permis, au-delà de ma scolarité, de découvrir la vie en collectivité, car j'étais en colocation avec d'autres étudiants.

MÉTHODE

Encore un bon point ! Le candidat montre qu'il est capable de s'adapter à la vie en collectivité. Pour travailler en équipe, c'est une qualité essentielle.

À l'issue de l'obtention d'un BTS commercial j'ai rapidement été recruté en CDI au sein de la société Charlie, spécialisée dans la vente de produits alimentaires aux collectivités. Mes missions sont plus particulièrement orientées sur la vente des produits maraîchers aux responsables des cantines scolaires.

Lors de ces activités professionnelles, j'ai eu l'occasion de me lier d'amitié avec un cuisinier qui a souscrit un engagement de sapeur-pompier volontaire à proximité de son lieu de résidence. Nos différents échanges et sa passion pour cet univers ont été des éléments décisifs pour me réorienter vers ce nouveau métier.

C'est dans cet esprit que je vais ainsi vous développer les raisons qui m'animent à rejoindre les rangs de sapeur-pompier professionnel de votre département.

MÉTHODE

Encore un bon point : une transition habile entre les deux parties de l'exposé de cette première partie !

Je vais commencer par parler de l'esprit de corps : j'éprouve un vif intérêt à l'aspect collectif mais également au plaisir d'évoluer au sein d'une structure hiérarchique. Ces aspects trouvent certainement leur explication dans le fait que je suis issu d'une famille nombreuse et de parents évoluant dans le milieu de l'hôtellerie.

La diversité des missions, l'exigence du quotidien, le cadre sont d'autres composantes du métier qui me correspondent bien. Je pourrai développer si vous le souhaitez.

Je terminerai mon propos en vous précisant que je suis animé d'une réelle volonté de répondre à l'urgence de mes concitoyens. J'espère avoir pu ainsi vous traduire ma réelle motivation à être recruté.

Madame, Messieurs les membres du jury, je vous remercie de votre attention et suis à votre disposition pour la suite de l'entretien.

MÉTHODE

- Il y a plusieurs avantages à cette transition, très finement amenée :
  - le jury n'est pas surpris par la fin de votre présentation et peut en profiter pour vous interroger directement sur un des points développés ;
  - c'est l'occasion pour vous de changer de posture, de vous redresser, de respirer, d'ouvrir les bras (geste d'ouverture) et de vous reconcentrer pour écouter la première question.
- Le second point positif est d'avoir développé une composante du métier, tout en en évoquant d'autres afin d'ouvrir le dialogue avec le jury et en restant dans le temps imparti pour cette partie de l'entretien.

L'ENTRETIEN AVEC LE JURY

Jury : Nous vous remercions. Au cours de votre présentation, vous avez employé le terme de service public, pouvez-vous nous en donner la définition ? *(Question faisant appel à des connaissances)*

Candidat : Je définirai le service public comme l'ensemble des missions effectuées au bénéfice des citoyens, en rapport avec l'intérêt général.

Jury : À propos de l'intérêt général, quels sont les grands principes du service public et leur définition ?

Candidat : Ces grands principes du service public sont les suivants :

- tout d'abord le principe d'égalité qui implique que tous les usagers sont traités de façon identique ;
- ensuite le principe de continuité, qui établit une activité continue du service avec cependant parfois des accords pour réaliser « un service minimum » ;
- et enfin le principe de mutabilité ou d'adaptabilité, qui oblige le service public à s'adapter en permanence aux besoins de la société.

Jury : En êtes-vous sûr ?

Candidat : Oui... éventuellement d'autres pourraient être cités, au titre de la loi déontologie par exemple.

ATTENTION !
En ouvrant sur une nouvelle notion, le candidat invite le jury à l'interroger à ce sujet ! Faites-le lorsque vous êtes sûr.e. de vous, cela peut donner une bonne impression. En revanche, abstenez-vous si tel n'est pas le cas. Il est alors préférable d'avouer votre ignorance.

Jury : Justement, en référence à cette loi du 20 avril 1996, quel est le principe qui vous apparaît le plus important et pourquoi ? *(Question fermée, puis ouverte)*

Candidat : J'hésite... mais le principe de neutralité m'apparaît primordial, à la fois pour l'agent qui doit rester neutre dans ses opinions, mais aussi vis-à-vis des usagers qui doivent tous être traités de façon identique.

Jury : « Identique » dites-vous... c'est-à-dire ?

Candidat : Enfin... plutôt égalitaire...

Jury : En référence à la transparence voulue par les pouvoirs publics au sein de la fonction publique, que pensez-vous des caméras piétons chez les sapeurs-pompiers ?

Candidat : *(Le candidat marque un petit temps avant de répondre)*

Par sécurité, il est bon de ne pas se précipiter pour répondre. Dans tous les cas, commencez par contextualiser, pour ne donner votre opinion que dans un second temps.

IMPORTANT

C'est une disposition qui semble avoir été prise pour protéger les sapeurs-pompiers des agressions qu'ils subissent. Aussi, j'ai tendance à être favorable à cette mesure qui revêt un caractère dissuasif pour les éventuels agresseurs.

Jury : Quelle différence faites-vous entre la discrétion professionnelle et le devoir de réserve ?

Candidat : Je suis désolé mais je n'ai pas la réponse à cette question.

À SAVOIR
Rassurez-vous ! Vous avez le droit de ne pas savoir et c'est aussi bien de le dire !
La discrétion protège l'administration ; le devoir de réserve protège les victimes ou sinistrés.

Jury : En lisant votre fiche d'inscription, je m'aperçois que vous avez hésité sur votre orientation professionnelle pendant une année. Pourquoi ? *(Le candidat est ici interpellé, il ne doit pas se laisser déstabiliser)*

Candidat : Il est vrai que je ne savais pas vers quel environnement professionnel m'orienter. Aussi, pendant cette période j'ai exercé différents petits emplois qui m'ont fait découvrir le monde du travail et le sens des relations humaines. C'est à l'issue d'un stage chez un récoltant qui faisait les marchés que m'est venu le goût pour l'approche commerciale.

Jury : Alors pourquoi ce choix chez les sapeurs-pompiers ? Ne pensez-vous pas être rapidement lassé de tous ces départs pour le secours à victimes ? *(Nouvelle interpellation)*

Candidat : *(Le candidat marque un petit temps avant de répondre)* C'est une rencontre avec un de mes amis SPV qui a déclenché en moi ce désir de servir. Je pense sincèrement que la passion qui m'anime aura raison des quelques inconvénients du métier. Tous ces départs, comme vous dites, déclenchent aussi une poussée d'adrénaline, qui est aussi un bon moteur.

Jury : Que ce soit dans votre fiche individuelle ou lors de votre présentation, vous ne précisez pas vos pôles d'intérêts ! Est-ce de l'humilité ou souhaitez-vous les cacher ?

Candidat : Oui en effet j'ai fait ce choix de développer plutôt mes aptitudes et mes motivations pour ce poste. Néanmoins j'aime beaucoup le monde du rugby et je suis son actualité avec intérêt.

Jury : Quelle est votre qualité principale ?

Candidat : Je pense pouvoir dire que je suis dynamique.

Jury : Le temps est écoulé, nous vous remercions...

Candidat : Au revoir Madame, au revoir Monsieur.

QUESTIONS SPÉCIFIQUES AUX SPV ET SAPEURS 1RE CLASSE

Jury : Vous qui avez souscrit un engagement volontaire depuis 4 ans, pouvez-vous me donner une définition du sapeur-pompier volontaire ?

Candidate SPV : Le cadre juridique définit le SPV comme un citoyen au service de la nation. Cette disposition a été mise en place afin que cette activité ne soit pas considérée comme un emploi au sens du Code du travail.

Jury : Demain vous êtes affectée dans un centre de secours où les sapeurs-pompiers sont victimes d'incivilités. Quelle sera votre attitude ?

Candidate SPV : Je pense que je resterai prudente au cours des interventions et surtout à l'écoute de ma hiérarchie.

Jury : Vous avez été recrutée il y a quelques mois comme sapeur-pompier professionnel au sein du SDIS. Pouvez-vous à ce titre nous parler de la fonction publique territoriale et plus particulièrement de son actualité réglementaire ?

Candidate sapeur 1re classe : La fonction publique est articulée selon trois versants. La fonction publique d'État, la fonction publique hospitalière et la fonction publique territoriale.

La loi de transformation de la fonction publique du 6 août 2019 identifie de nouvelles dispositions telles que la transparence de la vie publique ainsi que la notion de performance. Elle préconise aussi le renforcement de l'égalité hommes/femmes et les outils du dialogue social. Deux tiers de ses articles concernent la fonction publique territoriale.

L'AVIS DU JURY

» Les points à améliorer

Les réponses aux questions institutionnelles, qui sont un peu légères.

» Les points positifs

- Le candidat a fait preuve de réflexion, il ne s'est pas précipité pour répondre aux questions faisant intervenir de l'émotionnel. C'est un point positif.
- De même pour la question d'opinion où il est conseillé de ne pas répondre de façon tranchée (« Je pense que c'est (ce n'est pas) bien »...) mais nuancée et en argumentant. Ici le candidat l'a bien fait, en contextualisant la mesure.
- Le candidat a développé les questions sans toutefois occuper trop de temps afin de permettre à chaque membre du jury de s'exprimer (c'est en effet un avis collégial qui sera formulé à l'issue de l'entretien).
- Il a fait preuve de réelles compétences en communication et d'honnêteté : rester dans le cadre temporel tout en ouvrant le dialogue avec le jury ; assumer sa non-connaissance de certains points...

» Évaluation

C'est une évaluation qui se situera dans la fourchette d'admission (supérieur à 12/20) :

- d'une part au regard d'une présentation bien structurée et maitrisée dans le temps ;
- d'autre part par des propos nuancés et un positionnement dans les mises en situation ;
- enfin par le souci constant de vouloir conceptualiser les questions ouvertes.

À SAVOIR

Les membres du jury disposent d'une grille d'appréciation qui prend en compte votre présentation (pour environ 1/3 de la note) et l'entretien (2/3 environ.)

Partie 5
LES CONNAISSANCES INDISPENSABLES

- Français
- Mathématiques
- Connaissances professionnelles

Français

FICHE 1 L'ACCORD DU VERBE AVEC LES SUJETS

En français, le sujet et le verbe sont les termes essentiels de la phrase. Le sujet est en quelque sorte le point de départ de l'énoncé.

1 Qu'est-ce que le sujet ?

- Le sujet, dans les **verbes d'action**, indique celui (ou ce) qui fait l'action du verbe.
  L'homme (sujet), penché sur son bureau, écrit (verbe d'action) une lettre.
- Le sujet, dans les **verbes d'état** (être, paraître, sembler…), désigne celui auquel (ou ce à quoi) s'applique cet état.
  La fille (sujet) aux cheveux rouges semble (verbe d'état) contente.
- Le sujet est exprimé le plus souvent par un nom ou par un pronom.
  La fille (sujet) taquine le garçon ; elle lui plaît.
- Le sujet peut être aussi un adjectif ou un infinitif pris comme nom.
  Le vrai (adjectif) est charmant. Mentir (infinitif) est une habitude.
- Une proposition entière peut être sujet.
  Qui a bu (sujet) boira.

2 Comment trouver le sujet ?

- Pour trouver le sujet, le mieux est de poser la question : « **qui est-ce qui… ?** » ou « qu'est-ce qui… ? »
  La femme se lève (qui est-ce qui se lève ?). La chaleur épuise (qu'est-ce qui épuise ?).
- Le sujet se place normalement avant le verbe, mais il peut se placer après le verbe, proche ou éloigné de celui-ci.
  Les plaisirs que procure un gentil mari (qui est-ce qui procure ?).

3 Comment le verbe s'accorde avec le sujet

- Le verbe s'accorde en nombre et en personne avec le nom ou le pronom sujet.
  Il (sujet 3e personne du singulier) ne sut jamais ce que ses enfants (sujet, 3e personne du pluriel) pensaient.
- Quand le verbe a plus d'un sujet, il se met au pluriel.
  Crier (sujet) et chanter (sujet) font deux.

ATTENTION
Des mots ou groupes de mots peuvent s'intercaler entre le sujet et le verbe. Prenez garde, en particulier, aux pronoms compléments (nous, vous, le, la, les, lui, leur...) placés devant le verbe.
Je les aime : le sujet est « je ». Ils la mangent : le sujet est « ils ».

- Les **verbes impersonnels** sont accompagnés du pronom « il », parfois « ce » ou « ça » (cela), que l'on appelle sujet apparent ou grammatical. Le verbe s'accorde avec ce sujet apparent et reste toujours à la 3e personne du singulier.
  Il pleut des cordes.

4 Les accords particuliers du verbe avec le(s) sujet(s)

Pour accorder correctement un verbe, il convient de trouver son sujet. La tâche se complique lorsque le verbe est impersonnel. On parle d'accord(s) particulier(s), qu'il faut connaître.

- À la forme impersonnelle, le verbe reste à la 3e personne du singulier.
  Il court des bruits étranges. Il arrive qu'il pleuve le lundi.
- Précédé de « ce », « c' », le verbe s'accorde avec le sujet réel. Mais vérifiez en remplaçant : c'étaient = ce sont ; c'était = c'est.
  C'étaient de tristes gens. C'étaient eux sur la route.
- Le sujet est « qui » : accord avec l'antécédent (mot que remplace le pronom).
  Toi qui protèges les faibles. C'est moi qui mangeais le pain. C'était nous qui parlions.
- Le sujet est « aucun », « chacun », « nul », « pas un », « personne », « rien » : verbe au singulier.
  Pas un ne crie ce matin. Rien ne l'arrange.
- Le sujet est « on » : accord selon l'antécédent.
  On est serrés dans cette voiture. On n'est sûr de rien.
- Le sujet est « beaucoup », « trop », « la plupart », « peu », « certains », « combien » : verbe au pluriel.

Beaucoup s'intéressent à lui. Certains s'imaginent que... Une multitude de gens crie(nt)... La majorité des gens est heureuse (sont heureux).

- Le sujet est un collectif suivi de son complément (une bande de...) : observez le sens ; souvent, les deux accords sont possibles.

ATTENTION

Paradoxalement :

– le sujet est « moins de deux » : verbe est pluriel. *Moins de deux jouent dehors ;*

– le sujet est « plus d'un » : verbe au singulier. *Plus d'un désire rester.*

- Les sujets sont résumés par « cela », « chacun », « nul », « tout », « rien », « personne » : verbe au singulier.
  Enfants, hommes, personne ne bronchait. Tout, trottoirs, chaussées, reflétait...
- Les sujets juxtaposés sont employés avec « chaque » ou « pas un » : accord avec le dernier sujet.
  Chaque garçon, chaque fille avait été félicitée.
- Les sujets sont coordonnés par « ni », « ou » :

– verbe au pluriel si l'idée concerne les deux sujets.
Ni Paul ni Pierre n'aiment Marie ;

– verbe au singulier si l'idée concerne un seul sujet.
Paul ou Pierre sera l'époux de Marie.

- Deux sujets sont reliés par « comme », « ainsi que », « de même que » :

– verbe au singulier si le 2e sujet est entre virgules.
Marie, ainsi que Paul, mange ici ;

– pas de virgules : verbe au pluriel.
Marie ainsi que Paul mangent ici.

- Après « un de ces qui... », le verbe s'accorde avec l'antécédent du pronom relatif.
  Vous êtes une de ces femmes qui charment les hommes...
- Lorsque les sujets, non coordonnés, sont en gradation ou synonymes, le verbe reste au singulier.
  Sa gentillesse, sa douceur enchante tout le monde.

© Éditions Foucher

FICHE 2 LA CONFUSION DES FORMES VERBALES

Comment choisir entre des formes verbales dont les terminaisons sont phonétiquement identiques (er, é ; u, ut ; i, it, etc.) ? Avant tout, relisez la phrase entièrement pour déterminer si le sens est à l'actif (terminaisons fixes d'un temps simple) ou au passif (terminaisons de participe passé).

1 Les formes verbales phonétiquement identiques

- Pour faire la différence entre un verbe à l'imparfait (son « è »), l'infinitif en « er » et son participe passé (son « é »), relisez la phrase en essayant de mettre le verbe au présent. Si la substitution est possible, le verbe est à l'imparfait.
  Les gens qui le servaient le volaient → les gens qui le servent le volent (servaient et volaient sont bien des verbes à l'imparfait).
- Remplacez le son « i » et le son « u » par l'imparfait. Si la substitution convient, le verbe est conjugué. Dans le cas contraire, c'est un participe passé ou un adjectif.
  Il nous fournit du pain → il nous fournissait du pain (fournit = verbe conjugué). Le chien a un poil très fourni (≠ fournissait ; fourni = adjectif).
- Verbes du 1er groupe : « er » ou « é » ? Sachez que l'infinitif est actif, le participe passé est passif.
  Je veux manger (action de manger). Je ne veux pas être mangé (état d'être mangé).

ATTENTION
Relisez toujours toute la phrase !

« Er » ou « é » ?

– écrivez « er » si vous pouvez remplacer le verbe par un infinitif du 3e groupe (vendre, prendre...). *On voit remuer (prendre, mordre...)* ;

– écrivez « é » si vous pouvez remplacer par un participe passé du 3e groupe (vendu, pris...). *Le conducteur coincé (pris...) dans son véhicule* ;

– écrivez « er » après à, de, par, pour, sans. *Il est obligé de recommencer.*

2 Participe présent ou adjectif verbal ?

La distinction entre participe présent et adjectif verbal revient simplement à opérer la différence entre un verbe et un adjectif. Mémorisez les adjectifs qui, pour des raisons étymologiques, ont leur terminaison en « -ent ».

- Le participe présent exprime une action. C'est une forme invariable du verbe en « -ant ».
  On le voit, revenant de l'école, sautant sur le trottoir.
- On reconnaît aussi le participe présent au fait qu'il a un complément d'objet ou circonstanciel ou lorsqu'il est employé pronominalement.
  La femme battant son mari. Les deux espions communiquant en cachette.
- Précédée de « en », cette forme est appelée gérondif et est invariable.
  C'est en travaillant que vous réussirez.
- De l'ancien français, il reste des expressions variables.
  Les ayants droit, les tenants et les aboutissants, toutes affaires cessantes, séance tenante...
- L'adjectif verbal exprime l'état. Il s'accorde avec le nom ou le pronom dont il est épithète ou attribut.
  Ce sont des récits captivants. Ce sont des sables mouvants.
- Pour faire la différence entre le participe présent et l'adjectif verbal, essayez de mettre au féminin ; si c'est possible, alors il s'agit d'un adjectif verbal.
  Ils sont obéissants (obéissantes). On les aime obéissant (qui obéissent) à leurs parents.
- Certains verbes ont le participe présent en « -ant » et l'adjectif verbal en « -ent ».
  Adhérant/adhérent ; afférant/afférent ; affluant/affluent ; confluant/confluent ; différant/différent ; équivalant/équivalent ; excellant/excellent ; précédant/précédent ; résidant/résident.
- Le participe présent des verbes en « -guer » conserve la lettre « u » de l'infinitif, mais l'adjectif et le nom correspondants la perdent.
  Déléguant/délégant ; intriguant/intrigant ; naviguant/navigant.
- Les verbes en « -quer » donnent des participes présents en « -quant », des adjectifs et des noms en « -cant » sauf : « un pratiquant » et « un trafiquant ».
  Communiquant/communicant ; convainquant/convaincant ; provoquant/provocant ; suffoquant/suffocant.
- Après les articles « le », « la », « les », « un », « une », « des », le mot terminé par « -ant » est un nom.
  Les perdants ; des postulants.

© Éditions Foucher

FICHE 3

PARTICIPE PASSÉ : FORMATION ET ACCORDS

Seul l'accord du participe passé avec l'auxiliaire « avoir » suscite beaucoup d'erreurs : la règle est connue, mais mal appliquée. Lisez attentivement les conseils.

1 La formation des participes passés

- Les verbes du 1er groupe ont leur participe passé au masculin singulier en « é ».
  J'ai mangé, chanté.
- Les verbes du 2e groupe ont tous leurs participes passés au masculin singulier en « i ».
  J'ai fini – tu as rempli – il a haï.
- Les verbes du 3e groupe avec le son « u » ont tous leurs participes passés en « u » (sauf inclure → inclus).
  J'ai bu – tu avais su – il a lu.
- Pour les autres verbes du 3e groupe, mettez mentalement au féminin (ajoutez un « e ») pour connaître la lettre finale que l'on n'entend pas au masculin singulier.
  J'ai dit (une chose dite) – tu as pris (une chose prise) – il a écrit (une chose écrite).
- Seules exceptions à la précédente règle : les verbes absoudre et dissoudre.
  J'avais absous, dissous (une chose absoute, dissoute).

2 La forme des accords

Pour accorder le participe passé avec l'auxiliaire être, on prend le masculin singulier du participe passé (*il est tombé*) et on ajoute :

- au masculin pluriel : « s ». *Ils sont tombés* ;
- au féminin singulier : « e ». *Elle est tombée* ;
- au féminin pluriel : « es ». *Elles sont tombées.*

3 L'accord du participe passé sans auxiliaire ou avec l'auxiliaire être

L'accord se fait avec le sujet ; la question à poser est donc : « qui est-ce qui... ? » ou « qu'est-ce qui... ? ».
La perle enfilée (qu'est-ce qui est enfilée ? la perle).

4 L'accord du participe passé avec l'auxiliaire avoir

- Le participe passé employé avec l'auxiliaire avoir s'accorde en genre et en nombre avec le complément d'objet direct (COD) placé avant.
  Les souhaits que l'éditrice a formulés (l'éditrice a formulé quoi ? « que » mis pour les souhaits).
- Pour bien appliquer cette règle, suivez les **conseils** suivants :

– ne confondez pas le COD avec le sujet : le COD représente la personne ou la chose sur laquelle porte l'action du sujet. *Les rêves que suscite un mari (mari = sujet ; COD = les rêves)* ;

– pour trouver le COD, posez la question « qui ? » ou « quoi ? » juste après le participe passé. *Les personnes que nous ont présentées les voisins (les voisins ont présenté qui ? les personnes, COD → ées)* ;

– la question ne doit comporter aucun mot entre le sujet et l'auxiliaire : ne dites pas « à qui, à quoi... ? » car vous chercheriez alors un complément d'objet indirect (COI) ;

– pour trouver le COD, posez impérativement la question dans l'ordre suivant : Sujet (1) auxiliaire (2) participe passé (3) qui (ou quoi) ? (4)

Les ruines qu'ont laissées les empires [(1) les empires : sujet ; (2) ont : auxiliaire ; (3) laissé : participe passé ; (4) quoi ? « qu' » mis pour « les ruines », COD placé avant → accord : laissées].

– ne confondez pas le COD avec un complément circonstanciel (CC). Les compléments circonstanciels sont les réponses à des questions exprimant les circonstances d'une action, d'une situation : quand ? où ? pourquoi ? comment ?... *Les tangos qu'il a dansés (il a dansé quoi ? « qu' » COD mis pour tangos). Les trois heures qu'il a dansé (il a dansé combien de temps ? CC de temps)* ;

– s'il n'y a pas de COD, il n'y a pas d'accord et le participe passé reste au masculin singulier. *Des hurlements ont retenti (pas de COD, pas d'accord).*

FICHE 4

PARTICIPE PASSÉ : ACCORDS PARTICULIERS

Vous vous rappelez les accords du participe passé (voir fiche 3 Participe passé : formation et accord). À cette base s'ajoutent des règles complémentaires concernant des verbes particuliers (verbes impersonnels) ou des verbes qui, selon leur emploi (pronominal ou précédé de « en », etc.), voient leur participe passé s'accorder singulièrement.

1 Les participes passés aux accords particuliers

- Le participe passé des verbes impersonnels (il faut, il neige...) est toujours invariable.
  Les problèmes qu'il y a eu. Les moyens qu'il a fallu.
- Le participe passé suivi d'un infinitif s'accorde si le COD placé avant fait l'action exprimée par l'infinitif. Dans le cas contraire, il est invariable.
  Les enfants que j'ai vus jouer (les enfants jouent). La chanson que j'ai entendu chanter (la chanson ne chante pas).
- Le participe passé demeure invariable lorsqu'il a pour COD le pronom personnel neutre « le » qui équivaut à « cela ».
  L'affaire est plus sérieuse que nous ne l'avions pensé (nous avions pensé cela).
- Si « le » représente un nom déterminé : accord normal.
  Cette victoire, il l'a méritée.
- Le participe passé avec « en » est invariable uniquement si « en » est COD.
  Des fraises, j'en ai mangé !
- Le participe passé « fait » suivi immédiatement d'un infinitif est toujours invariable.
  Elle les a fait chercher.

- Les participes passés « couru », « pesé », « régné », « valu », « vécu », « coûté », « marché », « dormi », « duré », etc. sont invariables au sens propre et varient au sens figuré.
  La somme qu'a coûté cette robe. Que d'ennuis cette affaire m'a coûtés.
- Les participes passés « dû », « cru », « pu », « su », « pensé », « voulu », « permis », « prévu », etc. sont invariables lorsqu'on peut sous-entendre un infinitif ou une proposition COD.
  J'ai amassé toutes les pièces que j'ai pu (sous-entendu : amasser).

2 Les participes passés des verbes pronominaux

- Le participe passé des **verbes essentiellement pronominaux** (s'absenter, s'agenouiller…) s'accorde avec le sujet (sauf « s'arroger » qui s'accorde avec le COD s'il précède le verbe).
  Ils se sont absentés. Elles se sont évanouies. Ils se sont arrogé des droits. Ils se les sont arrogés (ils se sont arrogés quoi ? Des droits, COD placé avant donc accord avec le COD).
- Le participe passé des **verbes pronominaux non réfléchis** (l'action ne se reporte pas sur le sujet) s'accorde avec le sujet. **Sauf** : se rire, se plaire, se déplaire, se complaire…
  Ils se sont aperçus de la présence. Elles se sont jouées de lui. Ils se sont plu.
- Le participe passé des **verbes pronominaux réfléchis** (le sujet fait l'action sur lui-même) et le participe passé des **verbes pronominaux réciproques** (les sujets agissent l'un sur l'autre) s'accordent avec le COD s'il est placé avant : en effet, on remplace l'auxiliaire être par l'auxiliaire avoir.
  Ils se sont lavés (ils ont lavé qui ? se = eux-mêmes). Ils se sont lavé les mains (ils ont lavé quoi ? les mains). Elles se sont nui (elles ont nui à qui ? (COI) à se ≠ elles-mêmes donc pas d'accord).

FICHE 5

LE PLURIEL DES NOMS

Vous retiendrez particulièrement les pluriels particuliers, sources d'hésitation…

1 Le pluriel des noms communs

En général, on forme le pluriel des noms en ajoutant un « s » au singulier.

Un chat – des chats ; un parc – des parcs.

- Les **noms en « au », « eau », « eu »** prennent un « x » au pluriel (*seau – seaux*) **sauf** : landau, sarrau, bleu, émeu, lieu, pneu qui prennent un « s » ; *lieu (poisson) – lieus ; bleu – bleus.*
- Les **noms en « ou »** prennent un « s » au pluriel (*fou – fous ; clou – clous*) **sauf** : bijou, caillou, chou, genou, hibou, joujou, pou qui prennent un « x » ; *bijou – bijoux ; chou – choux ; pou – poux.*
- Les **noms en « ail »** prennent un « s » au pluriel (*chandail – chandails*) **sauf** : bail, corail, émail, soupirail, travail, vantail, vitrail, pour qui « ail » devient « aux » ; *émail – émaux ; vantail – vantaux.*
- Les **noms en « al »** font leur pluriel en « aux » (*journal – journaux*) **sauf** : bal, aval, bancal, carnaval, chacal, festival, récital, régal qui prennent un « s » ; *bal – bals.*
- Les **noms terminés par -s, -x, -z** sont invariables : *des nez – des gaz – des lis (ou lys).*

2 Des cas particuliers

- Les noms de nombres ou de quantités (nombres fractionnaires) prennent le « s » du pluriel.
  Des centaines – des milliers ; trois quarts ; cinq centièmes.
- Les mots invariables employés comme noms restent invariables.
  Les oui, les pourquoi.
- Les noms des notes de musique sont invariables.
  Des « fa » dièse.
- Certains noms communs ne sont employés qu'au pluriel : *gens, arrhes, abats, décombres, condoléances, appas, funérailles, semailles...*
- Les noms propres et les noms de marques sont invariables s'ils comportent un article singulier et s'ils désignent les personnes elles-mêmes.
  Les Dupont ; les Citroën ; les La Fontaine.
- Certains noms communs ont un double pluriel. Ils ont parfois des sens différents.
  Les aïeuls = les grands-parents. Les aïeux = les ancêtres.

3 Le pluriel des noms d'origine étrangère

- Les **mots étrangers francisés** (d'usage courant) prennent la marque du pluriel en « s ».
  Des agendas – des référendums.
- Les **mots italiens** font généralement leur pluriel en « i », mais le « s » est admis.
  Un soprano – des soprani ou des sopranos.
- Les **mots anglais terminés en « man »** deviennent « men ».
  Un tennisman – des tennismen.
- Les **mots anglais terminés en « y »** deviennent « ies ».
  Une lady – des ladies.

FICHE 6

LES ADJECTIFS QUALIFICATIFS

Attention à l'accord de l'adjectif selon le sens (conjonction ou disjonction ?) et aux cas particuliers (mi, semi, demi...).

1 Le féminin des adjectifs qualificatifs

En général, on obtient le féminin d'un adjectif en ajoutant un « e » à la lettre finale ; *loyal, loyale ; clair, claire*.

Quelques terminaisons particulières :

- « -eux » fait « -euse » (sauf vieux) : *heureux/euse* ;
- « -eil » fait « -eille » : *vermeil/lle* ;
- « -et » fait « -ette » (parfois -ète) : *muet/muette ; discret/discrète* ;
- « -ot » fait « -ote », « -otte » : *dévot/ote ; pâlot/otte* ;
- « -eur » fait « -euse » (parfois « -eresse ») : *frondeur/frondeuse ; vengeur/vengeresse* ;
- « -oux » fait « -ouse », « -ouce », « -ousse » : *doux/douce ; roux/rousse.*

Certains adjectifs ont un féminin irrégulier : *coi/coite ; favori/favorite.*

2 L'accord et le pluriel des adjectifs qualificatifs

En général, on forme le pluriel en ajoutant un « s » : *petit/petits ; dur/durs*.

- L'adjectif s'accorde avec le dernier nom, quand les noms ont un rapport (équivalence) de sens : synonyme, gradation.
  Elle était d'une bêtise, d'une stupidité remarquable.
- Avec « ou », il y a accord s'il existe une idée de conjonction (addition). Il n'y a pas d'accord s'il existe une idée de disjonction : un seul nom concerne l'adjectif.
  On recherche un homme ou une femme mariés. Autour de lui, certitude ou illusion tenace.

3 Les cas particuliers

- « **Mi** » et « **semi** » sont toujours invariables. *Des semi-remorques.*
- Dans certains cas, l'accord varie selon la place de l'adjectif :
- – « **Nu** » précédant « tête », « jambes », « pieds » est invariable. Placé après, « nu » s'accorde.
  Elle allait nu-tête – elle allait tête nue ;
- – « **Demi** » précédant un nom est invariable. Placé après le nom, « demi » s'accorde en genre uniquement.
  Toutes les demi-heures. Deux heures et demie ;
- – « **Excepté** », « **passé** », « **attendu** », « **vu** », « **approuvé** », « **ci-inclus** », « **ci-joint** », placés devant le nom, sont invariables ; placés après le nom, ils varient.
  Vu la copie – la copie vue ; ci-joint la facture – la facture ci-jointe.
- « **Gens** » :
- – si le nom « gens » est précédé d'un adjectif qualificatif dont le masculin est terminé par un « e », il est masculin.
  Tous ces braves gens !
- – si le nom « gens » est précédé d'un adjectif qualificatif dont le féminin est différent du masculin, il est féminin.
  Quelles bonnes gens !
- – dans tous les cas, les adjectifs placés après le nom « gens » se mettent au masculin.
  Toutes ces bonnes gens sont bien portants et bien vêtus.

FICHE 7

LE PLURIEL DES ADJECTIFS

Adjectifs et noms composés s'accordent selon les mêmes principes. Retenez que seuls « vingt » et « cent » peuvent varier.

1 Le pluriel des adjectifs numéraux

Adjectifs composés de...	Accords	Exemples
Adjectifs numéraux cardinaux	Invariables	*Les quatre, deux mille, trois cent cinquante*
« Vingt » et « cent »	Accord si précédés d'un nombre qui les multiplie et s'ils terminent le nombre	*Deux cents (élèves Quatre-vingts (ans) mais... (page deux cent, page quatre-vingt ; deux centième)*
Adjectifs numéraux ordinaux	Accord en genre et en nombre avec le nom auquel ils se rapportent	*Les premières chaleurs Tous les troisièmes*

2 Le pluriel des adjectifs de couleur

Adjectifs composés de...	Accords	Exemples
Un adjectif pour une couleur	Accord	*Des pantalons bleus, rouges*
Deux adjectifs pour une couleur	Pas d'accord	*Des pantalons rouge sombre*
Une couleur désignée par un nom pris adjectivement	Pas d'accord	*Des yeux marron Des chemises citron*
Sauf avec : rose, fauve, violet, mauve, pourpre, écarlate, châtain	Accord	*Des pantalons roses, mauves...*

FICHE 8

LES ADVERBES

L'adverbe est un mot invariable qui modifie le sens d'un verbe, d'un adjectif ou d'un autre adverbe. L'adjectif, variable, se rapporte à un nom.

1 La confusion entre adjectif et adverbe

Pour faire la différence entre l'adverbe et l'adjectif, mettez la phrase au féminin.

Ces gâteaux semblent bons → ces tartes semblent bonnes.

ATTENTION

Certains adjectifs peuvent être employés comme adverbes et sont donc, dans ce cas, invariables. Ce sont, par exemple : bon, cher, dru, faux, fort, dur, net, franc, juste, haut, court, sec, lourd…

Ces hommes sentent bon → ces femmes sentent bon.

S'emparer de n'importe quel mot pour en faire un adverbe est une négligence de langage dont la publicité se rend souvent coupable.
Achetez malin ! Vivez sport !

2 La formation des adverbes

Le français ne connaît qu'un suffixe d'adverbes : -ment. *Posément, stupidement…*

En général, les adverbes en -ment se forment en ajoutant le suffixe -ment au féminin de l'adjectif. *Sot – sotte – sottement. Net – nette – nettement.*

- Remarquez cependant : gentil – gentiment ; impuni – impunément ; journalier – journellement ; traître – traîtreusement...
- Les **adverbes qui dérivent d'adjectifs terminés par « ai », « é », « i », « u »** se forment sur le masculin de l'adjectif.
Vrai – vraiment. Aisé – aisément. On écrit « gaiement » et non plus « gaîment » comme autrefois.
- On met un **accent circonflexe sur le « u »** pour les adverbes suivants : *assidûment, congrûment, continûment, crûment, dûment, goulûment, incongrûment, indûment.*
- Les **adjectifs en -ant** forment des adverbes en -amment.
Puissant – puissamment.
- Les **adjectifs en -ent** forment des adverbes en -emment (*évident – évidemment*) sauf : lent – lentement ; présent – *présentement ; véhément – véhémentement.*
- Certains adverbes ne proviennent pas d'adjectifs en -ant ou en -ent.
Notamment, nuitamment, précipitamment, sciemment.

FICHE 9

HOMONYMES, HOMOPHONES, HOMOGRAPHES

Les homonymes sont des mots qui ont le même son (homophone) mais pas la même orthographe. Ils sont sources de nombreuses erreurs orthographiques. Appliquez les solutions de remplacement proposées.

1 Reconnaître les homonymes

Homonyme	Mot équivalent	Exemples
ça sa çà (ne se rencontre que dans la locution : « çà et là »)	cela la sienne – ses	*Ça va mal = cela va mal* *Il a repassé sa chemise (la sienne)*
se – s' ce – c' ce	me – te – m' – t' cela	*Il se voit (je me vois, tu te vois)* *C'est = cela est ; ce fut = cela fut* *Devant un autre mot qu'un verbe : ce qui… ce garçon*
ces ses c'est s'est	ce – cet – cette les siens – son – sa cela est me suis	*J'ai acheté ces fleurs (cette fleur)* *Il aime ses enfants = les siens* *C'est vrai que… = cela est* *Il s'est levé (je me suis levé)*
davantage d'avantage	plus de profit	*J'en veux davantage = plus* *Il y a plus d'avantage(s) = de profit [à faire cela]*
ni n'y	pas – non plus que ne… ici ne… à cela	*Je n'aime ni les choux ni les tomates (pas… non plus que)* *Je n'y crois plus = je ne crois plus à cela*
on ont	il, quelqu'un avaient	*On est là = quelqu'un est là – il est là* *Ces gens ont raison (avaient raison)*

Homonyme	Mot équivalent	Exemples
or hors	cependant hors de	*Or, il arriva que = cependant, il...* *Il est hors la loi = hors de la loi*
parce que par ce que	car par cela que	*Il mange parce qu'il a faim = car il a faim* *Je suis étonné par ce que j'entends (par cela que)*
quand quant (à) qu'en	lorsque en ce qui concerne que... de cela	*Quand il arriva = lorsqu'il arriva* *Quant à vous = en ce qui vous concerne* *Je ne sais qu'en dire = que dire de cela*
sans s'en c'en	pas de se... de cela cela en	*Un jour sans soleil (pas de soleil)* *Il s'en rend compte = il se rend compte de cela* *C'en est trop ! = cela en est trop*
si s'y ci	en supposant, tellement se... ici – se... à cela ici – ceci	*Il était si content = tellement content* *Qui s'y frotte s'y pique = Qui se frotte ici se pique à cela* *Ci-gît = ici gît*

2 Les accords pièges des homophones et homographes

Certains mots, bien qu'ils se prononcent de la même manière (homophones) et s'écrivent de la même manière (homographes), ne s'orthographient pas de façon identique : tout dépend de leur nature grammaticale. Apprenez à les reconnaître.

- « **Aucun**(e) » s'emploie au singulier mais aussi au pluriel avec des mots qui n'existent qu'au pluriel. *Aucun repos, aucune issue, aucuns frais.*
- « **Chaque** » impose toujours le singulier. *Chaque femme riait*. De même, « chacun(e) » est toujours au singulier. *Chacune d'elles ment.*
- L'adjectif qui suit « des plus » « des moins » « des mieux » :
  – se met au pluriel lorsqu'il se rapporte à un nom. *C'est un homme des plus riches* ;
  – se met au singulier lorsqu'il se rapporte à un verbe, à un pronom neutre. *Se moquer est des plus facile. Cela est des plus étonnant.*
- « **D'égal à égal** » est une expression invariable. *Avec elle, soyez d'égal à égal.*
- « **Sans égal** » s'accorde avec le mot auquel « égal » se rapporte mais reste invariable au masculin pluriel. *Une joie sans égale. Des maris sans égal.*
- « **Leur** » placé juste avant le verbe est invariable. *Nous leur parlons.*
- « **Leur (leurs)** » s'accorde quand il est employé en tant qu'adjectif possessif ; mettez la phrase au singulier : l'adjectif devient « son », « sa », « ses ». *J'aime les*

forêts (la forêt) : leurs (ses) couleurs, leur (son) charme. Si chacun des possesseurs ne possède qu'un seul objet, il y a tolérance : accordez selon votre sentiment. *Elles sortent avec leur(s) mari(s).*

- « **Même** » est
- variable :
  - quand il est employé avec l'article, il précède immédiatement un nom. *Les mêmes causes,*
  - quand il est placé après un pronom personnel. *Elles-mêmes ; eux-mêmes* ;
- invariable :
  - quand il a le sens de « aussi », « également », « de plus ». *Les esclaves même étaient partis,*
  - avec les pronoms personnels pluriels de politesse. *« Nous-même pensons », dit le roi.*

- « **Quelque** » est :
- singulier au sens de : « un peu de... », « un(e) quelconque... », « environ », « si ». Le sens est vague, imprécis. *Quelque catastrophe l'aura retardé (une quelconque)* ;
- pluriel au sens de « plusieurs » ou quand, employé sans nom après un nombre, il signifie « quelques-uns ». *J'ai quelques cerises. Nous étions trente et quelques.*

- « **Tout** » est :
- invariable lorsqu'il signifie « tout à fait », « entièrement » (*ce sont des livres tout neufs*) sauf devant un adjectif féminin commençant par une consonne ou un « h » aspiré. *Elle était tout étonnée, toute surprise, toute honteuse* ;
- variable lorsqu'il se rapporte à un pronom pluriel ou à un nom qu'un déterminant (article, adjectif) met au pluriel. *Tous (les, mes, tes, ses, ces, nos, vos...) enfants...*

Mathématiques

FICHE 1

LA PROPORTIONNALITÉ – LES ÉCHELLES

Les grandeurs proportionnelles sont au cœur de notre vie quotidienne : calculs de prix, de vitesses, d'échelles. Elles sont aussi une source presque inépuisable d'exercices et problèmes…

1 Tableau de proportionnalité

Un tableau est un tableau de proportionnalité si les nombres de la deuxième ligne s'obtiennent en multipliant les nombres de la première ligne par un même nombre. Ce nombre est appelé **coefficient de proportionnalité**.

Exemple

Une commune accorde une subvention à certaines associations en appliquant le barème suivant.

Nombre d'adhérents	30	58	112	230
Montant de la subvention (en €)	660	1 276	2 464	5 060

$\times 22$

Ce tableau est un tableau de proportionnalité. Le nombre 22 est son coefficient de proportionnalité. Il représente le montant de la subvention accordée pour un adhérent.

Le nombre d'adhérents et le montant de la subvention sont des grandeurs proportionnelles.

2 La proportionnalité et la règle de trois

A | Produits en croix égaux

Dans une égalité de la forme $\frac{a}{b} = \frac{c}{d}$ ($b \neq 0$, $d \neq 0$), les produits en croix sont égaux :

$a \times d = b \times c$.

Si on connaît 3 des 4 nombres précédents, cette propriété permet de calculer le quatrième à l'aide d'une règle de trois.

Exemple

Si $\frac{x}{7} = \frac{24}{3}$, alors $3 \times x = 24 \times 7$; $x = \frac{24 \times 7}{3} = 56$.

B | Règle de trois

Dans un tableau de proportionnalité de 2 lignes et 2 colonnes, les produits en croix sont égaux.

Exemple

Un robinet débite 45 litres en 4 minutes. Calculer le nombre de litres débités en 22 minutes si le débit du robinet reste le même.

Durée (en minutes)	4	22
Nombre de litres	45	x ?

$4 \times x = 45 \times 22$

$x = \frac{45 \times 22}{4}$ (c'est la règle de trois) ; $x = 247{,}5$ litres

3 Proportionnalité ou non ?

Avant d'écrire une règle de trois pour résoudre un problème, il faut s'assurer qu'on est dans une situation de proportionnalité. Pour cela, différentes possibilités :

- l'énoncé indique que les grandeurs sont proportionnelles ;
- on se pose la question : si l'une des grandeurs double, est-ce que l'autre double aussi ? Si la réponse est non, les 2 grandeurs ne sont pas proportionnelles ;

- on regarde si le prix unitaire (ou plus généralement la quantité unitaire) est le même dans tous les cas.

Exemple

Voici les tarifs affichés à une gare de péage d'autoroute : ville A : 65 km, 6 € ; ville B : 115 km, 9,70 € ; ville C : 228 km, 16,32 €.

Peut-on calculer le péage pour une distance de 100 km à partir de ces tarifs ?

On regarde si le prix au km est le même dans les 3 cas pour voir s'il y a proportionnalité entre le prix et la distance parcourue.

$\frac{6}{65} \approx 0{,}092$ € ; $\frac{9{,}70}{115} \approx 0{,}084$ € ; $\frac{16{,}32}{228} \approx 0{,}072$ €.

Le prix au km n'est pas le même. Le péage n'est pas proportionnel à la distance. On ne peut donc pas calculer le péage pour une distance de 100 km à partir des tarifs affichés.

4 L'échelle d'une carte ou d'un plan

Si l'échelle d'un plan est égale à $\frac{1}{r}$, cela signifie que 1 cm sur le plan représente r cm dans la réalité. Lorsqu'un plan est réalisé à l'échelle $\frac{1}{r}$, les dimensions sur le plan sont proportionnelles aux dimensions réelles.

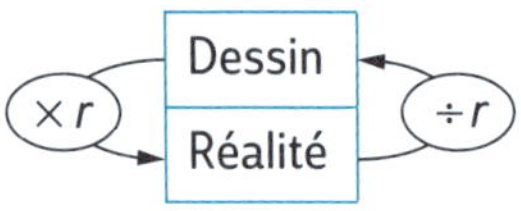

Exemple

Le plan d'une maison est à l'échelle $\frac{1}{80}$. Cela signifie que 1 cm sur le plan représente 80 cm dans la réalité. Les dimensions réelles sont 80 fois plus grandes que les dimensions sur le plan.

La longueur réelle de la maison est 12 m, soit 1 200 cm. Sa longueur sur le plan est : 1 200 ÷ 80 = 15 cm.

La largeur de la maison sur le plan est 10 cm. Sa largeur réelle est $10 \times 80 = 800$ cm = 8 m.

MÉTHODE

Comment écrire une règle de trois ?

Énoncé

Il faut semer 1,2 kg de graines de gazon pour ensemencer une superficie de 30 m^2. La masse de graines est proportionnelle à la superficie du terrain.

a. Quelle masse de gazon faut-il semer sur un terrain de 105 m^2 ?

b. Quelle est la superficie d'un terrain sur lequel on a semé 2 kg de graines ?

Réponse

a. • On schématise l'énoncé :

1,2 kg $\rightarrow$ 30 m^2
? $\rightarrow$ 105 m^2

• On trace la diagonale entre 2 termes connus :

$$\begin{array}{ccc} 1{,}2 & \rightarrow & 30 \\ ? & \rightarrow & 105 \end{array}$$

• On effectue le produit en diagonale et on divise par le terme restant.

On obtient la règle de trois : $\dfrac{1{,}2 \times 105}{30}$.

• On calcule : $\dfrac{1{,}2 \times 105}{30} = 4{,}2$.

• Il faut 4,2 kg de graines pour ensemencer 105 m^2.

b. • On schématise l'énoncé :

$$\begin{array}{ccc} 1{,}2 \text{ kg} & \rightarrow & 30 \text{ m}^2 \\ 2 \text{ kg} & \rightarrow & ? \end{array}$$

• On écrit la règle de trois et on calcule : $\dfrac{2 \times 30}{1{,}2} = 50$.

• On peut ensemencer 50 m^2 avec 2 kg de graines.

FICHE 2

LES POURCENTAGES

Les pourcentages font partie de notre vie quotidienne : pourcentage de remise au moment des soldes, taux de TVA, taux d'intérêt...

1 Pourcentage d'une quantité

A | Écriture d'un pourcentage

Un pourcentage (ou taux de pourcentage) est une fraction de dénominateur 100 : $p\ \% = \frac{p}{100}$. Le nombre p peut être inférieur ou supérieur à 100.

Un pourcentage s'écrit aussi sous la forme d'un nombre décimal.

C'est l'écriture décimale du pourcentage qui est conseillée dans les calculs.

Exemple

$13\ \% = \frac{13}{100} = 0{,}13$; $145\ \% = \frac{145}{100} = 1{,}45$; $2{,}7\ \% = \frac{2{,}7}{100} = 0{,}027$.

B | Pourcentage direct

Pour appliquer un pourcentage à une quantité, on multiplie cette quantité par le pourcentage.

Exemple

Au mois d'août, un camping accueille 2 650 personnes, dont 18 % de Hollandais.
Calculer le nombre de campeurs hollandais.

L'écriture décimale du pourcentage est $\frac{18}{100} = 0{,}18$.

Nombre de campeurs hollandais : $2\ 650 \times 0{,}18 = 477$.

C | Pourcentage indirect

Pour calculer une quantité dont on connaît un pourcentage, on divise le nombre donné par le pourcentage.

Exemple

Dans un centre de formation, 24 stagiaires présentent le concours X.

Ces 24 stagiaires représentent 15 % des personnes inscrites dans le centre.

Calculer ce nombre de personnes.

L'écriture décimale du pourcentage est $\frac{15}{100} = 0{,}15$.

Nombre de personnes inscrites dans le centre : $24 \div 0{,}15 = 160$.

2 Le pourcentage de variation

A | Pourcentage d'augmentation

Si une quantité initiale augmente de p %, la quantité finale est les $(100 + p)$ % de la quantité initiale.

Exemple

Un camping a accueilli 2 700 personnes au mois de juillet. Son gérant espère une fréquentation en augmentation de 30 % au mois d'août. Calculer le nombre de personnes espérées en août.

100 % + 30 % = 130 % ou en écriture décimale : $1 + 0{,}30 = 1{,}30$.

Nombre de personnes prévues en août : $2\,700 \times 1{,}30 = 3\,510$.

B | Pourcentage de diminution (ou réduction)

Si une quantité initiale diminue de p %, la quantité finale est les $(100 - p)$ % de la quantité initiale.

Exemple

Entre 2006 et 2016, la ville de C a perdu 7 % de ses habitants. Elle comptait 35 200 habitants en 2006. Calculer le nombre d'habitants en 2016.

100 % – 7 % = 93 % ou en écriture décimale : $1 - 0{,}07 = 0{,}93$.

Nombre d'habitants en 2016 : $35\,200 \times 0{,}93 = 32\,736$.

3 Le prix de vente hors taxe, la TVA et le prix de vente taxe comprise

Un impôt est appliqué sur la consommation des biens et des services. Cet impôt est appelé la taxe sur la valeur ajoutée (TVA). La TVA s'ajoute au prix de vente hors taxe (HT). On obtient le prix de vente taxe comprise :

- montant de la TVA = prix de vente hors taxe × taux de TVA ;
- prix de vente taxe comprise = prix de vente hors taxe + montant de la TVA ;
- prix de vente taxe comprise = prix de vente hors taxe × (1 + taux de TVA).

Le taux de TVA est variable suivant les produits. Il s'applique toujours au prix HT.

Exemples

» Le prix de vente hors taxe d'un article est 870 €. Le taux de TVA est 10 %. Calculer le prix de vente taxe comprise.

Le montant de la TVA est : $870 \times 0{,}10 = 87$ €.

Le prix de vente taxe comprise est : $870 + 87 = 957$ €.

Autre méthode pour calculer le prix de vente taxe comprise :

$870 \times (1 + 0{,}10) = 870 \times 1{,}10 = 957$ €.

» Le prix de vente hors taxe d'un article est 1 450 €. Son prix de vente taxe comprise est 1 740 €. Calculer le taux de TVA.

Montant de la TVA : $1\,740 - 1\,450 = 290$ €.

Taux de TVA : $\frac{290}{1\,450} = 0{,}20$, soit un taux de 20 %.

MÉTHODE

Comment calculer une quantité avant diminution ?

Énoncé

Au mois de mars 2016, un magasin a accueilli 4 600 clients. Le responsable constate qu'il a perdu 8 % de sa clientèle depuis mars 2015. Quelle était la fréquentation du magasin en mars 2015 ?

Réponse

- On calcule le coefficient multiplicateur qui permet de passer de la quantité avant diminution à la quantité après diminution : $1 - 0{,}08 = 0{,}92$

  La situation peut se résumer par le schéma suivant :

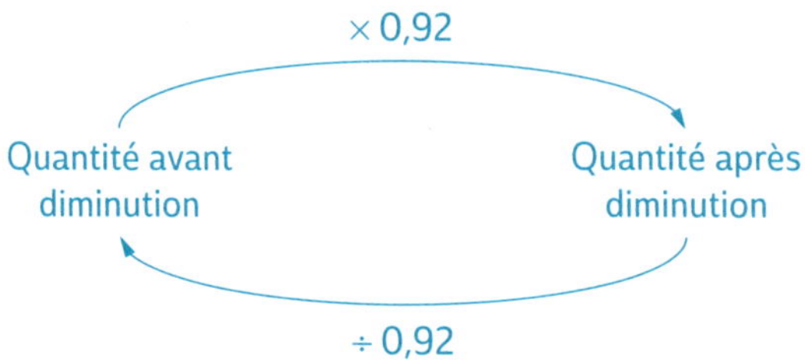

- On divise la quantité après diminution par ce coefficient pour obtenir la quantité avant diminution : $4\,600 \div 0{,}92 = 5\,000$.

  Le nombre de clients en mars 2015 était de 5 000.

FICHE 3

LES FRACTIONS

Fractionner, d'après le dictionnaire, c'est diviser, partager. Les fractions permettent de partager des prix, des longueurs, etc.

1 Qu'est-ce qu'une fraction ?

Une fraction (ou nombre fractionnaire) est le rapport de 2 nombres entiers.

Dans une fraction :

- le nombre au-dessous du trait indique en combien de parties égales on divise une quantité. C'est le **dénominateur** de la fraction. Il ne doit pas être égal à 0 ;
- le nombre au-dessus du trait indique combien on prend de ces parties. C'est le **numérateur** de la fraction.

Exemple

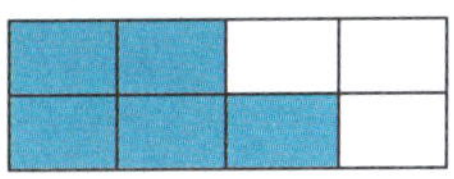

Le rectangle est divisé en 8 carreaux rectangulaires de mêmes dimensions. Chaque carreau représente un huitième (on écrit $\frac{1}{8}$) de la figure.

Les 5 carreaux colorés représentent les cinq huitièmes (on écrit $\frac{5}{8}$) de la figure.

Dans la fraction $\frac{5}{8}$, 5 est le numérateur de la fraction et 8 est son dénominateur.

2 Fraction d'une quantité

Pour prendre une fraction d'une quantité, on multiplie cette quantité par la fraction.

Exemple

André paie comptant les $\frac{3}{5}$ d'une facture de 5 400 €.

Il verse : $5\,400 \times \frac{3}{5} = \frac{5\,400 \times 3}{5} = 3\,240$ €.

3 Fraction égale à une fraction donnée

On obtient une fraction égale à une fraction donnée en divisant son numérateur et son dénominateur par un de leur diviseur commun. On dit que l'on **simplifie la fraction**.

Exemple

Si on simplifie la fraction $\frac{24}{14}$ par 2, on obtient la fraction $\frac{12}{7}$.

On obtient une fraction égale à une fraction donnée en multipliant son numérateur et son dénominateur par un même nombre entier (non égal à 0).

Exemple

$$\frac{4}{3} \underset{\times 5}{\overset{\times 5}{=}} \frac{20}{15}$$

Écrire une fraction égale à $\frac{4}{3}$ dont le dénominateur est égal à 15.

Pour passer de 3 à 15, on multiplie le dénominateur par 5.

Donc on multiplie le numérateur par 5 pour obtenir une fraction égale.

4 Les multiples et les diviseurs

Si 2 entiers a et b sont tels que $a = b \times q$ (où q est un entier), alors il est équivalent de dire : a est un multiple de b ou b est un diviseur de a ou a est divisible par b.

Exemple

On a : 105 = 15 × 7. Alors, 105 est un multiple de 7 ; 7 est un diviseur de 105 ; 105 est divisible par 7.

Un **nombre premier** est un entier qui n'a que deux diviseurs : 1 et lui-même.

Exemples

19 est un nombre premier : il n'est divisible que par 1 et par 19.
49 n'est pas un nombre premier : il est divisible par 1, 7 et 49.

Voici quelques critères de divisibilité :

- un nombre est divisible par 2 s'il se termine par 0, 2, 4, 6 ou 8 ;
- un nombre est divisible par 3 si la somme de ses chiffres est un multiple de 3 ;
- un nombre est divisible par 5 s'il se termine par 0 ou 5.

Exemples

2 175 n'est pas divisible par 2 car il se termine par 5.
2 175 est divisible par 3 car $2+1+7+5=15$ qui est un multiple de 3.
2 175 est divisible par 5 car il se termine par 5.

5 Les opérations avec les fractions

A | Addition et soustraction

La somme (ou la différence) de deux fractions de même dénominateur est une fraction dont le numérateur est la somme (ou la différence) des numérateurs, et dont le dénominateur est le dénominateur commun.

Si les dénominateurs sont différents, on commence par mettre les fractions au même dénominateur.

Exemples

$\frac{3}{7}-\frac{11}{7}=-\frac{8}{7}$

$\frac{7}{6}+\frac{5}{9}=\frac{21}{18}+\frac{10}{18}=\frac{31}{18}$

B | Multiplication

Le produit de deux ou plusieurs fractions est une fraction dont le numérateur est le produit des numérateurs et le dénominateur le produit des dénominateurs.

Exemples

$$\frac{7}{5}\times\frac{3}{14}=\frac{7\times3}{5\times14}=\frac{3}{5\times2}=\frac{3}{10}$$

$$\frac{5}{9}\times(-4)=-\frac{5\times4}{9}=-\frac{20}{9}$$

C | Division

Le quotient d'une fraction par une fraction est le produit de la première fraction par l'inverse de la deuxième.

Exemples

$$\frac{7}{5}\div\frac{8}{3}=\frac{7}{5}\times\frac{3}{8}=\frac{7\times3}{5\times8}=\frac{21}{40}$$

$$\frac{5}{6}\div4=\frac{5}{6}\times\frac{1}{4}=\frac{5}{24}$$

MÉTHODE

Comment simplifier une fraction ?

Énoncé

Simplifier la fraction $\frac{15}{18}$.

Réponse

- On cherche un diviseur commun au numérateur et au dénominateur, s'il existe. 3 est un diviseur commun à 15 et à 18.
- On simplifie la fraction par le diviseur commun : on divise le numérateur et le dénominateur par ce nombre.

On simplifie la fraction par 3 : on divise 15 et 18 par 3 : $\frac{15}{18}\underset{\div 3}{\overset{\div 3}{=}}\frac{5}{6}$.

FICHE 4

LES DURÉES ET LES VITESSES MOYENNES

Les unités de durée mesurent le temps que dure un événement : « Il m'a fallu 10 minutes pour répondre à cette question. » Le langage courant donne souvent le même sens aux mots temps et durée.

1 Les durées

A | Le système sexagésimal

Nom	Symbole	Correspondance
Seconde	s	
Minute	min	1 min = 60 s
Heure	h	1 h = 60 min = 3 600 s

On utilise également le jour (j). 1 jour = 24 heures.

Exemples

2 h 51 min = (60 × 2) min + 51 min = 120 min + 51 min = 171 min.
4 h 32 min + 1 h 40 min = 5 h 72 min = 6 h 12 min.
4 h 32 min – 1 h 40 min = 3 h 92 min – 1 h 40 min = 2 h 52 min.

B | Le système décimal

Les durées peuvent également s'exprimer en utilisant des nombres décimaux. La partie entière d'une heure décimale est le nombre d'heures. Pour obtenir la partie décimale d'une heure décimale, on divise le nombre de minutes par 60. Inversement, pour obtenir le nombre de minutes, on multiplie la partie décimale par 60.

Exemples

$15\ \text{min} = \frac{15}{60}\ \text{h} = 0{,}25\ \text{h}$; $2\ \text{h}\ 6\ \text{min} = 2\ \text{h} + \frac{6}{60}\ \text{h} = 2\ \text{h} + 0{,}1\ \text{h} = 2{,}1\ \text{h}$.

$0{,}15\ \text{h} = (60 \times 0{,}15)\ \text{min} = 9\ \text{min}$; $2{,}6\ \text{h} = 2\ \text{h} + (60 \times 0{,}6)\ \text{min} = 2\ \text{h}\ 36\ \text{min}$.

2 Les vitesses moyennes

A | Définition

La vitesse moyenne d'un mobile, c'est-à-dire d'un corps en mouvement, entre 2 points est la distance parcourue pendant une unité de temps. Les unités les plus courantes sont le kilomètre par heure (km/h) et le mètre par seconde (m/s).

B | La relation entre vitesse, distance et durée

Si d est la distance parcourue pendant une durée t par un mobile dont la vitesse moyenne est v, alors on a la relation : $v = \frac{d}{t}$; $\text{vitesse} = \frac{\text{distance}}{\text{durée}}$.

Si d est en km et t en heures, alors v est en km/h.

Exemple

Sur terrain plat, un cycliste parcourt 52 km en 2 heures. Sa vitesse moyenne est :
$v = \frac{52}{2} = 26$ km/h.

Pour une vitesse moyenne donnée, la distance parcourue est proportionnelle à la durée du parcours.

Exemple

À la vitesse moyenne de 16 km/h, la distance parcourue par un mobile en 1 h 30 min est : $d = 16 \times 1{,}5 = 24$ km.

Attention à la cohérence des unités utilisées : si la vitesse est en km/h, la durée doit être en heure : $1\ \text{h}\ 30\ \text{min} = 1\ \text{h} + 0{,}5\ \text{h} = 1{,}5\ \text{h}$.

La relation $v = \frac{d}{t}$ peut aussi s'écrire : $t = \frac{d}{v}$. Elle permet de calculer la durée en connaissant la distance et la vitesse.

Exemple

Sur autoroute, un automobiliste a parcouru une distance de 270 km à la vitesse moyenne de 120 km/h. Quelle est la durée de son trajet en heures et minutes ?

$t = \frac{d}{v} = \frac{270}{120} = 2{,}25$ h.

$t = 2$ h $+ 0{,}25$ h $= 2$ h $+ (60 \times 0{,}25)$ min $= 2$ h $+ 15$ min $= 2$ h 15 min.

La durée du trajet est 2 h 15 min.

C | La conversion d'unité de vitesse

Pour passer d'une unité de vitesse à une autre :

- on convertit l'unité de longueur dans l'unité demandée ;
- on convertit l'unité de durée dans l'unité demandée ;
- on effectue le quotient des mesures obtenues.

Exemple

Convertir 27 km/h en m/min.

27 km = 27 000 m ; 1 h = 60 min.

$27 \text{ km/h} = \frac{27\,000 \text{ m}}{60 \text{ min}} = 450 \text{ m/min}.$

MÉTHODE

Comment calculer une vitesse moyenne ?

Énoncé

Un véhicule roule pendant 3 heures ; il parcourt 182 km les 2 premières heures et 76 km la 3e heure. Calculer sa vitesse moyenne.

Réponse

- On calcule la distance totale : 182 + 76 = 258 km.
- On calcule ou on relève la durée totale du parcours : 3 heures.
- On divise la distance par la durée : $\frac{258}{3} = 86$.

La vitesse moyenne sur l'ensemble du parcours est 86 km/h.

FICHE 5

LES FIGURES GÉOMÉTRIQUES

Les figures étudiées dans cette fiche sont des figures de géométrie plane : on travaille dans un plan, donc en deux dimensions, en 2D.

1 Des droites particulières

- Deux droites **parallèles** sont deux droites qui ne se coupent pas, aussi loin qu'on les prolonge.
- Deux droites **sécantes** sont deux droites qui se coupent en un point appelé point d'intersection.
- Deux droites **perpendiculaires** se coupent en formant un angle droit.

Exemple

- Les droites d_3 et d_4 sont sécantes en E qui est leur point d'intersection.
- Les droites d_2 et d_3 sont perpendiculaires. On écrit $d_2 \perp d_3$.
- Les droites d_1 et d_3 sont parallèles. On écrit $d_1 // d_3$.
- Les angles droits sont codés par un petit carré bleu ici.

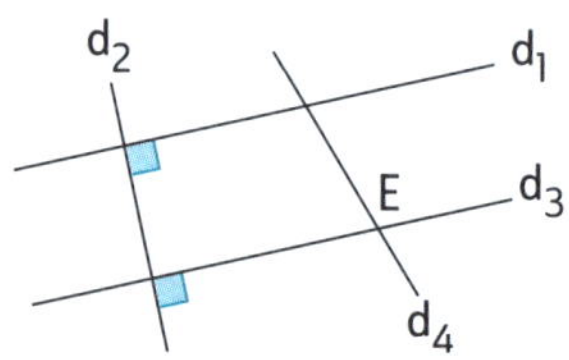

2 Les triangles

A| Somme des angles d'un triangle

La **somme des angles d'un triangle** est égale à **180°**.

Exemple

Le triangle ABC est tel que $\widehat{A} = 47°$ et $\widehat{B} = 62°$. Alors $\widehat{C} = 180° - 47° - 62° = 71°$.

B| Triangles particuliers

Triangle rectangle

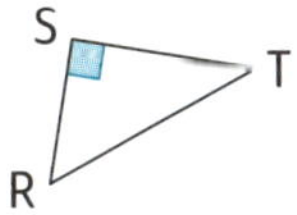

1 angle de 90°

Triangle isocèle

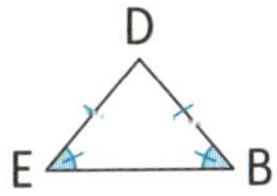

2 côtés égaux, 2 angles égaux

Triangle équilatéral

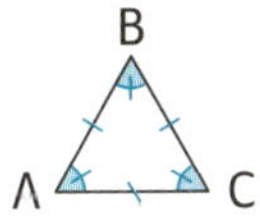

3 côtés égaux, 3 angles égaux à 60°

Exemples

- $\widehat{S} = 90°$
- DE = DB ; $\widehat{E} = \widehat{B}$
- AB = BC = AC ; $\widehat{A} = \widehat{B} = \widehat{C} = 60°$

3 Les quadrilatères particuliers

A| Parallélogramme

Un **parallélogramme** est un quadrilatère qui a ses côtés opposés **parallèles** et de **même longueur**. Ses diagonales se coupent en leur milieu.

Exemple

- (AB) // (DC) ; (BC) // (AD)
- AB = DC ; BC = AD
- I milieu de [AC] et de [BD]

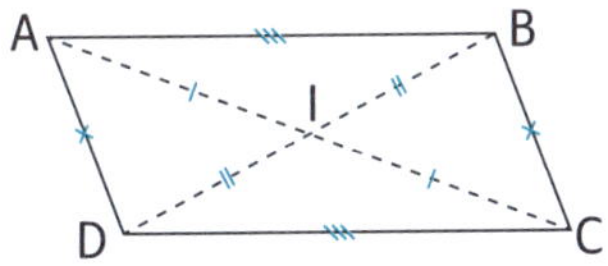

B| Losange

Un **losange** est un quadrilatère qui a ses **4 côtés égaux**. Ses diagonales sont perpendiculaires.

Exemple

ABCD est un parallélogramme qui a aussi comme propriétés :
AB = BC = CD = AD ;
(AC) et (BD) sont perpendiculaires.

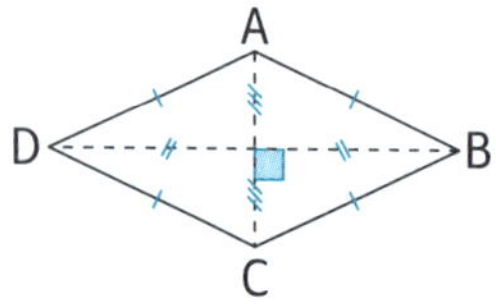

C| Rectangle

Un **rectangle** est un quadrilatère qui a **4 angles droits**. Ses diagonales ont la même longueur.

Exemple

ABCD est un parallélogramme qui a aussi comme propriétés : $\widehat{A} = 90°$; $\widehat{B} = 90°$; $\widehat{C} = 90°$; $\widehat{D} = 90°$ et AC = BD

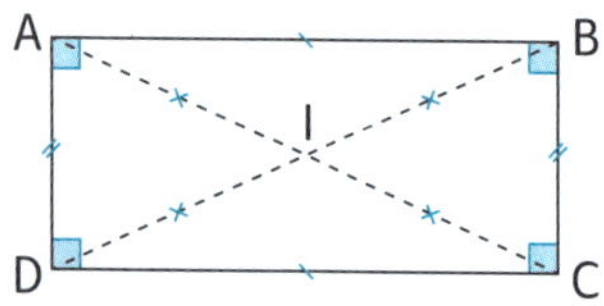

D| Carré

Un **carré** est un quadrilatère qui a 4 angles droits et ses 4 côtés égaux.

Exemple

Le carré ABCD a toutes les propriétés du rectangle et du losange.

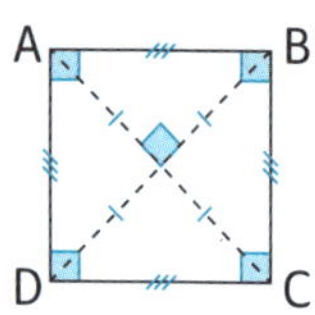

4 Le cercle

- Un cercle de **centre** O est formé de tous les points situés à la même distance du point O. Cette distance est appelée le **rayon** du cercle.
- Le **diamètre** est égal au double du rayon.
- La surface limitée par un cercle est un disque.

Exemple

- Le point O est le centre du cercle (C).
- Le segment [OM] est un rayon du cercle et [GT] un diamètre.
- Le segment [MT] est une corde du cercle.
- La partie bleue du cercle est l'arc de cercle $\widehat{MG}$.
- La partie colorée du disque est le secteur OGM.

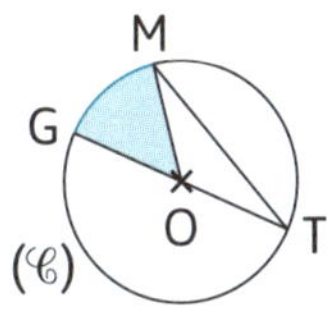

MÉTHODE

Comment construire un triangle connaissant la longueur de ses trois côtés ?

Énoncé

Construire, à l'aide d'une règle et d'un compas, le triangle RAS tel que RA = 2,5 cm, RS = 3 cm et AS = 3,4 cm.

Réponse

- Tracer, à l'aide d'une règle graduée, le segment [RS] tel que RS = 3 cm.
- Prendre une ouverture de compas de 2,5 cm, mettre la pointe du compas en R et tracer un arc de cercle.

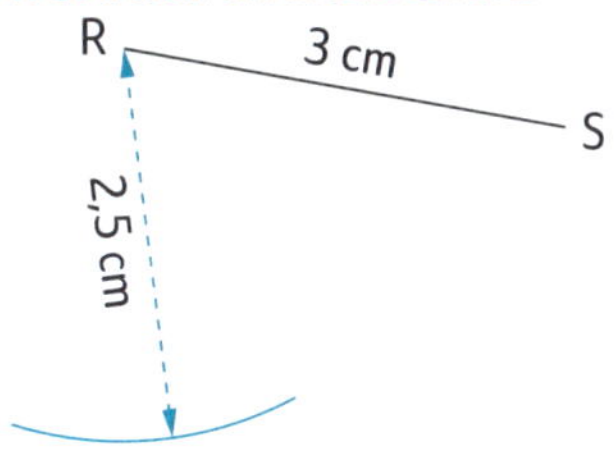

- Prendre une ouverture de compas de 3,4 cm, mettre la pointe en S et tracer un autre arc de cercle qui coupe le premier.
- Le point d'intersection des deux arcs de cercle est le point A. Tracer le triangle RAS.

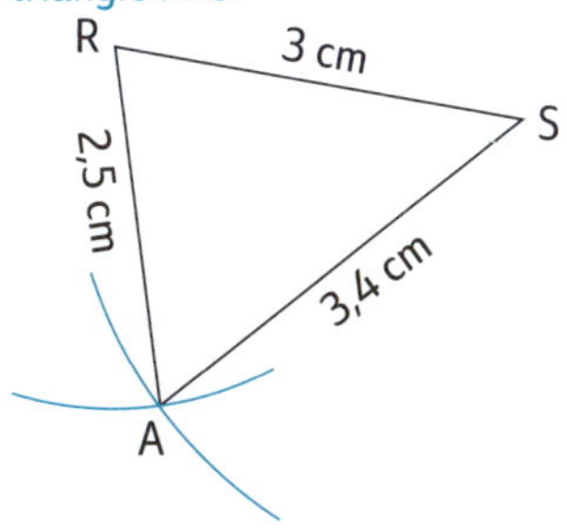

FICHE 6

LES UNITÉS DE MESURE

Les unités de mesure sont utilisées pour exprimer des longueurs, des masses, des aires par exemple.

1 Les unités de longueur

Pour exprimer une longueur, on peut utiliser des multiples et des sous-multiples du **mètre**. Une unité de longueur est égale à 10 fois l'unité immédiatement inférieure.

Pour passer d'une unité à l'autre, on peut utiliser un tableau de conversion dans lequel on place un chiffre par unité de mesure.

Exemples

	km	hm	dam	m	dm	cm	mm	
1	3	5	0	0				
				0,	0	0	8	2
			1,	5				

13,5 km = 13 500 m ; 8,2 mm = 0,0082 m ; 15 m = 1 500 cm = 1,5 dam.

2 Les unités de masse

Pour exprimer une masse, on peut utiliser des multiples et des sous-multiples du **gramme**. Une unité de masse est égale à 10 fois l'unité immédiatement inférieure.

On utilise aussi pour mesurer les masses le **quintal** (q) et la **tonne** (t). 1 q = 100 kg ; 1 t = 1 000 kg ; 1 t = 10 q.

Pour passer d'une unité à l'autre, on peut utiliser un tableau de conversion dans lequel on place un chiffre par unité de mesure.

Exemples

t	q		kg	hg	dag	g	dg	cg	mg
				0	0	8	6		
						0,	0	1	3
	0	7	8						

0,086 hg = 86 dg ; 13 mg = 0,013 g ; 0,78 q = 78 kg.

3 Les unités d'aire

Pour exprimer une aire, on peut utiliser des multiples et des sous-multiples du **mètre carré**. Une unité d'aire est égale à 100 fois l'unité immédiatement inférieure.

Pour passer d'une unité à l'autre, on peut utiliser un tableau de conversion dans lequel on place 2 chiffres par unité de mesure.

Exemples

km^2		hm^2		dam^2		m^2		dm^2		cm^2		mm^2	
	2	3	0	0	0								
									0,	0	9		
					0,	2	4	1					

2,3 km^2 = 23 000 dam^2 ; 9 cm^2 = 0,09 dm^2 ; 24,1 m^2 = 0,241 dam^2 = 2 410 dm^2.

Pour exprimer l'aire de terrains, on utilise parfois les **unités agraires**.

Nom	Symbole	Correspondance
Hectare	ha	1 ha = 1 hm^2 = 10 000 m^2
Are	a	1a = 1 dam^2 = 100 m^2
Centiare	ca	1 ca = 1 m^2

1 ha = 100 a ; 1 a = 100 ca

Exemples

72,5 ha = 725 000 m^2 ;

0,4 a = 40 m^2 ;

3 215 m^2 = 32,15 a = 0,3215 ha.

4 Les unités de volume et de capacité

A | Les unités de volume

Pour exprimer un volume, on peut utiliser des multiples et des sous-multiples du **mètre cube**. Une unité de volume est égale à 1 000 fois l'unité immédiatement inférieure.

Pour passer d'une unité à l'autre, on peut utiliser un tableau de conversion dans lequel on place 3 chiffres par unité de mesure.

Exemples

km^3			hm^3			dam^3			m^3			dm^3			cm^3			mm^3		
											7	1	0	0						
																	0,	0	1	2
								5	0	0	0									

$7{,}1\ m^3 = 7\ 100\ dm^3$; $12\ mm^3 = 0{,}012\ cm^3$; $5\ dam^3 = 5\ 000\ m^3$.

B | Les unités de capacité

Le **litre**, ses multiples et sous-multiples sont d'autres unités de volume appelées aussi unités de capacité.

Le kilolitre n'est pas une unité usuelle.

Une unité de capacité est égale à 10 fois l'unité immédiatement inférieure.

Exemples

hL	daL	L	dL	cL	mL
0	1	5			
		0,	0	8	
		0	2	7	0

0,15 hL = 15 L ; 8 cL = 0,08 L ; 0,27 L = 270 mL.

C | La correspondance volumes/capacités

Pour convertir les unités de volume en unités de capacité (ou inversement), on utilise l'égalité : **1 litre = 1 dm³**. On obtient ainsi le tableau de correspondance suivant :

m^3	dm^3			cm^3			mm^3
	hL	daL	L	dL	cL	mL	

Exemples

25 cL = 0,25 dm^3 ; 3 cm^3 = 3 mL ; 0,4 L = 400 cm^3.

MÉTHODE

Comment convertir une unité de volume en unité de capacité ?

Énoncé

Exprimer 32,7 cm^3 en cL.

Réponse

- On repère le chiffre des unités : 2 (c'est le chiffre immédiatement à gauche de la virgule). On place ce chiffre dans la colonne de droite de l'unité de mesure donnée : cm^3.

m^3			dm^3			cm^3			mm^3		
			hL	daL	L	dL	cL	mL			
							3	2	7		

- On place les autres chiffres : 3 dans la colonne à gauche de 2 et 7 dans la colonne à droite de 2.
- On met la virgule à droite du chiffre des cL puisque la réponse est demandée en cL. 32,7 cm^3 = 3,27 cL

FICHE 7 LES PÉRIMÈTRES ET LES AIRES

Le périmètre d'une figure plane est la longueur de son contour. L'aire d'une figure plane est la mesure de cette surface. Le périmètre et l'aire des figures les plus courantes se calculent à l'aide de formules qu'il est utile de mémoriser.
On désigne par P le périmètre et par A l'aire d'une figure plane dans les formules suivantes.

1 Cercle

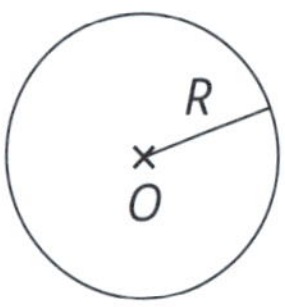

$P = 2\pi R$

$A = \pi R^2$

$(\pi \approx 3{,}14)$

Exemple

On donne : $R = 2{,}1$ cm.
La longueur du cercle (ou la circonférence) est : $2 \times \pi \times 2{,}1 \approx 13{,}2$ cm.
L'aire du disque est : $\pi \times 2{,}1^2 \approx 14$ cm^2.

2 Triangle

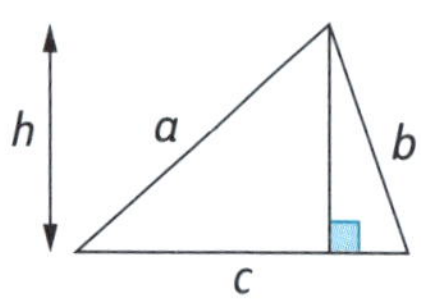

$P = a + b + c$

$A = \dfrac{c \times h}{2}$

Exemple

On donne : $a = 4{,}1$ cm ; $b = 2{,}8$ cm ; $c = 4$ cm ; $h = 2{,}7$ cm.

© Éditions Foucher

$P = 4{,}1 + 2{,}8 + 4 = 10{,}9$ cm.

$A = \dfrac{4 \times 2{,}7}{2} = 5{,}4$ cm^2.

3 Trapèze

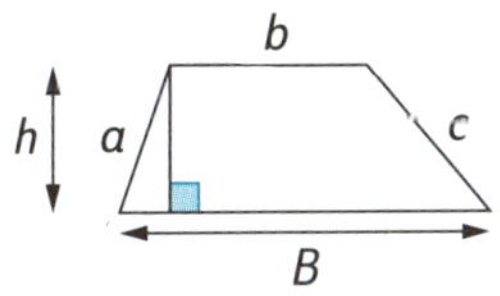

$$P = a + b + c + B$$

$$A = \frac{(B+b)h}{2}$$

Exemple

On donne : $a = 1{,}8$ cm ; $b = 2{,}5$ cm ; $c = 2{,}5$ cm ; $B = 5{,}2$ cm ; $h = 1{,}6$ cm.

$P = 1{,}8 + 2{,}5 + 2{,}5 + 5{,}2 = 12$ cm.

$A = \dfrac{(5{,}2+2{,}5) \times 1{,}6}{2} = 6{,}16$ cm^2.

4 Parallélogramme

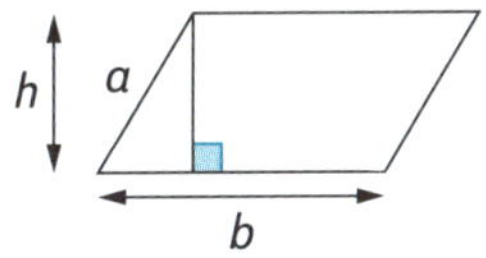

$$P = 2(a + b)$$

$$A = b \times h$$

Exemple

On donne : $a = 4$ cm ; $b = 6$ cm et $h = 3{,}7$ cm.

$P = 2(4 + 6) = 20$ cm.

$A = 6 \times 3{,}7 = 22{,}2$ cm^2.

5 Rectangle

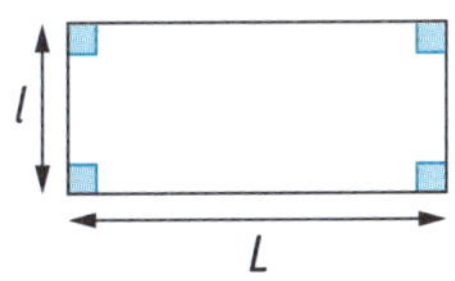

$$P = 2(L + l)$$

$$A = L \times l$$

Exemple

On donne : $L = 5$ cm ; $l = 2{,}8$ cm.

$P = 2(5 + 2{,}8) = 15{,}6$ cm.

$A = 5 \times 2{,}8 = 14$ cm^2.

6 Losange

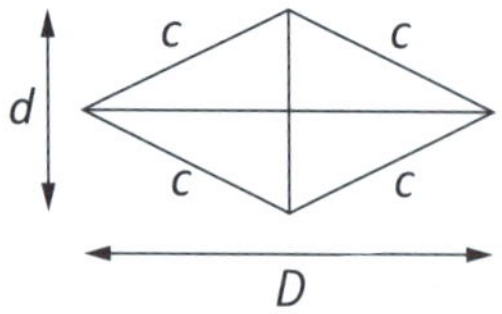

$P = 4c$

$A = \dfrac{D \times d}{2}$

Exemple

On donne : $c = 1{,}5$ cm ; $d = 1{,}8$ cm et $D = 2{,}4$ cm.

$P = 1{,}5 \times 4 = 6$ cm.

$A = \dfrac{2{,}4 \times 1{,}8}{2} = 2{,}16$ cm^2.

7 Carré

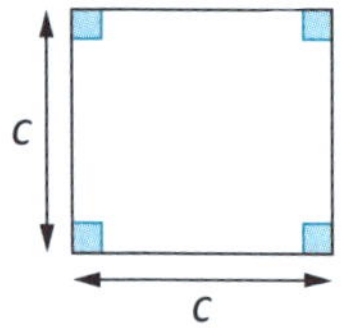

$P = 4c$

$A = c^2$

Exemple

On donne : $c = 2{,}5$ cm.

$P = 2{,}5 \times 4 = 10$ cm.

$A = 2{,}5^2 = 6{,}25$ cm^2.

Comment utiliser une formule d'aire ?

Énoncé

L'aire d'un disque est égale à 63 cm^2. Calculer la mesure de son rayon. Arrondir au mm.

Réponse

- On rappelle la formule de l'aire A d'un disque en fonction de son rayon R : $A = \pi R^2$.
- On remplace A par sa valeur dans cette formule : $63 = \pi \times R^2$.
- On calcule R^2 : on a $R^2 = \dfrac{63}{\pi} \approx 20{,}054$ cm^2 (valeur arrondie au millième).
- On calcule la racine carrée du résultat : $R = \sqrt{20{,}054}$ cm $\approx 4{,}5$ cm (valeur arrondie au mm).

Le rayon du disque est 4,5 cm.

FICHE 8

LES VOLUMES ET LA MASSE VOLUMIQUE

Le volume des solides usuels se calcule à l'aide de formules qu'il est conseillé de mémoriser.

On désigne par $\mathcal{V}$ le volume d'un solide dans les formules du cours.

1 Cube

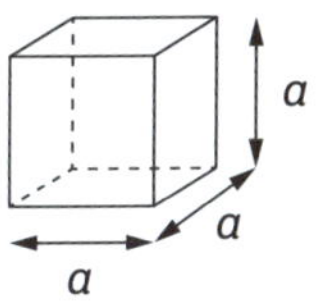

$$\mathcal{V} = a^3$$

Exemple

Le volume d'un cube dont l'arête mesure 1,5 cm est : $\mathcal{V} = 1{,}5^3 = 3{,}375$ cm^3.

2 Parallélépipède rectangle (ou pavé droit)

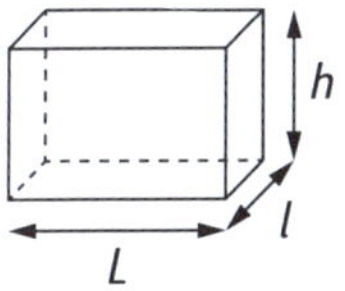

$$\mathcal{V} = L \times l \times h$$

Exemple

Le volume d'un parallélépipède rectangle dont les dimensions sont 5 cm, 4 cm et 3 cm est : $\mathcal{V} = 5 \times 4 \times 3 = 60$ cm^3.

3 Prisme droit

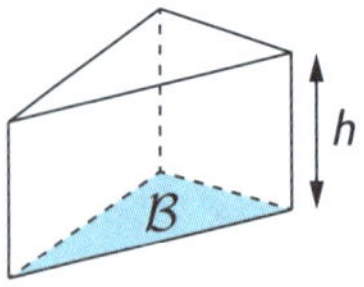

$\mathcal{B}$ est l'aire de la base du prisme.

$\mathcal{V} = \mathcal{B} \times h$

Exemple

Le volume d'un prisme droit de hauteur 3 cm et dont la base est un triangle rectangle de côtés 5 cm et 4 cm (côtés de l'angle droit) est : $\mathcal{V} = \frac{5 \times 4}{2} \times 3 = 30 \text{ cm}^3$.

4 Pyramide

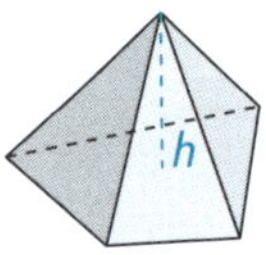

$\mathcal{B}$ est l'aire de la base.

$\mathcal{V} = \frac{1}{3} \times \mathcal{B} \times h$

Exemple

Le volume d'une pyramide dont la base est un carré de côté 7 m et de hauteur 9 m est : $\mathcal{V} = \frac{1}{3} \times 7^2 \times 9 = 147 \text{ m}^3$.

5 Cylindre de révolution

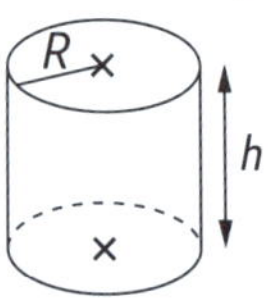

$\mathcal{V} = \pi R^2 \times h$

Exemple

Le volume d'un cylindre de rayon 5 cm et de hauteur 2 cm est :
$\mathcal{V} = \pi \times 5^2 \times 2 \approx 157 \text{ cm}^3$ (valeur arrondie à l'unité).

6 Cône de révolution

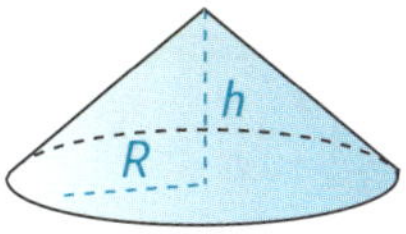

$$\mathcal{V} = \frac{1}{3} \times \pi R^2 \times h$$

Exemple

Le volume d'un cône de révolution dont le rayon de la base mesure 14 mm et la hauteur 6 mm est : $\mathcal{V} = \frac{1}{3} \times \pi \times 14^2 \times 6 \approx 1\,232$ mm^3.

7 Sphère

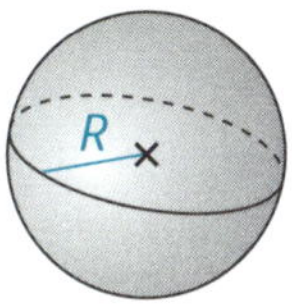

$$\mathcal{V} = \frac{4}{3} \pi R^3$$

Exemple

Le volume d'une boule de rayon 1,2 cm est : $\mathcal{V} = \frac{4}{3} \times \pi \times 1{,}2^3 \approx 7{,}2$ cm^3.

8 Masse volumique

La masse volumique d'un corps est la masse par unité de volume de ce corps. La masse volumique s'exprime en général en g/cm^3 ou en kg/dm^3.

Exemple

La masse volumique du cuivre est de 8,9 kg/dm^3. Cela signifie que 1 dm^3 de cuivre a une masse de 8,9 kg.

MÉTHODE

Comment calculer le volume d'un objet composé de plusieurs solides ?

Énoncé

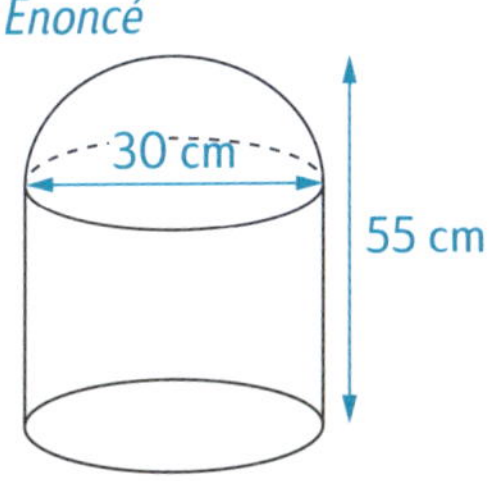

Une entreprise doit construire des plots en béton à installer au bord des trottoirs. Ces plots sont formés d'un cylindre de révolution surmonté d'une demi-boule de même diamètre. Le diamètre du cylindre est 30 cm. La hauteur totale du plot est 55 cm. Calculer, en cm^3, le volume de béton nécessaire à la construction de ce plot. Arrondir à l'unité.

Réponse
Calculez le volume de chacun des solides qui compose l'objet, puis faites leur somme.

- On calcule le rayon du cylindre et de la demi-boule :
  rayon = $30 \div 2 = 15$ cm.
- On calcule la hauteur du cylindre : hauteur = $55 - 15 = 40$ cm.
- On calcule le volume V_1 du cylindre : $V_1 = \pi \times 15^2 \times 40 \approx 28\,274{,}3$ cm^3.
- On calcule le volume V_2 de la demi-boule : $V_2 = \frac{1}{2} \times \frac{4}{3} \times \pi \times 15^3 \approx$ $7\,068{,}6$ cm^3.
- On calcule le volume du plot : $V = V_1 + V_2 = 28\,274{,}3 + 7\,068{,}6 =$ $35\,342{,}9$ cm^3.

Connaissances professionnelles

Le secours d'urgence aux personnes (SUAP)

FICHE 1 LES ACTEURS DU SECOURS À PERSONNE

Les différents acteurs du secours à personne sont les sapeurs-pompiers (civils et militaires), le service d'aide médicale urgente (SAMU) et les services médicaux d'urgence et de réanimation (SMUR), les associations de secouristes (Croix-Rouge, Protection civile, Ordre de Malte, Croix Blanche, etc.), les médecins et paramédicaux libéraux, les ambulances privées, les centres hospitaliers, la police et la gendarmerie.

1 Les sapeurs-pompiers (civils et militaires)

Les sapeurs-pompiers participent aux secours d'urgence aux personnes victimes d'accidents, de sinistres ou de catastrophes, ainsi qu'à leur évacuation.

A| Les équipes secouristes

Les sapeurs-pompiers agissent en équipe de trois personnes formées et équipées. Ils interviennent dans un **véhicule de secours aux victimes (VSAV)**. Ils prennent en charge (sans délai) les détresses vitales et pratiquent (sans délai) les gestes de secourisme adaptés. **L'intérêt de ces équipes réside dans leur caractère réflexe.**

Les missions des secouristes sont les suivantes :

- assurer la mise en sécurité des victimes, c'est-à-dire les soustraire à un danger ou à un milieu hostile, exercer un sauvetage et sécuriser le site de l'intervention ;
- pratiquer les gestes de secourisme en équipe, dont ceux du prompt secours face à une détresse ;
- demander, voire réaliser, l'envoi de renforts dès l'identification du besoin après avoir informé la régulation médicale du SAMU lorsqu'il s'agit d'une situation d'urgence nécessitant la mise en œuvre de moyens médicaux ;

- réaliser l'évacuation éventuelle de la victime vers un lieu d'accueil approprié, après une régulation réalisée par le SAMU ;
- participer à l'assistance et à la protection sanitaire des sapeurs-pompiers en intervention.

B| Le service de santé et de secours médical

Ce service exerce des missions propres au fonctionnement des sapeurs-pompiers (médecine préventive et professionnelle, aptitude médicale, etc.). Il assure :

- le soutien sanitaire des interventions des services d'incendie et de secours et les soins d'urgence aux sapeurs-pompiers ;
- l'assistance aux missions de secours d'urgence définies par l'article L. 1424-2 du CGCT et par l'article 2 de la loi n° 86-11 du 6 janvier 1986 relative à l'aide médicale urgente et aux transports sanitaires.

2 Le service d'aide médicale urgente (SAMU)

Le SAMU assure la régulation et l'intervention lors des situations d'urgences médicales et apporte une réponse médicale adaptée à tout appel d'une personne en détresse.

A| Le centre de réception et de régulation des appels (CRRA 15)

La régulation médicale du SAMU a pour objectif d'apporter une réponse médicale adaptée à tout appel venant d'une personne en détresse :

- soit en redirigeant l'appel sur une structure médicale libérale (médecins) ;
- soit en dirigeant une équipe médicale du SAMU (SMUR) sur les lieux de l'intervention ;
- soit en dirigeant une équipe de sapeurs-pompiers sur les lieux de l'intervention ;
- soit en dirigeant des moyens privés ou associatifs sur les lieux de l'intervention.

B| Le service mobile d'urgence et réanimation (SMUR)

Le SMUR assure en permanence la prise en charge d'un patient dont l'état requiert, de façon urgente, une prise en charge médicale et de réanimation et, le cas échéant, après régulation par le SAMU, le transport de ce patient vers un établissement de santé.

Une équipe SMUR se compose d'un médecin spécialiste en médecine d'urgence, d'un infirmier spécialisé en réanimation et d'un conducteur ambulancier.

Dotée d'un matériel de réanimation complet, cette unité intervient 24 heures/24, sur demande du SAMU pour assurer :

- la prise en charge ;
- le diagnostic ;
- le traitement ;
- le transport des patients en situation d'urgence médicale.

3 Les associations de secouristes

Elles sont diverses : Croix-Rouge, Croix Blanche, Ordre de Malte, Protection civile...

Leur rôle est de :

- participer ponctuellement aux secours à personne sur demande du SAMU ;
- organiser et diriger les dispositifs de premiers secours (DPS) mis en place sur des manifestations importantes (sportives, festives, etc.) ;

Ces moyens sont également utilisés par le SAMU lors du déclenchement du plan NOmbreuses VIctimes (plan NOVI).

4 Les autres moyens

A| Les « privés »

Les cellules composées de médecins et de personnel paramédical libéral (structures privées des personnels de santé) sont animées et déclenchées par le SAMU.

Le SAMU utilise également des sociétés d'ambulances privées pour diriger sur un centre hospitalier une personne en détresse.

Ces moyens sont également utilisés par le SAMU lors du déclenchement du plan NOmbreuses VIctimes (plan NOVI).

B| Les centres hospitaliers

Les centres hospitaliers sont composés des structures hospitalières publiques et privées : c'est le dernier maillon de la chaîne des secours.

Les capacités d'accueil de ces établissements sont centralisées par le SAMU de chaque département et permettent de diriger les patients sur un centre de soins adapté.

C'est une des composantes du plan NOmbreuses VIctimes (plan NOVI).

C| La police et la gendarmerie

Ces services sont chargés du maintien de l'ordre, de l'identification des victimes et des actions de police judiciaire.

5 Les numéros d'appel des secours

En France, il existe **trois numéros d'appels gratuits** des secours qui sont interconnectés, ainsi qu'un numéro d'appel européen :

- 15 : SAMU ;
- 17 : police ;
- 18 : pompiers ;
- 112 : numéro européen.

Le secours d'urgence aux personnes (SUAP)

FICHE 2

LE MATÉRIEL DE SECOURS D'URGENCE AUX PERSONNES

Les secouristes travaillent en équipe avec divers matériels qu'il convient de connaître.

1 Le matériel d'arrêt d'hémorragie

A| Le pansement compressif

Il se compose d'une compresse, d'une éponge mousse et d'une bande élastique (le tout dans un emballage stérile). La pose de ce pansement compressif permet de limiter le saignement voire d'arrêter une hémorragie.

ATTENTION
Ne pas trop serrer la bande du pansement.

B| Le garrot

Il se compose d'un lien non élastique en toile ou en caoutchouc de 3 à 5 cm de large. Il peut être improvisé avec une cravate, un foulard ou une écharpe. Il permet d'exercer une compression circulaire autour du membre concerné et interrompt la circulation du sang en aval qui a pour effet d'arrêter l'hémorragie.

La pose d'un garrot est exclusivement réservée à des situations d'urgence et doit être réalisée en étroite relation avec les équipes médicales.

C| Les pansements

Ils sont destinés à traiter les plaies simples (les plaies graves sont emballées au moyen d'écharpes). Les équipiers secouristes sont également dotés de pansements stériles pour traiter les brûlures, ce qui ne remet pas en cause le refroidissement de celles-ci.

2 Le matériel de désobstruction des voies aériennes

Les **aspirateurs de mucosités** sont des appareils électriques autonomes qui aspirent les mucosités encombrant les voies aériennes supérieures. L'aspiration qui est réalisée avec une sonde doit être faite avec précaution.

La **canule oropharyngée** complète la libération des voies aériennes dans le but de faciliter la ventilation artificielle au masque, uniquement lors des arrêts cardio-respiratoires.

3 Le matériel d'oxygénothérapie

L'oxygène est contenu dans une bouteille (sous pression) en composite de couleur blanche de différentes capacités, sous une pression de 200 bars.

La bouteille d'oxygène est fournie avec :

- une étiquette identifiant le nom du laboratoire fournisseur ;
- une notice « produit » ;
- une inscription indiquant le numéro du lot d'oxygène et sa date limite d'utilisation.

Elle est équipée d'un détendeur, d'un manomètre de pression, d'un débit litre (avec robinet) incorporé ainsi que de deux sorties (une en olive et l'autre de type « 3 crans ») destinées à utiliser un masque d'inhalation, un ballon réserve ou un respirateur.

Pour calculer la quantité d'oxygène restant dans la bouteille

Quantité d'oxygène (litre) = pression (bar) × volume en eau de la bouteille (litre)

Autonomie (min) = quantité d'oxygène (litre) ÷ débit (litre/min)

Le **masque haute concentration** permet d'administrer de l'oxygène à une personne (adulte ou enfant) qui respire spontanément.

Les **insufflateurs manuels** permettent d'administrer de l'oxygène à une personne qui ne respire pas spontanément ou qui est en arrêt cardio-respiratoire (ACR). Ils sont utilisés avec un masque facial.

4 Le défibrillateur automatique externe (DAE)

La défibrillation automatisée externe est le seul traitement indispensable pour un rythme cardiaque anarchique ; les chances de survie sont multipliées par deux. La mise en œuvre rapide d'un massage cardiaque externe associé (MEA) à une alerte et une médicalisation précoce rendent cet appareil encore plus efficace.

Cet appareil permettant la défibrillation, c'est-à-dire la délivrance d'un courant électrique au travers des tissus cardiaques, se compose d'un boîtier équipé d'une ou plusieurs batteries qui alimentent un ordinateur. Après l'application de deux électrodes recouvertes d'un gel conducteur sur le thorax de la victime, l'ordinateur se charge de l'analyse du rythme cardiaque et indique s'il est nécessaire de pratiquer une défibrillation. Selon le modèle utilisé, le choc sera délivré de différentes façons :

- DSA (défibrillateur semi-automatique) : l'appareil demande à l'opérateur d'appuyer sur un bouton pour l'administration du choc ;
- DEA (défibrillateur entièrement automatique) : pas de bouton à presser, le dispositif demande au secouriste d'interrompre le massage cardiaque externe et de s'écarter de la victime, le choc électrique est alors automatiquement délivré.

5 Le matériel d'immobilisation

Le **collier cervical** est destiné à immobiliser le rachis cervical (axe tête, cou, tronc) et doit être posé systématiquement en cas de suspicion de traumatisme du rachis. Une fois posé, il n'est plus retiré et la victime est installée dans un **matelas coquille**.

Les **différentes attelles** modulables sont utilisées pour immobiliser les membres supérieurs et inférieurs ainsi que certaines articulations.

Le **plan dur** permet de dégager ou de relever une victime en respectant l'alignement de son rachis.

Le **matelas immobilisateur** à dépression, aussi dénommé matelas coquille, est destiné à immobiliser une victime en vue de son transport. Il est composé d'une enveloppe étanche contenant une multitude de billes en polystyrène. Lorsque le vide est réalisé à l'aide d'une pompe à dépression, les billes en polystyrène épousent les formes du corps de la victime et l'immobilisent totalement.

Le **brancard type « barquette »** permet de descendre une victime au moyen d'une échelle aérienne. Il est également utilisé par certaines équipes spécialisées (GRIMP par exemple).

Le **brancard souple** est utilisé pour prendre en charge une victime non traumatisée au niveau du rachis, afin de l'acheminer sur un brancard.

Le **brancard du VSAV** (véhicule de secours et d'assistance aux victimes) permet d'acheminer la victime du lieu de l'intervention vers le centre hospitalier.

La **chaise de transport** permet d'acheminer la victime, en position assise, du lieu de l'incident jusqu'au vecteur de transport.

FICHE 3

Le secours d'urgence aux personnes (SUAP)

LES DÉTRESSES VITALES

Une détresse vitale est une atteinte d'une ou plusieurs des trois fonctions vitales de l'organisme. Elle menace immédiatement ou à très court terme la vie d'une victime. Le secouriste doit pouvoir identifier les signes d'une détresse vitale pour permettre la mise en œuvre des gestes de secours nécessaires, demander un avis médical immédiat et faire intervenir une équipe de secours médical sans délai.

1 Le rôle des fonctions vitales

Trois fonctions ont un rôle essentiel dans le maintien en vie d'une victime : la fonction nerveuse, la fonction respiratoire et la fonction circulatoire. Ces trois fonctions vitales sont en interaction et toute altération brutale de l'une entraîne une perturbation des autres.

La **fonction nerveuse** permet :

- le maintien de la personne en état de conscience et son aptitude aux relations ;
- les mouvements et la perception ;
- la commande des mouvements respiratoires ;
- la protection des voies aériennes grâce à des réflexes (déglutition, toux, fermeture de la glotte).

La **fonction respiratoire** permet :

- l'apport permanent de l'oxygène à l'organisme en le puisant dans l'air ambiant ;
- le transport de l'air ambiant au niveau des alvéoles pulmonaires avant qu'il soit pris en charge par la circulation ;
- l'évacuation du dioxyde de carbone contenu dans le sang vers l'extérieur de l'organisme.

La **fonction circulatoire** permet de :

- transporter l'oxygène des poumons vers les tissus ;
- transférer l'énergie extraite des aliments vers les cellules ;

- recueillir le dioxyde de carbone puis de le transporter vers les poumons pour y être éliminé ;
- recueillir les déchets des aliments et de les éliminer, entre autres, dans les urines.

2 Rechercher une détresse vitale

La recherche d'une détresse vitale se fait en **sept points**.

1. Évaluer l'orientation et rechercher la perte de connaissance.
2. Évaluer la motricité.
3. Examiner les pupilles.
4. Évaluer la respiration (fréquence, amplitude, régularité).
5. Évaluer le pouls (fréquence, amplitude, régularité).
6. Apprécier l'aspect de la peau et des muqueuses (couleur, température, humidité).
7. Mesurer le temps de recoloration cutanée.

3 Les principes de l'action des secours

Devant une victime qui présente une détresse vitale, il faut :

- arrêter immédiatement toute cause évidente de détresse vitale (obstruction brutale des voies aériennes ou hémorragie externe) ;
- réaliser le bilan complet de la victime (voir fiche 28) ;
- installer la victime dans une position d'attente adaptée : détresse neurologique donc position allongée ; détresse respiratoire donc position demi-assise ; détresse circulatoire donc position allongée ;
- administrer de l'oxygène ;
- obtenir rapidement une aide médicale ;
- surveiller attentivement la victime et adapter les gestes de secours à l'évolution de la situation.

ATTENTION

Dans tous les cas, ne jamais donner à boire à une victime qui présente une détresse vitale.

Le secours d'urgence aux personnes (SUAP)

FICHE 4 LES TRAUMATISMES DES OS ET DES ARTICULATIONS

L'appareil locomoteur est composé d'un ensemble d'os unis entre eux par des articulations et mis en mouvement par des muscles. Cet appareil constitue la charpente du corps humain.

1 L'appareil locomoteur et sa fonction

L'appareil locomoteur est composé d'un ensemble d'os unis entre eux par des articulations et mis en mouvement par des muscles. Il constitue la charpente du corps humain.

A| Le squelette

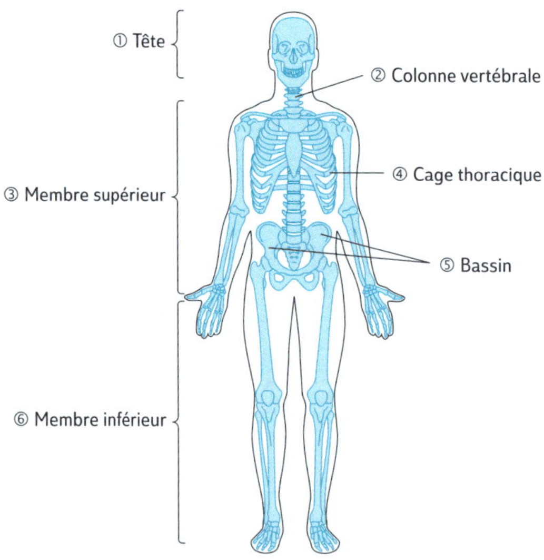

Le squelette a **trois fonctions** essentielles :

- maintenir la stabilité du corps ;
- protéger les organes vitaux (cerveau, cœur, poumon) ;
- fabriquer des cellules sanguines.

Il est divisé en **six parties** : tête ; colonne vertébrale ; membre supérieur ; cage thoracique ; bassin ; membre inférieur.

B| Les articulations

Une **articulation** correspond à la jonction entre deux os ; elle peut être mobile (coude, genou...) ou non (crâne, bassin).

Au sein de l'articulation, l'extrémité des deux os est recouverte de **cartilage** et enduite d'un liquide lubrifiant afin de limiter les effets des frottements. Ces deux extrémités sont maintenues l'une contre l'autre grâce à des bandes de tissu élastique, les **ligaments**.

C| Les muscles

Les muscles permettent les mouvements des différentes parties du corps. Ils sont fixés aux os par des bandelettes très solides, les **tendons**.

Les muscles sont commandés par le cerveau. Ils agissent par groupe de manière antagoniste : quand un groupe de muscles se contracte, le groupe de muscles opposé se relâche.

2 Les mécanismes d'une lésion des os et des articulations

Les atteintes des os et des articulations sont des lésions courantes. Trois types de mécanismes sont à l'origine d'une lésion des os et des articulations :

- **mécanisme direct** : la lésion siège à l'endroit d'un coup violent, de l'impact d'un objet lourd sur un membre ou une articulation, ou d'un contact brutal avec un plan dur ;
- **mécanisme indirect** : la lésion siège à distance de l'endroit du choc. Le choc est transmis le long des membres ;

Exemple

Une personne chute d'une hauteur importante sur ses pieds, la force transmise provoque une fracture par tassement d'une vertèbre ;

- **par torsion** : une torsion du membre qui entraîne une fracture de l'os ou une lésion de l'articulation sollicitée par ce mouvement forcé.

3 Les principaux traumatismes des os et des articulations

A| La fracture

L'os est brisé. La fracture peut être :

- **simple** : l'os est cassé sans lésion associée visible ;
- **complexe** : l'os est cassé et il existe des lésions des structures adjacentes (nerfs, vaisseaux, poumons...).

Si la fracture est accompagnée d'une plaie, on parle d'une **fracture ouverte**.

B| La luxation

L'articulation est déboîtée et les deux extrémités des os ne sont plus en contact l'une de l'autre.

Ce déplacement s'accompagne le plus souvent d'une lésion, voire d'une déchirure des ligaments qui entourent et maintiennent l'articulation et/ou d'une atteinte des nerfs et des vaisseaux.

C| L'entorse

Les ligaments sont distendus ou déchirés par un mouvement exagéré ou forcé de l'articulation, créant un écartement transitoire des deux extrémités osseuses.

L'entorse peut s'accompagner d'un arrachement osseux.

4 La gravité d'une lésion des os et des articulations

Pour le secouriste, certaines lésions des os et des articulations sont évidentes : déformation due à une fracture ou une luxation par exemple. D'autres apparaissent lors d'un examen médical et radiologique.

A| Les signes

Une victime souffrant d'une lésion des os et des articulations peut présenter :

- une douleur à l'endroit de la blessure ou à côté, augmentée par le mouvement ;
- une impossibilité ou une difficulté à déplacer le membre atteint ;
- une déformation et un gonflement du membre atteint.

Au moment de la survenue de la lésion, la victime peut percevoir un craquement, souvent accompagné d'une douleur vive.

B| Les lésions graves

Les lésions des os et des articulations peuvent être graves lorsqu'elles sont accompagnées de complications telles que :

- une plaie hémorragique ou non (fracture ouverte) ;
- une compression des vaisseaux (extrémité du membre froid et pâle) ;
- une atteinte des nerfs (fourmillements, perte de sensibilité...).

De plus, certaines lésions des os et des articulations peuvent donner lieu à une détresse vitale comme une détresse neurologique (lésion à la tête, au rachis ou à la colonne vertébrale), ventilatoire (lésion au thorax) ou circulatoire (lésion à la cuisse, au thorax ou au bassin, ces os étant très vascularisés).

5 Le principe de l'action des secours

Devant une lésion des os et des articulations, les secouristes doivent tout mettre en œuvre pour :

- empêcher l'aggravation en immobilisant le membre et en évitant tout déplacement de la zone blessée (collier cervical, immobilisateur de tête, attelles, matelas coquille, etc.) ;
- limiter le gonflement et soulager la douleur par l'application de froid ;
- limiter la perte de sang dans le cas des fractures ouvertes ;
- prévenir l'infection dans le cas des fractures ouvertes ;
- rechercher une complication associée en réalisant un bilan complet de la victime ;
- prendre un avis médical ;
- surveiller l'apparition d'une détresse vitale.

Le secours d'urgence aux personnes (SUAP)

FICHE 5

LES ACCIDENTS DE LA PEAU

La peau recouvre toute la surface du corps et se continue par les muqueuses au niveau des orifices naturels. Elle est une barrière contre les infections.

1 Les principales fonctions de la peau

La peau a **trois fonctions essentielles** :
- elle protège l'organisme contre les agressions extérieures (bactéries et virus) ;
- elle participe à la régulation de la température :
  - exposés à la chaleur, les petits vaisseaux se dilatent et transportent la chaleur à la surface de la peau pour l'échanger avec l'air. L'évaporation de la sueur participe à la déperdition de la chaleur,
  - exposés au froid, les petits vaisseaux se contractent, orientant ainsi la chaleur vers l'intérieur de l'organisme en évitant une déperdition de chaleur ;
- elle informe l'organisme sur l'environnement extérieur : le toucher, la pression, le froid, la chaleur et la douleur sont les principales informations perçues.

2 Les plaies

Une plaie est une lésion du revêtement protecteur du corps avec une atteinte possible des tissus sous la peau. Les plaies sont généralement secondaires à un traumatisme (coupure, piqûre, fracture ouverte, etc.).

A| Les risques

Pour la victime :
- hémorragie entraînant une perte du volume sanguin (exemples : fracture ouverte, objet tranchant, etc.) ;

- atteinte des structures pouvant entraîner une détresse vitale (exemples : plaie au thorax, à l'abdomen, traumatisme crânien...) ;
- infection d'une plaie mal soignée.

ATTENTION
Attention au **tétanos**, maladie qui survient sur un sujet non vacciné ou dont le rappel n'a pas été effectué (10 ans).

Pour le secouriste : risque de contamination par le sang (virus des hépatites, VIH...).

B | L'aspect des plaies

Une **contusion** est une rupture de vaisseaux sous la peau, souvent provoquée par un choc, accompagnée d'une coloration violette et d'un gonflement : c'est l'hématome.

ATTENTION
Attention au traumatisme sous-jacent.

Une **écorchure** est une plaie simple et superficielle avec un aspect de la peau rouge et suintant.

ATTENTION
Attention aux corps étrangers qui peuvent entraîner une infection.

Une **coupure** : provoquée par un objet tranchant, elle peut être accompagnée d'un saignement ou d'une lésion importante (organe vital).

Une **plaie punctiforme** (en forme de points) : elle peut être provoquée par un objet pointu (clou, arme blanche, balle...) qui traverse un organe sous-jacent.

La **lacération** est un arrachement ou un écrasement de la peau, plaie irrégulière avec des lambeaux de peau. Les dégâts sont importants, il s'agit d'une plaie grave.

C | Les conduites à tenir en fonction de la gravité

Il existe deux types de plaies : les **plaies graves** et les **plaies simples**.

Type de plaies	Localisation	Aspect	Mécanisme
Plaies graves	Cou, œil, face, mains, thorax, abdomen et près des orifices naturels	Saignement, lacération, multiples et/ou étendue et avec un corps étranger	Par projectile, outil, morsure et objet tranchant (scie, cutter, outil électrique)
Plaies simples	Écorchure, coupure superficielle saignant peu et non située près d'un orifice naturel		

1 | La conduite à tenir sur les plaies graves

Premières actions :

- identifier la gravité de la plaie ;
- arrêter le saignement (si existant) ;
- installer la victime en position d'attente (allongée si possible) ;
- traiter la plaie avec un pansement ou des compresses stériles ;
- apporter de l'oxygène, demander un avis médical, couvrir et rassurer la victime.

Plaie au thorax sur une victime consciente :

- mettre la victime dans la position où elle se sent le moins mal, position demi-assise, sur le dos ou sur le côté non blessé ;
- protéger la plaie par des compresses non occlusives (avis médical).

Plaie à l'abdomen sur une victime consciente : mettre la victime en position sur le dos ou sur le côté, jambes fléchies (le relâchement des muscles de l'abdomen entraîne une diminution de la douleur).

> **ATTENTION**
> S'il y a éviscération, ne pas tenter de réintégrer les organes.

Plaie à l'œil :

- placer la victime en position allongée à plat dos, tête calée ;
- recommander à celle-ci de garder les yeux fermés et de ne pas les bouger.

> **ATTENTION**
> Ne jamais retirer un corps étranger oculaire (ou de toute autre plaie).

Morsures d'animaux : plaies graves, qui peuvent être à l'origine d'une maladie grave comme la rage.

> **ATTENTION**
> Toute plaie par morsure doit être vue par un médecin.

2 | La conduite à tenir sur les plaies simples

- Se laver les mains (savon ou solution hydro-alcoolique) + porter des gants.
- Nettoyer la plaie (eau et savon ou antiseptique).
- Protéger par un pansement et se renseigner si la victime est vaccinée contre le tétanos.
- Conseiller à la victime de consulter un médecin en cas d'aggravation.

3 Les brûlures

Les brûlures sont des lésions de la peau et/ou des voies aériennes ou digestives provoquées par la chaleur, les produits chimiques, l'électricité ou les radiations.

Les **risques** : suivant son étendue, sa profondeur et sa localisation, la brûlure peut être à l'origine d'une **défaillance circulatoire** (perte de liquide), d'une **défaillance respiratoire** (brûlure au visage, inhalation de gaz ou de fumées, vapeurs chaudes), de **douleurs intenses** et d'**infection**.

Une brûlure se caractérise par son aspect, son étendue et sa localisation. Ces critères doivent être transmis précisément aux secours médicalisés.

A| Les aspects d'une brûlure

La rougeur ou érythème	Les cloques ou phlyctènes	La carbonisation
Atteinte superficielle de la peau	Uniques ou multiples	- Peau pâle, noirâtre ou brunâtre - Toutes les couches de la peau sont atteintes et perte de liquide importante

Pour évaluer l'étendue de la brûlure, il faut utiliser la paume de la main de la victime qui représente 1 % de la surface de la peau de la personne brûlée.

La **localisation de la brûlure** est un élément important pour le bilan (à décrire avec précision), particulièrement pour les voies aériennes (traces et crachats noirs après un incendie), les mains, le visage et les orifices naturels. La présence ou non de douleur renseigne le médecin sur la gravité de la brûlure (atteinte des terminaisons nerveuses).

B| Les brûlures graves

- Cloques uniques ou multiples sur la peau, d'une surface supérieure à la moitié de la paume de la main de la victime.
- Destruction plus profonde, aspect noirâtre, blanchâtre ou brunâtre de la partie brûlée.
- Brûlures du visage, de la main, du voisinage des orifices naturels et des articulations.
- Rougeur étendue de la peau, surtout chez l'enfant ou le nourrisson.

C | Les brûlures simples

- Rougeur de la peau chez l'adulte.
- Cloque d'une surface inférieure à celle de la moitié de la paume de la main de la victime.

D | La conduite à tenir

- Refroidir le plus tôt possible la brûlure avec de l'eau (soulage la douleur, évite son extension et son aggravation).
- En l'absence de point d'eau, utiliser des compresses d'hydrogel.
- Protéger la brûlure si besoin.
- Surveiller, couvrir la victime et se renseigner sur la vaccination contre le tétanos.

ATTENTION
Attention aux détresses circulatoires et respiratoires.

E | Les brûlures particulières

Lors d'une brûlure chimique : déshabiller et arroser abondamment pendant 5 minutes (dispersion du produit). Si un œil est touché par le produit chimique, rincer abondamment pendant 5 minutes (attention à préserver l'autre œil).

Lors d'une brûlure interne respiratoire par inhalation (traces de suie près du nez et de la bouche, voix rauque, voire détresse respiratoire) : mettre la victime en position assise et apporter de l'oxygène en cas de détresse respiratoire.

Lors d'une brûlure par ingestion de liquide brûlant ou de produit caustique (douleurs dans la poitrine et l'abdomen, traces blanchâtres près des lèvres) : allonger la victime sur le côté et identifier le produit en cause.

Demander le plus rapidement possible l'intervention d'une équipe médicale sur les lieux de l'intervention.

FICHE 6 LES MALAISES ET LA MALADIE

La connaissance des termes anatomiques est essentielle pour un secouriste qui participe à la prise en charge d'une victime. Elle permet de nommer et de situer le lieu d'une douleur ou de toute autre manifestation visible sur le corps humain dans un langage commun.

1 Les définitions

Un **malaise** est une sensation pénible traduisant un trouble du fonctionnement de l'organisme, sans que le sujet qui l'éprouve puisse en identifier obligatoirement l'origine. Il peut être **fugace** ou **durable**, de **survenue brutale ou progressive**. Cette sensation peut être le signe d'une maladie.

Un **malaise** ou une **maladie** traduisent une **défaillance** – temporaire ou durable – d'une partie de l'organisme, sans que ce trouble entraîne initialement une inconscience, un arrêt respiratoire ou un arrêt cardiaque. Certaines personnes présentent des malaises répétitifs, souvent identiques, typiques d'une maladie (troubles cardiaques, diabète, asthme...).

2 La gravité d'un malaise ou d'une maladie

La plupart des malaises sont **bénins** et ont souvent une origine facilement identifiable (fatigue, manque de sommeil, stress, émotion, erreurs alimentaires...). Dans le cas d'un malaise bénin, l'examen de la victime ne montre pas de détresse vitale et les signes du malaise ou de la maladie disparaissent après quelques minutes de repos.

Certains malaises sont dits **graves** car ils peuvent à tout moment entraîner une détresse vitale. Ils appellent une réponse immédiate par l'intervention des secours d'urgence. Un malaise et une maladie sont considérés comme grave lorsque :

- il existe des signes de détresse vitale (voir fiche 23) ;
- les manifestations que présente la victime peuvent être caractéristiques d'une maladie potentiellement grave (douleur serrant la poitrine par exemple). Les signes ressentis par la victime sont intenses quelle que soit leur localisation.

3 La conduite à tenir

A| Devant une victime présentant un malaise ou l'aggravation d'une maladie

1. Réaliser si nécessaire les gestes de prise en charge d'une urgence vitale (victime inconsciente, détresse vitale...).
2. Réaliser un bilan complet de la victime (voir fiche 10).
3. Écouter et analyser les plaintes de la victime :
   - noter ou identifier l'environnement, le sexe et l'âge approximatif de la victime ;
   - écouter les plaintes exprimées (douleur, troubles digestifs, angoisse, faiblesse extrême...). Pour chaque plainte, le secouriste doit demander à la victime : le facteur déclenchant, les caractères du trouble ressenti, la localisation, l'intensité du trouble, la durée.
4. Rechercher les antécédents, les hospitalisations, les allergies et les traitements médicaux en cours.
5. Demander un avis médical en précisant les éléments du bilan ainsi que l'analyse des plaintes.
6. Rassurer et surveiller la victime.

B| Cas particulier : prise habituelle de médicaments ou de sucre

Sur ordre du médecin du centre 15 préalablement alerté ou si une victime le demande, un secouriste doit aider la personne à prendre ce traitement en respectant les doses prescrites par son médecin.

Le secours d'urgence aux personnes (SUAP)

FICHE 7

LES ATTEINTES LIÉES AUX CIRCONSTANCES

Les atteintes liées aux circonstances regroupent un ensemble de lésions survenues dans des circonstances particulières ou provoquées par un environnement hostile. Dans tous les cas, l'équipier secouriste doit appliquer la conduite à tenir générale devant une victime : bilans, gestes de secours nécessaires et surveillance. Toutefois, il doit aussi réaliser des gestes complémentaires spécifiques liés à ces circonstances.

1 Personne victime d'une morsure ou d'une piqûre

- La **morsure d'animal** :
  - arrêter le saignement en comprimant la plaie ou la désinfecter si elle ne saigne pas ;
  - protéger la plaie par un pansement stérile.
- La **piqûre d'insecte** : limiter la douleur et le gonflement en appliquant du froid.
- La **morsure de serpent** :
  - allonger la victime, lui demander de rester calme, la rassurer ;
  - réaliser un pansement compressif sur la morsure pour limiter la diffusion du venin ;
  - immobiliser le membre atteint.

ATTENTION
Toutes les techniques d'aspiration, qu'elles soient buccales ou à l'aide d'un appareil, sont formellement interdites car elles favorisent la diffusion du venin.

2 Personne victime d'un accident électrique

- S'assurer que la victime n'est pas en contact direct ou indirect avec un conducteur endommagé ou un câble électrique de haute tension au sol.
- Réaliser un bilan d'urgence de la victime et les gestes de réanimation nécessaires.
- Rechercher les lésions, notamment les brûlures par flash ou par arc électrique aux points d'entrée et de sortie.
- Refroidir et protéger les brûlures visibles.

ATTENTION
Toute brûlure électrique doit être considérée comme une brûlure grave.

3 Personne victime d'une intoxication

Une intoxication est un trouble engendré par la pénétration dans l'organisme d'une substance appelée « poison » ou « toxique ». Selon le mode de pénétration d'un toxique, la conduite à tenir diffère.

1| Ingestion

Lors de l'ingestion, le poison est avalé et absorbé par le tube digestif.

Conduite à tenir :

- réaliser un bilan et les gestes de premiers secours nécessaires ;
- rechercher les circonstances de survenue ;
- rechercher la nature du ou des toxiques en cause ;
- rechercher la dose absorbée et l'heure l'absorption ;
- conserver les emballages et les flacons des produits en cause.

ATTENTION
Demander d'urgence une équipe médicale sur les lieux de l'intervention et contacter, en collaboration avec celle-ci, le centre antipoison.

2| Inhalation

Lors de l'inhalation, le poison pénètre par les voies respiratoires et est absorbé dans l'organisme par les poumons.

Conduite à tenir :

- suspecter la présence du toxique (détecteur de CO) ;
- réaliser un dégagement d'urgence si nécessaire ;
- pratiquer les gestes de première urgence.

3 | Injection

Lors de l'injection, le poison pénètre dans l'organisme par une plaie.

Conduite à tenir :

- rincer la plaie avec de l'eau (identifier le poison si possible) ;
- couvrir la plaie avec un pansement stérile ;
- réaliser un bilan et demander un avis médical.

4 | Absorption

Il y a absorption lorsque le poison pénètre dans l'organisme à travers la peau saine.

Conduite à tenir :

- rincer la peau avec de l'eau (identifier le poison si possible) ;
- réaliser un bilan et demander un avis médical.

4 Personne victime d'un effet de souffle (blast)

Il s'agit d'un traumatisme engendré par une onde de choc, secondaire à une explosion (blast). Les victimes présentent souvent de multiples lésions : plaies, brûlures, fractures et lésions internes qui peuvent, au début, passer inaperçues et se révéler secondairement :

- examiner toutes les victimes et réaliser les gestes de secours qui s'imposent ;
- demander rapidement le concours d'une équipe médicale sur les lieux de l'intervention.

5 Personne victime d'une compression prolongée des muscles (*crush syndrom*)

La compression prolongée des masses musculaires d'une victime peut être, à plus ou moins brève échéance, mortelle. Si la compression interrompt la circulation sanguine au niveau des masses musculaires comprimées et qu'elle dure plusieurs heures, elle entraîne, progressivement, des lésions des muscles qui s'accompagnent d'une production de déchets, toxiques pour l'organisme. Au moment du dégagement de la victime, la levée de la compression rétablit la circulation sanguine. En l'absence de traitement médical préventif, ces déchets entraînés par le sang dans tout l'organisme sont de véritables poisons, notamment pour le cœur et les reins.

Conduite à tenir : les gestes de premiers secours sont limités du fait de la situation de la victime (en général peu accessible) et du risque lié aux circonstances de l'accident :

- demander rapidement le concours d'une équipe médicale sur les lieux de l'intervention ;
- évaluer la durée de la compression par rapport à l'horaire de l'événement ;
- réaliser les gestes d'urgence adaptés au contexte opérationnel ;
- protéger la victime du froid et des risques liés au dégagement (projections) ;
- rassurer en permanence la victime.

ATTENTION

- La levée de la compression se fait après avis médical et en présence d'un médecin.
- La pose de garrot n'est jamais effectuée par l'équipier secouriste, sauf sur demande d'un médecin.

6 Personne victime d'une exposition prolongée à la chaleur

A| Le coup de chaleur

Il survient chez les personnes qui sont exposées à la chaleur pendant plusieurs heures, voire plusieurs jours. La victime présente : des maux de tête, des sueurs importantes, des crampes musculaires, une fatigue intense, des nausées, une température normale ou peu élevée. Rapidement, une détresse circulatoire s'installe et la température de l'organisme s'élève.

Conduite à tenir :

- installer la victime à l'abri, dans un endroit frais, climatisé si possible ;
- mettre la victime au repos dans la position où elle se sent le mieux ;
- chez l'enfant ou le nourrisson, lui faire prendre un bain ;
- réaliser un bilan de la victime et effectuer les gestes de secours qui s'imposent ;
- demander un avis médical et respecter les conseils donnés ;
- surveiller attentivement la victime (détresse circulatoire) et réconforter la victime.

B| L'insolation

Elle survient chez des personnes qui sont exposées de manière directe et prolongée au soleil. La victime présente : des maux de tête, aucune sueur, une peau sèche, rouge

© Éditions Foucher

et très chaude, des troubles du comportement et/ou de la conscience, une température très élevée. Rapidement une détresse neurologique s'installe.

Conduite à tenir :

- installer la victime à l'abri, dans un endroit frais, climatisé si possible ;
- allonger la victime, tête surélevée si elle est consciente ;
- réaliser un bilan de la victime et les gestes de secours qui s'imposent ;
- demander un avis médical.

7 Personne victime d'un accident dû au froid

A| Les gelures

Ce sont des lésions dues au froid (gel) qui siègent, en règle générale, au niveau des extrémités de l'organisme : nez, oreilles, orteils et pieds, doigts et mains. Il s'agit d'une lésion provoquée par un refroidissement local.

Les **symptômes** siègent au niveau des extrémités :

- sensation de « piqûres d'aiguille » ;
- engourdissement et durcissement des extrémités ;
- pâleur locale avec une évolution vers une peau brune, accompagnée d'une insensibilité.

Conduite à tenir :

- isoler la victime dans un endroit chaud ;
- lui ôter ses vêtements surtout s'ils sont mouillés ou humides ;
- examiner la victime et réaliser les gestes de secours qui s'imposent ;
- envelopper le plus rapidement possible la victime dans une couverture de survie ;
- enlever doucement gants, chaussures ;
- envelopper les zones atteintes dans des linges, ou les placer, lorsque cela est possible, au contact de la peau de la victime (mains sous les aisselles, etc.) pour les réchauffer.

B| L'hypothermie de l'organisme

Elle se constitue quand la température du corps, normalement aux alentours de 37 °C, devient inférieure à 35 °C. Ce refroidissement survient à la suite d'une exposition prolongée au froid, plus particulièrement humide.

Les **symptômes** sont :

- frissons ;
- peau pâle, froide et sèche ;
- troubles de la conscience (désorientation, confusion, agitation, inconscience) ;
- ralentissement de la respiration ;
- ralentissement du pouls, qui devient très difficile à percevoir ;
- dans le cas extrême, arrêt cardio-respiratoire.

Conduite à tenir :

- isoler la victime dans un endroit chaud ;
- lui ôter ses vêtements, surtout s'ils sont mouillés ou humides ;
- examiner la victime et réaliser les gestes de secours qui s'imposent ;
- envelopper la victime dans une couverture de survie.

8 Personne victime de pendaison ou de strangulation

On appelle pendaison une suspension du corps par le cou et étranglement – ou strangulation – une constriction du cou ou une pression sur la gorge. L'afflux d'air vers les poumons et/ou la circulation du sang vers le cerveau sont interrompus.

Lors de la pendaison, sous l'effet du poids du corps (chute), la victime peut avoir une lésion vertébrale avec atteinte de la moelle épinière.

Conduite à tenir :

- soutenir, puis dépendre le corps en se faisant aider ;
- desserrer et enlever rapidement toute source de constriction du cou ;
- maintenir l'axe tête-cou-tronc dès que possible ;
- examiner la victime et réaliser les gestes de réanimation ou de secours nécessaires.

ATTENTION
Conserver les traces et indices nécessaires aux services de police ou de gendarmerie.

Le secours d'urgence aux personnes (SUAP)

FICHE 8

LES AFFECTIONS SPÉCIFIQUES

Les affections spécifiques regroupent un ensemble d'affections facilement identifiables par les secouristes et nécessitant d'adapter la conduite à tenir générale.

1 Principe

Les affections spécifiques prises en charge par les sapeurs-pompiers, et décrites dans le Référentiel national de premiers secours en équipes sont :

- le malade qui présente une crise convulsive généralisée ;
- le diabétique qui présente un malaise ;
- la personne qui présente une crise d'asthme ;
- la personne victime d'une réaction allergique ;
- la femme enceinte (accouchement ou fausse couche).

2 Malade qui présente une crise convulsive généralisée

A| Qu'est-ce qu'une crise convulsive généralisée ?

La crise convulsive se caractérise par la survenue brutale d'une perte de connaissance accompagnée de mouvements de type secousses involontaires qui touchent, en règle générale, l'ensemble du corps.

La crise convulsive peut être le signe d'une maladie grave (certaines maladies entraînent des lésions cérébrales).

Causes possibles :

- épilepsie ;
- traumatisme crânien ;
- manque d'oxygène au niveau du cerveau ;
- absorption de certains poisons ;
- fièvre élevée, notamment chez le nourrisson.

Conséquences possibles :

- traumatismes ;
- obstruction des voies aériennes par la langue chez une victime inconsciente.

B| La conduite à tenir lors d'une crise convulsive généralisée

L'équipier secouriste ne peut, à aucun moment, arrêter une crise convulsive qui a débuté ; il ne doit pas contraindre les mouvements de la victime.

Pendant la crise :

- dégrafer le col ou la cravate de la victime ;
- glisser, si possible, un vêtement ou une couverture sous et autour de sa tête pour la protéger ;
- écarter tout objet qui pourrait être dangereux pour la victime.

Après la crise :

- réaliser un bilan complet de la victime ;
- assurer la liberté des voies aériennes ;
- réaliser les gestes d'urgence vitale en fonction de l'état de la victime ;
- demander un avis médical dès que possible ;
- lorsque la victime redevient consciente, la garder au calme et la rassurer ;
- noter l'heure de survenue et la durée de la crise.

C| Cas particulier : la crise convulsive chez le nourrisson

Cette crise est généralement provoquée par la fièvre. Elle s'accompagne d'une révulsion oculaire, d'un tremblement des paupières, d'une pâleur ou d'une cyanose si le nourrisson arrête de respirer.

La conduite à tenir est la même que chez l'adulte. Il faut, en plus, contrôler la température de l'enfant et le refroidir à l'aide de linges humides.

3 Diabétique qui présente un malaise

Comme l'oxygène, le sucre est essentiel au fonctionnement de l'organisme et, notamment, au cerveau. Il constitue une source d'énergie. L'organisme produit une hormone appelée insuline qui intervient dans le transport et la pénétration du sucre dans les tissus. Le diabète est une maladie au cours de laquelle l'organisme, par manque de production de cette hormone, n'arrive pas à réguler le passage et l'utilisation du sucre qui est transporté par le sang vers les tissus du corps. Les diabétiques doivent surveiller attentivement la quantité de sucre présente dans leur alimentation.

Causes : chez les diabétiques, le malaise par manque de sucre, appelé **hypoglycémie**, est fréquent et facilité par :

- une alimentation inadaptée ;
- un effort physique intense ;
- un excès de traitement ;
- une exposition prolongée au soleil ;
- la fièvre, etc.

Conséquences : lorsque le taux de sucre diminue, le fonctionnement du cerveau est rapidement altéré et une détresse neurologique s'installe, pouvant aller jusqu'à l'inconscience.

Conduite à tenir :

- effectuer un bilan complet de la victime ;
- réaliser les gestes de secours d'urgence en fonction de l'état de la victime ;
- demander un avis médical.

Cas particulier : dans certains cas, le taux de sucre dans le sang est supérieur à la normale ; l'**hyperglycémie** peut entraîner un état de « coma ». La conduite à tenir est alors identique à l'hypoglycémie :

4 Personne qui présente une crise d'asthme

La crise d'asthme est provoquée par la contraction brutale des muscles bronchiques. Cette manifestation aboutit à un rétrécissement des voies aériennes qui rend la respiration difficile.

Causes :

- allergie ;
- infection ;
- certains médicaments ;
- fumée, etc.

Conséquences : la crise d'asthme rend la respiration difficile et crée une détresse respiratoire.

Conduite à tenir :

- effectuer un bilan complet de la victime ;
- réaliser les gestes de secours d'urgence en fonction de l'état de la victime ;
- installer la victime dans la position où elle se sent le mieux pour respirer (assise ou demi-assise) ;
- aider la victime à utiliser son aérosol doseur si elle en possède un en respectant les doses prescrites. Ces aérosols sont des médicaments qui entraînent une dilatation des petites bronches et facilitent la respiration ;
- mettre la victime sous inhalation d'oxygène ;
- demander un avis médical.

5 Personne victime d'une réaction allergique

L'allergie est une réaction inadaptée des défenses immunitaire de l'organisme à une substance étrangère touchée, inhalée ou avalée.

Causes :

- pollens ;
- produits chimiques ;
- aliments ;
- médicaments, etc.

Conséquences :

- manifestations respiratoires ;
- apparition de plaques cutanées ;
- troubles digestifs.

Ces manifestations peuvent être graves, avec la survenue :

- d'une détresse respiratoire par crise d'asthme ou gonflement des voies aériennes ;
- d'une détresse circulatoire.

Conduite à tenir :

- réaliser un bilan complet de la victime ;
- réaliser les gestes de secours d'urgence en fonction de l'état de la victime ;
- si la victime connaît son allergie et possède une seringue auto injectable, l'aider à l'utiliser si elle le demande ;
- demander un avis médical.

6 Femme enceinte (accouchement, fausse couche)

A| L'accouchement

L'accouchement est un phénomène naturel qui permet à une femme enceinte d'expulser l'enfant hors de l'utérus au terme de la grossesse. La durée de l'accouchement est variable. Le fœtus (futur enfant) prêt à naître se trouve dans le ventre de la mère à l'intérieur d'un muscle, l'utérus. Il baigne dans un liquide naturel (liquide amniotique) et est relié à la mère par l'intermédiaire du cordon ombilical à l'intérieur duquel transitent les vaisseaux nécessaires au développement de l'enfant. Ce dernier est relié à l'utérus par le placenta. L'accouchement se déroule en trois phases : le travail, l'expulsion et la délivrance.

B| Le début du travail

À la fin de la grossesse, l'utérus commence à se contracter de plus en plus régulièrement et de plus en plus fort. Puis, il commence à s'ouvrir pour laisser passer l'enfant. L'ouverture se traduit par la sortie de glaires sanguinolentes et parfois d'un liquide clair : c'est la perte des eaux.

Conduite à tenir :

- réconforter la mère ;
- installer la mère dans la position la plus confortable pour elle ;
- réaliser un bilan complet en précisant :
  - s'il s'agit du premier accouchement,
  - la date et le lieu prévus de l'accouchement,
  - si la mère a perdu les eaux, depuis quand et leur couleur,
  - si la grossesse a été normale et suivie par un médecin,
  - les antécédents médicaux de la mère ;
- noter la fréquence des contractions ;

- administrer de l'oxygène ;
- demander rapidement le concours d'une équipe médicale sur les lieux de l'intervention.

C| L'expulsion

Le col de l'utérus s'ouvre de plus en plus sous l'effet des contractions. Le fœtus descend vers le vagin, en général la tête en bas. Le nouveau-né apparaît et sort progressivement du corps de la mère. Une fois expulsé, le nouveau-né se met à crier mais est toujours relié à la mère par le cordon ombilical. Le nouveau-né peut alors, après section du cordon ombilical, être pris en charge. L'expulsion peut durer plusieurs minutes.

Conduite à tenir :

- réduire le nombre de personnes présentes au minimum, mais conserver une personne que la mère désire voir rester ;
- installer la future maman confortablement sur un lit en position demi-assise, cuisses fléchies, jambes écartées et la recouvrir d'un champ stérile ;
- dès que la tête de l'enfant est sortie, dire à la mère de ne plus pousser sauf au moment du passage des épaules et laisser l'expulsion se faire naturellement ;
- si le cordon ombilical entoure le cou du nouveau-né, le faire glisser, si possible, délicatement par-dessus sa tête ;
- maintenir l'enfant avec les mains placées sous son corps pendant la sortie ;
- noter l'heure de la naissance ;
- une fois expulsé, le nouveau-né se met à crier ;
- allonger l'enfant sur le ventre de sa mère, au contact direct avec sa peau ;
- clamper le cordon ombilical à environ 10 cm du nouveau-né en utilisant un clamp prévu à cet effet.

ATTENTION
S'enquérir rapidement de l'arrivée d'une équipe médicale.

- si l'enfant ne crie pas, rechercher une détresse vitale et pratiquer les gestes qui s'imposent.

D| La délivrance

Il s'agit de la sortie hors de l'utérus du placenta et du reste du cordon ombilical. Elle survient 20 à 30 minutes après la sortie du nouveau-né. Lors de cette phase, il est rare qu'une aide médicale ne soit pas présente.

Conduite à tenir :

- rassurer la mère lors des nouvelles contractions ;
- surveiller la mère. En cas de saignement abondant ou de signes de détresse circulatoire, réaliser les gestes qui s'imposent.

E | La fausse couche

La fausse couche est la perte d'un embryon ou d'un fœtus avant la 22e semaine de grossesse. La fausse couche fait courir à la femme un risque d'hémorragie grave et de détresse circulatoire.

La femme enceinte victime d'une fausse couche se plaint généralement d'une douleur du ventre accompagnée d'un saignement vaginal inattendu.

Conduite à tenir :

- allonger la victime dans une position confortable pour elle ;
- la couvrir si nécessaire ;
- lui demander la date du début de sa grossesse et si elle est suivie médicalement ;
- proposer à la victime de placer entre ses jambes des serviettes ou des pansements absorbants pour assurer une protection ;
- si la victime présente des signes de détresse circulatoire, réaliser les gestes de secours qui s'imposent ;
- se mettre en relation avec le médecin régulateur.

Le secours d'urgence aux personnes (SUAP)

FICHE 9

SOUFFRANCES PSYCHIQUES ET COMPORTEMENTS INHABITUELS

La souffrance psychique se caractérise par une douleur morale. Cette douleur est une réaction normale à un événement inhabituel. La souffrance psychique peut parfois se manifester par des comportements inhabituels.

1 Les principales causes des comportements inhabituels

A| Les causes physiques

Parmi les causes physiques, on peut distinguer :

- les **maladies**, particulièrement celles qui entraînent :
  - une baisse du taux de sucre dans le sang (malaise hypoglycémique du diabétique),
  - un manque d'oxygénation du cerveau (par exemple une détresse respiratoire),
  - une fièvre élevée,
  - une baisse excessive de la température corporelle de la victime (hypothermie),
  - une tumeur cérébrale ;
- les **traumatismes**, par exemple :
  - traumatisme crânien,
  - hémorragies graves,
  - douleurs intenses ;
- la **prise de toxiques** (volontaire ou involontaire) :
  - l'alcool (intoxication aiguë ou sevrage),
  - les stupéfiants,
  - les médicaments.

B| Les causes psychiques

Parmi les causes psychiques, on distingue :

- les **troubles psychiques** comme la panique, les états dépressifs ou d'autres affections psychiatriques plus graves ;
- le **stress dépassé**.

2 Les différents types de comportements inhabituels

A| La victime est agitée

Cette agitation se traduit par une hyperactivité de la victime. Un des risques de cet état est que, par ses actions non coordonnées, irréfléchies et incontrôlables, la personne mette en danger autrui et elle-même.

La présence de l'équipier secouriste ne doit pas être oppressante mais vigilante afin de ne pas se mettre en danger, prévenir tout péril pour la victime et, au besoin, faire appel aux forces de l'ordre.

B| La victime présente un état de stupeur

La stupeur est l'opposé de l'agitation.

La victime se réfugie dans son silence. Elle n'a pas envie ou pas la possibilité de parler, ni de bouger. Elle s'exprime alors avec son regard et par son mutisme.

C| La victime est anxieuse

Elle présente un fort sentiment d'insécurité, de danger immédiat ; elle est le plus souvent agitée ou, à l'inverse, présente une stupeur.

L'équipier secouriste doit favoriser l'expression verbale. Son écoute doit être attentive et authentique, ce qui facilite la confiance et la prise en charge de la victime.

D| Le stress

Le stress est une réaction physiologique et psychologique d'alarme, de mobilisation et de défense de l'individu face à une agression, une menace ou une situation inopinée.

E| Les réactions

Quatre types de réactions face à un événement traumatique montrent qu'une personne ne parvient pas à gérer la situation :

- la **sidération** : la personne est paralysée dans ses capacités et dans sa volonté ;
- l'**agitation désordonnée** : la personne est dans un état d'excitation, de gesticulation non coordonnée, avec une incapacité à prendre une décision ;
- la **fuite panique** : la personne réagit par une fuite éperdue, en n'écoutant personne. Ses capacités de jugement et de raisonnement sont inhibées ;
- les **actions automatiques** : la personne semble avoir un comportement normal mais peut présenter des gestes mécaniques, répétitifs, parfois inutiles.

Ces quatre types de réactions doivent être identifiés, en vue d'adresser la personne à une structure de soins médico-psychologiques.

3 La conduite à tenir face à un comportement inhabituel

- Parler calmement et se présenter.
- Évaluer les effets de la présence de l'entourage sur la personne (aggravant ou apaisant) et, en fonction, isoler ou non la personne en détresse.
- Dans certaines situations dangereuses où l'intensité émotionnelle est grande, éviter tout contact direct, notamment le regard dans les yeux, qui peut être vécu comme une agression et entraîner des réactions violentes.
- Se mettre à la portée du malade, à sa hauteur pour parler.
- Éloigner les objets dangereux.
- Se mettre entre la personne et les issues (portes et fenêtres).

4 Les conduites à tenir particulières

L'équipier secouriste peut se trouver confronté à différentes situations nécessitant la mise en œuvre de conduites particulières à tenir.

A| Un attroupement de personnes, une foule

Si l'équipier secouriste constate un début d'attroupement qui peut gêner l'organisation des secours ou la prise en charge de la victime, il demande courtoisement à toutes les personnes présentes de s'écarter.

De même, il peut être préférable de confier des tâches à accomplir (téléphoner, porter du matériel, etc.) aux victimes en état de le faire, aux impliqués ou aux témoins les plus agités.

Si malgré tout, l'attroupement émet des signes d'hostilité, il est souhaitable de prévenir immédiatement la police afin d'obtenir un renfort et ne pas se retrouver en position d'insécurité.

B| Un comportement violent

Devant une victime violente ou qui présente des signes d'agressivité :

- rester calme et essayer d'entrer en contact verbal d'abord, puis visuel et, éventuellement, physique avec la victime ;
- en équipe, il est préférable qu'un seul et même équipier secouriste parle à la victime et, si possible, celui qui a le contact le plus facile avec elle ;
- préciser à la victime que les intervenants secouristes sont uniquement là pour apporter de l'aide et de l'assistance ;
- interroger les personnes de l'entourage, leur demander si la victime est coutumière du fait et si elle a absorbé de l'alcool ou d'autres substances toxiques ;
- si la victime ne présente aucun signe d'apaisement, demander le renfort des forces de l'ordre.

ATTENTION
La prise en charge ou la neutralisation d'une personne en possession d'une arme (fusil, revolver, couteau ou autre objet dangereux...) n'est pas du rôle des équipiers secouristes mais de la force publique. Dans ce cas, il faut rester très vigilant et demander immédiatement un renfort des forces de l'ordre.

C| Un refus de soins et de transport

Seule une personne majeure, juridiquement capable, saine d'esprit et clairement informée des risques qu'elle encourt est en droit de refuser son transport vers une structure hospitalière.

Dans cette situation, l'équipier secouriste doit en informer immédiatement le médecin régulateur pour mettre en œuvre les mesures administratives nécessaires à décharger la responsabilité des secours.

Si une victime présente un comportement inadapté, on ne peut pas considérer qu'elle est suffisamment saine d'esprit pour refuser les soins et le transport. Les secouristes ne doivent en aucun cas laisser la victime sur place.

Le transport d'une victime vers un hôpital sous la contrainte ne peut se faire qu'après intervention d'un médecin ou en présence d'un officier de police judiciaire.

D| Une tentative de suicide

La personne en état de souffrance est dans un état de rupture de son équilibre relationnel avec elle-même et son environnement. La tentative de suicide est, pour elle, une des sorties possibles de la crise.

S'il s'agit d'une tentative de suicide médicamenteuse ou toxique, prendre les boîtes, y compris vides, ou les flacons des produits absorbés et les remettre au personnel des urgences.

Parler et entrer en relation avec la victime peut parfois apaiser la situation.

ATTENTION

Une tentative de suicide n'est jamais un acte anodin. La victime doit toujours être accompagnée à l'hôpital pour un avis psychiatrique, après bilan au médecin régulateur.

E| Une agression sexuelle

Une agression sexuelle induit toujours une souffrance psychique importante. Il peut parfois être difficile pour la victime de communiquer avec une personne du même sexe que son agresseur. Il est alors préférable, quand cela est possible, que l'équipier secouriste chargé de la victime soit du même sexe que celle-ci.

Instaurer un climat de confiance permet d'initier un réconfort moral en l'attente des services spécialisés.

F| Le décès

Le décès d'une personne peut survenir avant l'intervention des secours, soudainement ou à la suite de gestes de réanimation inefficaces.

Après avoir tenté de réanimer la victime et lorsque le médecin a pris la décision d'arrêter la réanimation, le secouriste se met en relation avec les proches si besoin.

G| Les réactions immédiates lors d'un événement « traumatisant »

Les personnes peuvent subir des situations potentiellement traumatiques présentant les caractéristiques suivantes :

- événement soudain et inattendu ;
- qui génère des sentiments d'impuissance et/ou une peur intense ;
- qui confronte les personnes de façon directe ou indirecte avec la réalité de la mort.

Cet événement est susceptible d'engendrer une souffrance psychique ainsi qu'une véritable maladie connue sous le nom de « **syndrome psycho-traumatique** ».

FICHE 10

Le secours d'urgence aux personnes (SUAP)

LES BILANS

Le bilan est la phase de recueil d'informations permettant d'évaluer une situation et l'état d'une ou plusieurs victimes. La réalisation d'un bilan est indispensable à toute action menée par des intervenants secouristes en équipe. Le bilan débute à l'instant même de l'arrivée de l'équipe secouriste sur les lieux de l'intervention et se poursuit pendant toute la durée de l'intervention. Sa transmission doit permettre au médecin régulateur d'évaluer l'état de la victime afin d'adapter sa réponse.

1 Le bilan circonstanciel

Le bilan circonstanciel permet au secouriste de **recueillir les informations** concernant la ou les victimes et leur environnement. Il permet d'apprécier la situation, d'en évaluer les risques et de prendre les mesures adaptées, notamment en ce qui concerne la sécurité.

Le bilan circonstanciel permet de répondre aux questions suivantes :

- que s'est-il passé ?
- existe-t-il un danger ?
- les secours sont-ils suffisants pour le moment ?
- les informations en ma possession sont-elles correctes ?

2 Le bilan d'urgence vitale

Le bilan d'urgence vitale a pour but de **rechercher une détresse vitale** qui menace immédiatement et à très court terme la vie de la victime et nécessitant la mise en œuvre rapide de gestes de secours avant toute autre action.

L'équipier secouriste doit :

- observer pour se faire une idée générale de la victime (sexe, âge, environnement immédiat) ;

- rechercher l'existence d'une détresse vitale évidente (obstruction totale des voies aériennes ou hémorragie) ;
- identifier la plainte principale de la victime (inconscience ou autre) ;
- rechercher la présence d'une détresse vitale potentielle (arrêt respiratoire, circulatoire, autre détresse) ;
- transmettre les informations recueillies.

A| Si la victime est inconsciente

Si la respiration est présente : placer la victime en position latérale de sécurité (PLS) et surveiller sa respiration.

Si la respiration est absente : rechercher le pouls. Si celui-ci est absent, commencer la réanimation cardio-pulmonaire (RCP) avec mise en œuvre du défibrillateur semi-automatique (DSA).

B| Si la victime est consciente

Le secouriste doit rechercher successivement les trois types de détresse.

1| La détresse neurologique

Identifier la perte de connaissance ou une désorientation de la victime : poser des questions comme « Que s'est-il passé ? », « Quel est votre nom ? », « Quel jour sommes-nous ? », « Où sommes-nous ? ».

Identifier la perte de la motricité, de la sensibilité : demander à la victime de remuer les doigts, puis les orteils. L'impossibilité de bouger une ou plusieurs extrémités (paralysie) traduit une détresse neurologique.

Identifier l'anomalie des pupilles : des pupilles inégales permettent de suspecter une détresse neurologique, liée à un traumatisme crânien ou oculaire, une maladie vasculaire cérébrale ou une intoxication.

2| La détresse respiratoire (altération de la respiration)

L'évaluation de la respiration d'une victime porte sur :

- la **fréquence de la respiration** (compter sur une minute) ;

Âge	Fréquences respiratoires normales (mvts/min)
Adulte (et adolescent)	12 à 20
Enfant (de 1 an à l'âge de la puberté)	20 à 30
Nourrisson (< 1 an)	30 à 60
Nouveau-né (< 1 semaine)	40 à 60

– son **amplitude** ;

Qualité de la respiration	Description
Normale	Respiration silencieuse
Superficielle	Mouvements du thorax et de l'abdomen à peine perceptibles (difficiles à compter)
Difficile	- Effort respiratoire - Contraction des muscles du haut du thorax et du cou - Pincement des ailes du nez (enfant et nourrisson)
Bruyante	Sifflements, ronflements, gargouillements, râles

– sa **régularité** et l'**absence de pause** entre les mouvements respiratoires.

3 | La détresse circulatoire

Identifier l'altération du pouls : l'équipier secouriste doit déterminer la fréquence cardiaque (nombre de battements par minute), la régularité du pouls et l'absence de pause, l'amplitude ou la force du pouls, la pression artérielle mesurée avec un tensiomètre.

Identifier une modification de l'aspect de la peau et des muqueuses :

- la couleur des muqueuses est appréciée en observant la face interne des paupières, la température ;
- l'humidité de la peau s'observe en plaçant le dos ou le plat de la main sur le front de la victime ;

Les muqueuses sont normalement roses et la peau chaude et sèche. Des muqueuses pâles, une peau froide et/ou très humide traduisent une détresse circulatoire.

3 Le bilan complémentaire

Le bilan complémentaire permet d'effectuer les gestes de secours pour une victime qui présente des signes de malaise, d'aggravation d'une maladie ou d'une ou plusieurs lésions secondaires à un traumatisme et de recueillir toutes les informations nécessaires à la demande d'un avis médical.

Le bilan de la victime

Maladie, malaise	Traumatisme
Interroger	**Interroger**
Analyser la plainte (PQRST) P = Provoqué par... (circonstances) Q = Qualité (brûlures, serrement...) R = Région atteinte (localisation) S = Sévérité (intensité et évolution) T = Temps de plainte Rechercher les antécédents (MHTA) M = Maladies H = Hospitalisation T = Traitements A = Allergies	Rechercher le mécanisme Violence du choc Mécanisme proprement dit Analyser la plainte de la victime Qualité Localisation Sévérité Rechercher les antécédents (MHTA) M = Maladies H = Hospitalisation T = Traitements A = Allergies
Examiner	**Examiner**
Rechercher les signes visibles à l'endroit de la plainte Manifestation d'une atteinte du cerveau Asymétrie de l'expression faciale Anomalie de l'extension des membres supérieurs	Rechercher les signes de la tête Contusions Gonflements Déformation Plaies Brûlures
Réaliser les gestes de premiers secours Appliquer les consignes Surveiller la victime Transmettre ces données	Réaliser les gestes de premiers secours Appliquer les consignes Surveiller la victime Transmettre ces données

4 La surveillance

Le bilan d'urgence vitale et complémentaire aide l'équipier secouriste à déterminer l'état initial de la victime. L'état d'une victime peut toutefois s'aggraver rapidement pendant sa prise en charge ou, au contraire, s'améliorer.

L'équipier secouriste doit surveiller la victime en permanence en :

- appréciant son état de conscience ;
- contrôlant régulièrement la fréquence respiratoire et cardiaque ;
- surveillant le(s) pansement(s), le(s) immobilisation(s).

FICHE 11

Le secours d'urgence aux personnes (SUAP)

LES RELEVAGES

Le choix et la qualité de la technique de relevage permettent d'éviter toute chute de la victime et toute aggravation de lésion, notamment au niveau de la colonne vertébrale.

1 Les principes généraux

La victime, soustraite à la cause de sa détresse et installée dans la position que nécessite son état, doit être placée sur un brancard, directement ou à l'aide d'un dispositif particulier de relevage, afin d'assurer son déplacement vers un poste de secours ou un véhicule de premiers secours. Pour ce faire, les secouristes doivent assurer :

- la stabilité de leur position et la sécurité de leurs mouvements ;
- la fermeté des prises ;
- la bonne répartition des charges ;
- la synchronisation des mouvements.

2 Le choix de la technique

Le choix du matériel et de la méthode relève du responsable d'équipe. Il repose sur les éléments d'appréciation suivants :

- l'accessibilité de la victime (par la tête, par les pieds, par un côté, par deux côtés) et la possibilité de disposer le brancard près d'elle ;
- l'état de la victime et la nature des lésions suspectées ;
- le poids de la victime et le nombre d'équipiers ;
- le matériel disponible (portoirs, dispositifs de levage…) ;
- la position d'attente de la victime (celle-ci n'influe pas sur le principe de la technique choisie, mais sur la position des mains et des avant-bras des secouristes).

3 Les techniques

A| Le relevage d'une victime à trois équipiers « porteurs »

Ces techniques sont réalisées s'il s'agit d'un malade ou d'un blessé non suspect d'une lésion de la colonne vertébrale ou si la corpulence de la victime permet un relevage à trois, selon **trois méthodes** :

- le pont simple à trois équipiers porteurs ;

- le pont néerlandais à trois équipiers porteurs ;

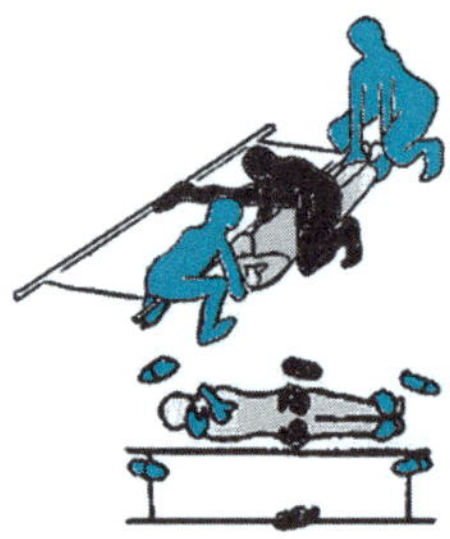

- la technique de la cuillère à trois équipiers, utilisée pour transférer une victime d'un lit au brancard.

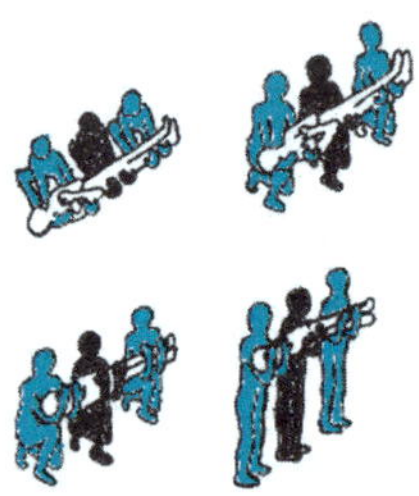

B| Le relevage d'une victime à quatre équipiers « porteurs »

Ces techniques sont réalisées si la victime est suspectée d'un traumatisme de la colonne vertébrale ou si sa corpulence le nécessite, selon **deux méthodes** :

- le pont néerlandais à quatre équipiers porteurs ;

- le pont amélioré à quatre équipiers porteurs et un aide à la tête.

C| Le relevage d'une victime à l'aide d'un brancard cuillère

Le brancard cuillère facilite le relevage de toute victime à trois équipiers secouristes, notamment dans les cas suivants :

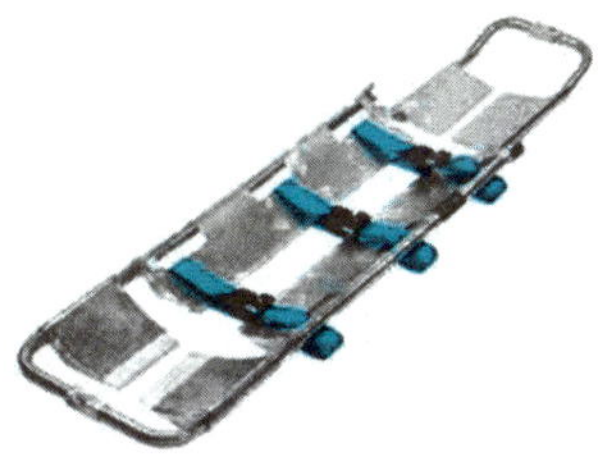

- victime traumatisée et suspectée d'un traumatisme du rachis pour l'installer sur un matelas immobilisateur à dépression ;
- impossibilité de réaliser un pont simple ou un pont amélioré (zone surbaissée : victime sous un train, un véhicule...) ;
- il permet également de relever une victime sans atteinte traumatique mais présentant des souillures ou des salissures (le matériel est non oxydable et aisément nettoyable).

D| Le relevage d'une victime en position particulière

Chaque fois qu'une victime est mise en position particulière (position latérale de sécurité – PLS –, assise, demi-assise, jambes pliées), les positions des mains des équipiers secouristes diffèrent. Ces techniques permettent toutefois de maintenir la victime dans la position particulière, si cela est nécessaire.

Points clés

- Les équipiers secouristes doivent agir de manière synchronisée et l'axe « tête-cou-tronc » doit être respecté.
- Le relevage doit être doux et sans à-coup.
- La victime doit se trouver en position correcte sur le brancard.

Le secours d'urgence aux personnes (SUAP)

FICHE 12

LE BRANCARDAGE ET LE TRANSPORT

Le brancardage est l'action d'amener la victime, dans la position adaptée à son état, jusqu'au véhicule de secours et d'assistance aux victimes (VSAV) ou à l'aéronef sanitaire par des cheminements souvent accidentés.

1 Généralités

A| Les règles à suivre

Le brancardage est effectué par trois ou quatre équipiers secouristes dont les actions doivent être rigoureusement coordonnées, sous la conduite d'un chef de brancard.

Lors du brancardage, réalisé après l'installation de la victime sur le brancard par des techniques de relevage adaptées et son arrimage (voir fiche 11), **le brancard doit être maintenu le plus à l'horizontale possible**.

La position de la victime sur le brancard dépend de son état. Les différentes positions de la victime sur le brancard sont les suivantes : horizontale ; demi-assise ; jambes pliées ; demi-assise sur le côté.

B| Les 10 règles de base du brancardage

1. Les équipiers secouristes travaillent en équipe, sous la conduite d'un chef.

2. La victime doit obligatoirement être sanglée ou arrimée sur le brancard avant tout déplacement.

3. Le chef place les équipiers secouristes en fonction de leur taille et de leur force.

4. Les commandements d'exécution sont, le plus souvent, précédés de commandements préparatoires et doivent être entendus de tous les équipiers secouristes.

5. Les mouvements doivent être doux et synchronisés.

6. Le déplacement se fait en marchant.

7. La marche doit être souple, sans secousse ni balancement ; de ce fait, les équipiers secouristes ne doivent pas marcher au pas.

8. Le brancard doit rester le plus possible horizontal.

9. La victime est brancardée, en général, tête en avant.

10. Le chef surveille en permanence la victime et la position du brancard.

Tout brancardage en milieu difficile, dangereux pour la victime et les équipiers, nécessite l'intervention d'équipes et de matériels spécialisés (sauvetage-déblaiement, groupe de recherche et d'intervention en milieu périlleux – GRIMP –, etc.).

2 La surveillance d'une victime pendant le transport

Le VSAV – ou son équivalent dans d'autres organismes – est le vecteur de transport le plus utilisé pour amener la victime vers un poste de secours, un SMUR ou un centre hospitalier d'accueil, afin qu'elle soit prise en charge dans un délai le plus court possible.

A| L'influence du transport sur la victime

Au cours du transport, la victime – et les équipiers secouristes – sont soumis :

- aux dangers rencontrés par tout usager de la circulation ;
- aux inconvénients de variations de vitesse, de vibrations, du bruit ou d'un éclairage inadapté ;
- à l'isolement créé par le véhicule et à l'exiguïté de la cellule sanitaire.

De plus, la conduite a un ressentiment direct sur la victime lors du transport. En effet, elle peut augmenter la douleur et aggraver une détresse circulatoire.

B| Avant et pendant le transport

Lors du transport, la victime doit être mise en condition, installée et obligatoirement sanglée sur le brancard. Elle doit être surveillée en permanence.

Le matériel de secours utilisé ou susceptible d'être utilisé pendant le transport doit être correctement fixé pour ne pas chuter ou devenir un projectile dangereux en cas de décélération brutale.

Au cours des déplacements, il est indispensable que le personnel de secours soit assis et maintenu par des ceintures de sécurité. En cas d'aggravation de l'état de la victime, le véhicule sera immobilisé sur le bord de la chaussée dans un endroit sûr ; toutes les mesures de sécurité individuelles et collectives seront mises en œuvre afin de permettre aux équipiers secouristes de refaire un bilan et de réaliser les gestes de secours supplémentaires.

Au cours du transport par véhicule de secours à victime, le conducteur doit :

- respecter le code de la route, en particulier les limitations de vitesse ;
- adopter une conduite modérée (sans brutalité, ni rapidité) ;
- passer doucement ou éviter les nids de poules, les ralentisseurs, les passages à niveau, les virages trop serrés, etc. ;
- utiliser les avertisseurs lumineux en permanence pendant toute la durée du transport ;
- utiliser les avertisseurs sonores à la demande du chef du véhicule.

3 Les différentes techniques de brancardage

Le Référentiel national de premiers secours en équipe de niveau 2 décrit les techniques de brancardage à connaître par les équipiers dans ses fiches techniques 10.1 à 10.7 :

- réaliser un brancardage à trois ou quatre équipiers secouristes ;
- franchir un obstacle à trois équipiers secouristes ;
- franchir un obstacle à quatre équipiers ;
- réaliser un brancardage dans un passage étroit ;
- monter ou descendre une pente ou un escalier lors du brancardage ;
- transporter une victime sur une chaise de transport ;
- charger une victime dans un moyen de transport.

Ce référentiel est téléchargeable sur le site du ministère de l'Intérieur : www.interieur.gouv.fr.

Le secours d'urgence aux personnes (SUAP)

FICHE 13 LES SECOURS SUR ACCIDENT DE LA ROUTE

Les opérations des secours routiers nécessitent couramment l'intervention de plusieurs services : les sapeurs-pompiers, le SAMU, la police ou la gendarmerie. L'organisation du « chantier » secours routiers s'effectue en huit phases.

1 La mise en sécurité du site

Cette phase permet d'assurer la sécurité des impliqués, des sauveteurs, des témoins et des autres usagers de la route.

Elle est réalisée en fonction de la nature de la chaussée, de la configuration du terrain, des conditions météorologiques et de l'heure du jour (éclairage).

2 La reconnaissance et l'abordage des victimes

A| La reconnaissance

La reconnaissance est réalisée par le chef d'agrès du véhicule de secours routiers, elle a pour but :

- de recenser le nombre d'impliqués ainsi que le nombre de victimes ;
- d'identifier le nombre et la nature des véhicules impliqués ;
- de définir et palier au risque de sur-accident (balisage du chantier) ;
- de prendre en compte les risques liés à la sécurité passive du véhicule ;
- de demander des renforts si nécessaire.

B| L'abordage de la ou des victimes

Si aucun risque n'est apparent, un sapeur-pompier pénètre le plus tôt possible dans le véhicule. Ce sapeur-pompier, surnommé l'« écureuil » :

- pénètre seul et à tout prix dans le véhicule ;
- réalise un bilan rapide de la victime ;
- réalise les gestes nécessaires ;
- maintient l'axe tête-cou-tronc ;
- reste près de la tête de la victime durant toute l'opération (il représente le lien humain avec la victime).

3 Le calage du ou des véhicules

Il s'agit d'assurer la stabilité des véhicules impliqués dans l'accident, dans le but de faciliter la qualité des soins apportés aux victimes. On stabilise les véhicules sans les bouger.

4 Le traitement des victimes

Il s'agit d'assurer la prise en charge de toutes les personnes impliquées dans l'accident. Pour cela, il faut :

- effectuer un bilan complet ainsi que les gestes de soins adaptés ;
- transmettre un message d'ambiance (point de la situation, demande de renforts, etc.) ;
- une fois les bilans réalisés, transmettre ceux-ci au CRRA 15 ;
- mettre en condition la victime pour la dégager (désincarcération) ;
- effectuer des bilans de surveillance ;
- conditionner et transporter.

5 La désincarcération

Il s'agit de rendre la victime accessible pour les équipes VSAV et SMUR. Cette manœuvre est dirigée et prise en compte par le chef d'agrès du véhicule de secours routiers (VSR).

Elle doit être précédée d'une phase de reconnaissance très précise qui prend en compte la localisation des victimes, l'ordre de priorité d'extraction et ce que transportent les véhicules.

Elle est précédée de la mise en sécurité du véhicule (batterie, airbag, GPL, véhicule électrique, etc.).

En étroite collaboration avec les personnels et les services du SMUR, une idée de manœuvre est ainsi arrêtée. Celle-ci prend en compte les différentes possibilités offertes sur le théâtre des opérations telles que :

- forcement des portes et autres voies d'accès possibles ;
- dépavillonnage, qui consiste à déposer le toit du véhicule ;
- césarisation latérale, qui consiste à ouvrir un ou plusieurs côtés du véhicule ;
- méthode de la charnière, qui consiste à abaisser le pavillon du véhicule alors que celui-ci est couché sur le côté ;
- bascule du compartiment moteur, dans le but de remonter la colonne de direction ;
- inclinaison du dossier d'un siège qui ne s'abaisse pas suffisamment pour extraire la victime et toute autre manœuvre qui pourrait être appropriée au contexte opérationnel.

6 Le dégagement de la victime

Le dégagement de la victime est réalisé sous le commandement du chef d'agrès du VSR (sauf délégation de sa part).

Le dégagement peut se faire soit par l'arrière, soit en latéral, soit en oblique. Le choix de la technique est à la charge du chef d'agrès du VSR, en concertation avec son équipe et le médecin en charge de la victime.

Il s'effectue en fonction :

- du type d'accident ;
- de l'état de la victime ;
- de la déformation du véhicule.

Principes et techniques :

- mise en condition de la victime avant toute action de dégagement ;
- respect de l'axe tête-cou-tronc et bassin ;
- sortie privilégiée dans l'axe longitudinal ;
- surveillance permanente de la victime lors des manœuvres d'extraction.

7 La mise en condition après dégagement de la victime

Une fois que la victime est dégagée, son conditionnement est vérifié (pose de collier cervical, état des perfusions...) et un bilan de surveillance est réalisé.

8 Le transport de la victime

Le transport de la victime est assuré après régulation médicale et information du COS qui se concerte avec les autres services sur place.

FICHE 14

Le secours d'urgence aux personnes (SUAP)

LE PLAN DE SECOURS À NOMBREUSES VICTIMES

Le plan NOVI est un plan d'urgence pour secourir un nombre important de victimes dans un même lieu. Il fait partie des plans d'urgence élaborés dans le cadre du dispositif ORSEC : organisation de la réponse de sécurité civile. Le plan NOVI est déclenché par le préfet et mobilise l'ensemble des acteurs de la chaîne de secours.

1 Le plan NOVI

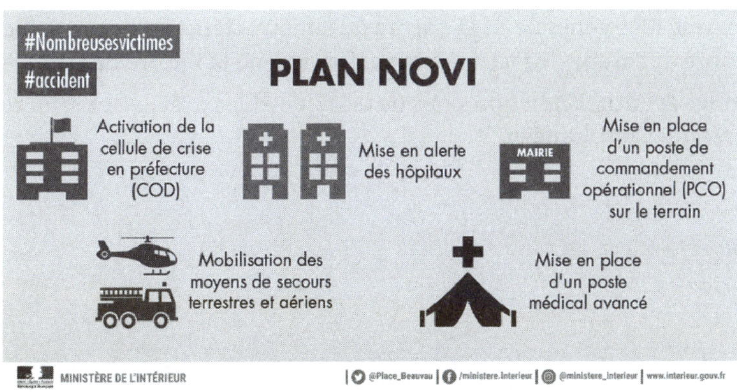

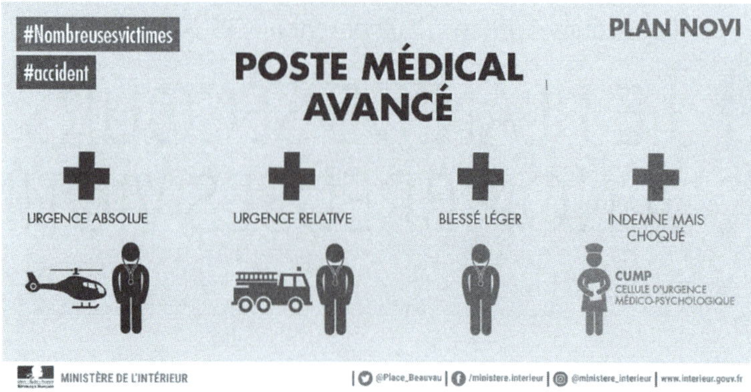

Source : © Ministère de l'Intérieur

2 Le rôle de la première équipe de secours lors d'une SNV

La première équipe de secours à nombreuses victimes (SNV) peut, par la qualité des actions mises en œuvre :

- déclencher l'arrivée de renforts adaptés ;
- réaliser les gestes de secours prioritaires ;
- permettre le déclenchement du plan NOVI.

A| Réaliser la reconnaissance et assurer la sécurité

Effectuer une reconnaissance visuelle du sinistre. Cette reconnaissance succincte permet de :

- rechercher et évaluer l'existence de dangers particuliers qui menacent les victimes ou les équipes de secours et d'agir en conséquence (protection, dégagements d'urgence...) ;
- donner une idée générale de la nature du sinistre (feu, explosion...), notamment le nombre apparent de victimes et parfois même la nature de leurs lésions ;
- limiter les éventuels phénomènes de panique et les évacuations, en regroupant les personnes impliquées.

B| Rendre compte

Dès les premières minutes, envoyer un message d'ambiance – type de sinistre et évolutivité – qui sera complété :

- rester calme, utiliser un langage clair et concis ;
- donner à l'interlocuteur une image précise de la situation. En règle générale, c'est le responsable de l'équipe sur les lieux qui transmet ces informations ;
- annoncer qu'il s'agit d'une « situation avec de nombreuses victimes » ;
- donner les informations concernant :
  - la nature du sinistre,
  - le lieu de l'accident,
  - les risques particuliers présents ou suspectés (incendie, fumée, odeur, épandage de liquide, etc.),
  - les mesures de sécurité à prendre (arrêt de la circulation, coupure de gaz ou d'électricité, etc.),
  - les victimes (indiquer si possible le nombre approximatif de victimes),
  - l'accessibilité du sinistre (préciser les voies d'accès au sinistre qui permettent l'intervention des renforts au plus vite et sans encombre ; indiquer les points de rendez-vous ou de transit).

C| Repérer les victimes qui nécessitent des gestes de secours en priorité

1| Le repérage secouriste

Dans le cadre d'une SNV, il est indispensable de réaliser un repérage des victimes : c'est le « **repérage secouriste** ». Son but est de localiser et d'identifier l'ordre dans lequel les victimes doivent recevoir les gestes de secours indispensables.

Le repérage secouriste passe par un bilan succinct (1 à 2 minutes maximum) des victimes, à savoir l'examen de la conscience, de la respiration et de la circulation. Il faut identifier rapidement les victimes en fonction de la présence ou non d'une détresse vitale et de l'urgence des gestes de secours à réaliser.

2 | Le schéma logique

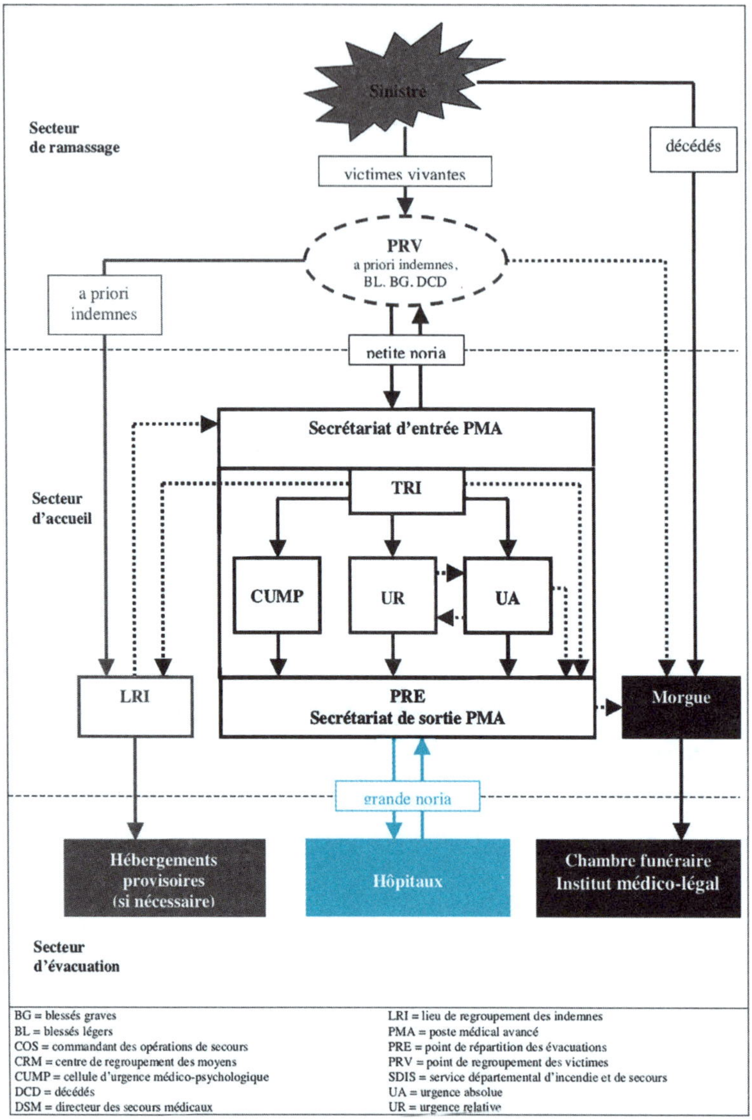

La prise en charges des victimes

Pour éviter des examens successifs, il est possible de repérer les victimes à l'aide d'un **code couleur** sous la forme d'un bracelet, d'un ruban de toile ou d'un ruban adhésif, etc. Il se compose de quatre couleurs en fonction de l'état de gravité de la victime :

- noir : décédé ou arrêt cardio-respiratoire ;
- rouge : prise en charge prioritaire ;
- jaune : prise en charge différée ;
- vert : valide.

3 | Le bilan

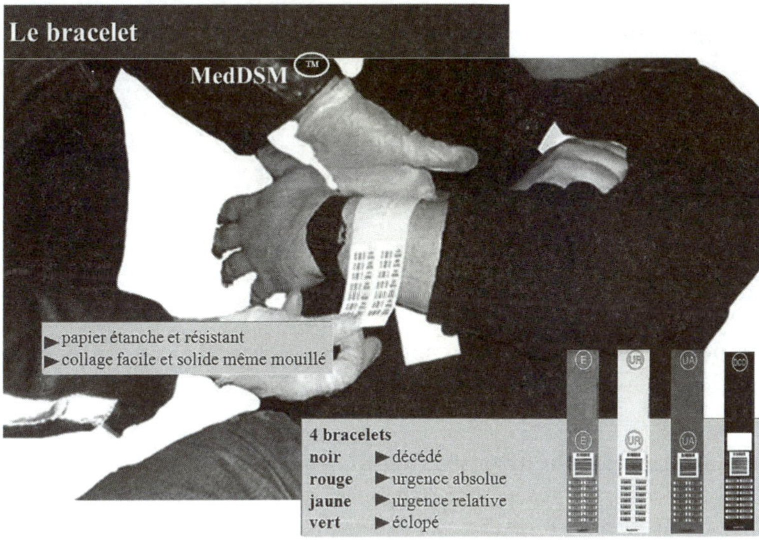

Dès que l'équipier a terminé le repérage du secteur confié, il rend compte à son chef en indiquant le nombre de personnes triées et leur gravité. Ce bilan permet au chef d'équipe :

- de réaliser et transmettre un bilan global et initial des victimes présentes sur les lieux du sinistre ;
- d'attribuer une mission à chaque équipier secouriste en priorisant les victimes les plus graves.

3 L'intégration dans le dispositif ORSEC

A| Le principe

Le plan ORSEC nombreuses victimes (anciennement appelé « Plan rouge ») est un plan d'organisation des secours destiné à lutter contre les conséquences d'un ACEL (accident catastrophique à effet limité) et assurer une prise en charge rapide et correcte des nombreuses victimes, tout en évitant un engorgement des hôpitaux. Ce plan est déclenché à la demande du premier commandant des opérations de secours (COS).

Sous l'autorité du préfet, qui assure la direction des opérations de secours (DOS), le COS met en place **deux chaînes de secours** :

- « **Sauvetage incendie** » : lutte contre le sinistre et ses effets immédiats et sauvetages et dégagements des victimes, commandé par les directeurs des services d'incendie et de sauvetage (DSIS) ;
- « **Secours médicaux** » : prise en charge des victimes avant leur évacuation vers une structure hospitalière, commandés par le directeur des secours médicaux (DSM).

B| Les différents services participants

Les **sapeurs-pompiers** fournissent les spécialistes et le matériel pour les recherches, la désincarcération, le déblaiement ou les soins aux victimes, ainsi que du personnel médical et paramédical.

Le **service d'aide médicale urgente (SAMU)** participe à la médicalisation des victimes. Son rôle consiste également à rechercher des places hospitalières en fonction de la nature et de la gravité des lésions des victimes et de fournir les éléments de la cellule d'urgence médico-psychologique (CUMP).

Les **associations agréées de sécurité civile**, aux ordres du COS, peuvent apporter leur concours dans toutes les phases du dispositif.

Les **ambulanciers publics ou privés**, aux ordres du DSM, participent essentiellement aux norias d'évacuation.

Les **forces de police et de gendarmerie** assurent le balisage et la sécurisation du site, l'accompagnement éventuel des ambulances, la mission d'identification des victimes et d'investigation pour déterminer, si nécessaire, les causes de la catastrophe.

C| L'organisation

La zone de l'avant ou chantier. On opère :

- les reconnaissances ;
- le balisage afin de limiter une zone d'accès réglementé ;
- le repérage secouriste ;
- le ramassage des victimes.

La zone est placée sous l'autorité d'un officier ramassage désigné par le COS.

Le **point de rassemblement des victimes (PRV)** : cette zone temporaire permet de rassembler en lieu sûr, proche du sinistre et accessible, les victimes valides ou invalides dégagées du chantier.

La **noria de ramassage ou petite noria** : il s'agit du transport des blessés recueillis sur le site de la catastrophe ou le PRV vers le poste médical avancé (PMA).

Le **poste médical avancé (PMA)** : cette structure de regroupement, de catégorisation, d'identification et de soins des victimes avant leur évacuation vers un hôpital est installée dans une structure existante (gymnase, hall, etc.) ou dans une structure mobile type tente.

Le fonctionnement du PMA est assuré par :

- une direction opérationnelle comprenant un officier de sapeurs-pompiers « officier PMA » désigné par le COS et un « médecin chef PMA » désigné par le DSM ;
- des médecins ;
- des infirmiers ;
- des équipiers secouristes qui assistent le personnel médical et paramédical.

La **noria d'évacuation** a pour objectif le transport de victimes, ayant bénéficié d'une mise en condition préalable au PMA, vers une structure hospitalière d'accueil. Chaque victime doit recevoir, avant son évacuation, une fiche d'évacuation.

La **cellule d'urgence médico-psychologique** – normalement distincte du PMA, sous la responsabilité du DSM – est constituée de psychologues et de psychiatres chargés de la prise en charge immédiate des victimes valides traumatisées.

Le **poste de commandement** assure la coordination des moyens sur le site et les liaisons avec les PC arrière (CODIS, CCRA, COD de la préfecture, etc.).

D| L'identification des personnels du plan ORSEC nombreuses victimes

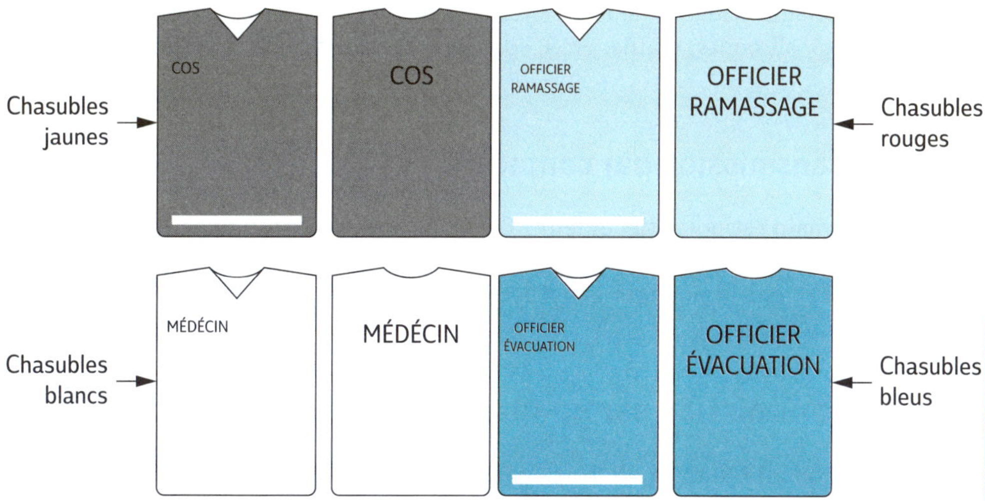

FICHE 15

Le secours d'urgence aux personnes (SUAP)

L'HYGIÈNE ET L'ASEPSIE

Une infection est la conséquence de la pénétration et de la multiplication dans l'organisme de bactéries, virus, champignons ou parasites.

1 Les principes de transmission des maladies infectieuses

Les maladies infectieuses peuvent être transmises soit par l'environnement (air, instruments, aliments, mains, etc.), soit de personne à personne (victime, secouriste, tiers).

A| La transmission par contact

Un être humain est potentiellement infecté ou contaminé. Le secouriste doit donc se munir de gants pour éviter tout contact infectieux avec les mains (transmission manuportée : par la peau, le sang, les liquides biologiques, les matériels et les surfaces souillées).

B| La transmission par gouttelettes

En parlant ou en toussant, de fines gouttelettes contenant des micro-organismes présents dans les voies aériennes et digestives sont projetées dans l'air et deviennent le vecteur de nombreuses maladies (tuberculose, varicelle, rougeole, etc.).

C| La transmission par véhicules communs

Un être humain est infecté par l'absorption d'eau contaminée par des déjections humaines, par de la nourriture (toxi-infection alimentaire) ou par certains médicaments (hormone de croissance contaminée, sang contaminé), mais aussi par l'utilisation de matériel médical mal désinfecté (endoscope, par exemple).

D| La transmission par des vecteurs

Un être humain est infecté au contact des mouches, des moustiques (paludisme), des rats, des poux ou des puces ; le mode de transmission est variable selon les pays.

2 Les précautions à prendre

A| Les précautions standards à adopter

Ce sont les suivantes :

- hygiène corporelle, lavage des mains ;
- port des différentes protections :
  - gants,
  - tenue adaptée confortable et lavable,
  - masques à usage unique,
  - lunettes ou visière de protection ;
- respect des procédures de gestion des déchets d'activités de soins à risques infectieux (DASRI) ;
- respect des procédures en cas d'accident d'exposition à un risque viral (AEV) ;
- protection des plaies par un pansement ;
- utilisation de draps à usage unique ;
- entretien régulier des surfaces souillées et des couvertures.

B| Les précautions particulières

Elles sont complémentaires aux précautions standards et doivent être appliquées pour réduire la transmission de micro-organismes pathogènes, de maladies transmissibles ou de maladies liées au bioterrorisme :

- se frotter les mains avec une solution hydro-alcoolique (ne plus toucher l'environnement de la victime en l'absence de gants) ;
- porter un masque :
  - masque de protection FFP2 (usage limité à 2 ou 3 heures),
  - masque chirurgical,
  - masque respiratoire (sans soupape d'expiration) ;
- limiter le déplacement de la victime ;

- nettoyer et désinfecter le véhicule après le transport ;
- favoriser le transport individuel des victimes ;
- envelopper la victime dans un drap à usage unique ;
- porter une sur-blouse ou une protection des cheveux (charlotte) en cas de risque infectieux important.

3 Les AEV et la procédure de soins immédiats

Ces **accidents d'exposition à un risque viral (AEV)** surviennent en cas d'exposition percutanée (piqûre, coupure) et par contact sur une peau lésée ou des muqueuses (bouche, yeux).

ATTENTION
Ne pas négliger une projection de sang dans les yeux.

Les liquides biologiques tels que le sang, la salive, l'urine, le liquide amniotique, le liquide céphalo-rachidien, le sperme ou le liquide vaginal peuvent transmettre trois virus : VIH (sida), VHB (hépatite B) et VHC (hépatite C).

Il y a risque d'AEV :
- lors de coupures ou piqûres après contact avec du liquide biologique contaminé par du sang (vomissements, sécrétions, etc.) ;
- après projection de sang sur les muqueuses ou sur une peau lésée.

A| La prévention des AEV

1| Avant l'intervention

- Vaccination contre l'hépatite B.
- Port du matériel de protection et de sécurité.
- Formation à la prévention des accidents liés à l'exposition au sang.

2| Pendant l'intervention

Port des équipements de sécurité adaptés au type d'intervention :
- gants à usage unique (doublés si hémorragie importante) ;
- visière baissée et manches longues (désincarcération) ;
- vigilance accrue en présence d'objets coupants ou piquants et respect des procédures de manipulation des DASRI.

3 | Après l'intervention

La peau, la tenue, le matériel et l'ambulance doivent faire l'objet d'un nettoyage soigné.

B | Réaliser les soins immédiats en risque d'AEV

- Interrompre les gestes de secours en cours (si possible).
- Ne pas faire saigner.
- Nettoyer immédiatement la plaie à l'eau et au savon.
- Rincer puis réaliser l'antisepsie par un dérivé chloré (Dakin, eau de javel diluée à 1/5e).
- Rincer abondamment les projections sur les muqueuses avec du sérum physiologique ou de l'eau pendant 5 minutes.
- Rendre compte immédiatement à son autorité d'emploi afin de poursuivre les soins et réaliser les formalités administratives obligatoires.

4 Les déchets produits en intervention et la collecte

A | Les DAOM

Les déchets d'activités de soins non contaminés assimilés aux ordures ménagères (DAOM) sont les déchets qui ne présentent aucuns risques : ni infectieux, ni chimique, ni toxique ni radioactif (emballages, cartons, papiers, essuie-mains, gants à usage unique qui n'ont pas été utilisés pour des soins).

Ces déchets sont éliminés par la filière « ordures ménagères ».

B | LES DASRI

Les déchets particuliers résultant des soins apportés aux victimes qui sont appelés déchets d'activités de soins à risque infectieux (DASRI) présentent un risque pour les secouristes et nécessitent une prise en charge particulière (stockage, manipulation et élimination).

Ce sont :

- les dispositifs médicaux ou matériaux piquants, coupants, tranchants utilisés ;
- les flacons de produits sanguins à usage thérapeutique (tube de prélèvements, dispositif de drainage…) ;
- les dispositifs de soins ou les objets souillés par le sang ou autres liquides biologiques (sondes d'aspiration, canules, cathéter…) ;

- les draps et les gants à usage unique ;
- le petit matériel fortement évocateur d'une activité de soins (seringues, tubulures, sondes, drains).

Ces déchets sont éliminés dans des containers en matière plastique jaune, remplis à 80 %, pour les objets coupants et tranchants ainsi que des sacs plastique jaune de 110 L (contenus dans une boîte en carton) pour les déchets solides et mous. L'ensemble de ces moyens de collecte possèdent le symbole des matières infectieuses, les sacs de 110 L doivent posséder le nom du producteur de déchets. Ces déchets sont collectés par des sociétés spécialisées.

ATTENTION
Ne pas mélanger des déchets d'activités de soins avec des déchets non dangereux. Le cas échéant, l'ensemble est éliminé en tant que DASRI (surcoût financier pour le service).

C| Les autres déchets

Les autres déchets d'activités de soins à risque, mais non infectieux, sont les déchets de soins de type chimique, toxique ou radiologique, ainsi que les batteries, piles, boîtes ou plaquettes de médicaments.

Ces déchets font l'objet de collectes particulières.

5 L'utilisation des détergents et désinfectants

Il existe **deux niveaux de risque** :

- **risque moyen** : matériels au contact des muqueuses ou d'une peau lésée (insufflateur manuel, thermomètre) ;
- **risque faible** : matériels en contact avec la peau intacte (tensiomètre, matelas coquille, attelles, etc.).

A| Définitions

Un **détergent** est un produit destiné au nettoyage qui permet de détacher les salissures.

Un **désinfectant** est un produit destiné à éliminer ou tuer les micro-organismes et/ou inactiver les virus.

La **désinfection** permet d'éliminer de façon dirigée les germes et d'empêcher la transmission des micro-organismes.

B| Les principes généraux de l'entretien des véhicules sanitaires

Trois modes d'actions existent :

- dépoussiérage par essuyage humide pour limiter la suspension des poussières ;
- élimination des salissures avec un détergent ;
- désinfection par contact qui détruit la population microbienne résiduelle.

Quelques principes :

- porter des équipements de protection individuelle ;
- nettoyer du propre vers le sale, du haut vers le bas et du fond vers l'extérieur ;
- commencer par les locaux les moins contaminés ;
- ne pas mélanger les produits désinfectants entre eux ;
- respecter les dosages, les dilutions et les temps de contact prescrits ;
- utiliser du matériel propre et en bon état, réservé à cet usage ;
- éviter les éclaboussures, les traces, etc.

ATTENTION

- Le nettoyage et la désinfection du matériel doivent distinguer le matériel immergeable du matériel non immergeable.
- Les éponges sont strictement interdites, elles sont des réservoirs de micro-organismes potentiellement pathogènes.

Le secours d'urgence aux personnes (SUAP)

FICHE 16 LA SÉCURITÉ LORS DU SECOURS À PERSONNE

La sécurité en opération de secours d'urgence aux personnes a pour but de protéger le secouriste, la victime et les autres personnes.

1 Les équipements de protection individuelle (EPI)

Les EPI se composent des éléments suivants :

- une paire de gants à usage unique (évite toute transmission de germes dangereux) ;
- des bandes réfléchissantes sur les vêtements ou une chasuble (améliore la visibilité du secouriste lors des opérations) ;
- une paire de gants de manutention (évite les plaies au niveau des mains lors de manipulation d'objets tranchants) ;
- une veste d'intervention textile (VIT) avec un casque (permet de travailler en cas de conditions climatiques difficiles ainsi que sur les accidents de la circulation ou les chantiers) ;
- une paire de bottes à lacets ;
- une lampe torche ou frontale (permet de travailler en sécurité dans l'obscurité).

2 Les mesures de protection pour éviter la transmission des infections

A| La protection contre la contamination

Le **lavage des mains** du secouriste est réalisé le plus tôt possible après un contact avec une victime avec de l'eau et du savon ou une solution hydroalcoolique.

La **protection des mains par des gants à usage unique** est indispensable lors d'un risque d'exposition au sang ou autre liquide biologique. L'absence de gants à usage unique ne doit pas retarder l'exécution d'un geste vital (arrêt d'hémorragie) et peut être remplacée temporairement par un sac plastique. Les gants à usage unique souillés ou déchirés doivent être remplacés au plus vite.

La **protection contre les projections de liquides biologiques** est réalisée par :

- un masque médical porté par la victime, qui protège le secouriste contre la salive ou les éternuements ;
- un masque imperméable avec protection oculaire, qui recouvre la bouche et les yeux du secouriste ;
- une charlotte et une sur-blouse portées par le secouriste.

ATTENTION

Les masques de protection cités ci-dessus ne protègent pas contre les agents chimiques.

La **protection contre les objets contaminés par du sang** ou d'autres liquides biologiques est assurée par :

- les conteneurs spéciaux où tous les déchets de soins tranchants ou piquants souillés (aiguilles, bistouris etc.) sont récupérés ;
- les sacs de déchets d'activités de soins où sont récupérés tous les déchets de soins non piquants et non tranchants contaminés (compresses, pansements). Les déchets souillés sont recueillis et détruits par des organismes spécialisés.

En cas d'accident (piqûre, coupure ou projection dans l'œil), il faut désinfecter la plaie et prévenir le responsable pour mettre en œuvre une procédure de prise en charge particulière.

Pour la **protection du secouriste lors de manœuvres de réanimation**, le secouriste doit éviter d'utiliser une méthode orale directe de ventilation artificielle (bouche-à-bouche) s'il dispose d'un moyen de ventilation (insufflateur manuel, masque de poche ou écran facial).

B| La vaccination

Si le secouriste est contaminé par un agent infectieux, il ne développera pas obligatoirement la maladie, notamment si son organisme est immunisé ou résistant grâce à une vaccination. Un certain nombre de vaccinations, définies par le service médical de l'autorité d'emploi, est recommandé pour le secouriste.

Il n'existe pas de vaccination pour chaque germe existant, c'est pourquoi les méthodes de protection décrites ci-dessus sont indispensables.

3 La sécurité personnelle sur intervention

Dès son arrivée, le secouriste doit rechercher les risques et dangers qui peuvent compromettre sa mission.

A| Les règles générales

Identification des dangers : approcher prudemment de la zone de l'accident, prendre des renseignements auprès des témoins, dénombrer les victimes ; évaluer le degré d'exposition éventuel au danger.

Protection : supprimer immédiatement et de façon permanente les dangers environnants pour soi-même, les témoins et la ou les victimes ; délimiter largement la zone de danger et en interdire l'accès afin d'éviter le sur-accident.

B| Les cas particuliers

La protection d'un accident de la route :

- baliser le site (150 à 200 m) ;
- interdire toute approche (témoins, fumeurs) ;
- installer une protection incendie (extincteur) ; couper le contact du véhicule (ou débrancher la batterie) ;
- serrer le frein à main ;
- stopper tout épandage de liquide inflammable.

La protection d'un accident électrique : couper l'énergie électrique pour accéder à la victime ou en interdire l'accès.

La protection d'un incendie :

- maintenir un périmètre de sécurité ;
- évacuer les personnes visibles ;
- couper les énergies du local ;
- ne pénétrer dans le local que sous protection respiratoire avec un moyen d'extinction.

Si une personne est en feu, étouffer les flammes avec une couverture en roulant la victime au sol.

La protection contre les substances dangereuses :

- rester à distance de la fuite ;
- écarter les témoins ;
- interdire de fumer ;
- rester en amont par rapport au vent pour se protéger des émanations toxiques.

> **ATTENTION**
> Dans un endroit fermé, si une ou plusieurs personnes présentent des maux de tête, des nausées ou des vomissements, suspecter une intoxication au monoxyde de carbone. Évacuer l'ensemble du bâtiment concerné et rechercher la cause de l'émanation du gaz.

La **protection contre les objets perforants** : se protéger au moyen d'une paire de gants épais de manutention et une tenue vestimentaire adaptée et épaisse, manches baissées.

Les **opérations particulières de sauvetage** concernent les sauvetages en milieu aquatique, en montagne, en milieu confiné, lors d'attentats terroristes ou d'accidents impliquant de nombreuses victimes. Le secouriste seul ou non entraîné fait appel à une équipe spécialisée et ne doit pas s'exposer.

4 Le dégagement d'urgence de la victime en toute sécurité

En règle générale, le secouriste ne déplace pas une victime en l'absence de secours.

Cependant, s'il ne peut supprimer le danger, il doit tenter d'y soustraire la victime par un dégagement d'urgence (en cas d'incendie, d'explosion, d'effondrement, de montée des eaux, de coulée de boue, de voiture en feu, de feu de local avec victime visible, etc.).

FICHE 17 LA LUTTE CONTRE LES INCENDIES

Afin de lutter efficacement contre les incendies, il est indispensable de connaître les fondamentaux de la combustion ainsi que les modes de développement d'un feu et ses dangers.

1 La combustion

A| Les définitions

1| La combustion

C'est une réaction chimique exothermique au cours de laquelle un combustible combiné avec un comburant dégage de la chaleur sous l'effet d'une énergie d'activation.

Ce dégagement de chaleur se traduit par une **élévation de température** et une **émission de rayonnements thermiques**. Pour qu'une combustion puisse avoir lieu, il est nécessaire d'avoir les trois éléments ci-après réunis dans de bonnes proportions, formant le triangle du feu :

- **combustible** : toutes matières ayant la propriété de « brûler » ou de se consumer (exemples : bois, solvants, gaz...) ;
- **comburant** : corps se combinant avec un autre donnant lieu à la combustion (exemple : oxygène) ;
- **énergie d'activation** : énergie nécessaire pour faire démarrer la combustion (exemples : thermique, chimique...).

2 | Combustion complète ou incomplète

Selon l'alimentation en air du foyer, la combustion peut être complète ou incomplète :

- **combustion complète** : le comburant est présent en quantité suffisante ; les flammes sont bleues, peu éclairantes et les produits de combustion sont principalement formés de dioxyde de carbone et d'eau ;
- **combustion incomplète** : le comburant est insuffisant ; les flammes sont oranges et très éclairantes. Les produits de combustion sont incomplètement brûlés. Les fumées, souvent noires, renferment d'autres produits tels que le monoxyde de carbone.

3 | Les différents types de combustion

On distingue plusieurs types de combustion :

- **lente** : il y a échauffement du corps combustible mais la température est insuffisante pour qu'il y ait émission de lumière (exemple : oxydation) ;
- **vive** : il y a émission simultanée de lumière, de gaz et de fumée, avec élévation de la température ;
- **très vive** : la vitesse de réaction est grande sans dépasser la vitesse du son, il y a déflagration ;
- **instantanée** : la vitesse de réaction est supérieure à celle du son, il y a détonation.

4 | Les seuils de démarrage

Le combustible devant atteindre une certaine température afin qu'il y ait combustion, différents seuils de démarrage sont définis :

- **point éclair (ou point d'éclair)** : température minimale à partir de laquelle un combustible émet suffisamment de vapeurs inflammables qui, au contact d'une flamme pilote, s'enflamment spontanément et s'éteignent après le retrait de celle-ci ;
- **point d'inflammation** : température minimale à partir de laquelle un combustible émet suffisamment de vapeurs inflammables qui, au contact d'une flamme pilote, s'enflamment spontanément et se maintiennent après le retrait de celle-ci ;
- **point d'auto-inflammation** : température à laquelle un combustible émet suffisamment de vapeurs inflammables pour s'enflammer spontanément sans apport de flamme pilote.

5 | L'atmosphère explosive

Une atmosphère est dite « explosible » lorsqu'il y a présence d'un gaz inflammable et d'un comburant. Pour qu'il y ait explosion au contact d'une énergie d'activation, ce mélange doit se situer dans la zone d'explosivité (comprise entre la LIE et la LSE) :

- **limite inférieure d'explosivité (LIE)** : limite en dessous de laquelle la concentration de gaz dans l'air est trop faible pour qu'il y ait une réaction du mélange en présence d'une énergie d'activation ;

- **limite supérieure d'explosivité (LSE)** : limite au-dessus de laquelle la concentration de gaz dans l'air est trop importante pour qu'il y ait une réaction du mélange en présence d'une énergie d'activation ;
- **zone d'explosivité (ZE)** : zone comprise entre la LIE et la LSE où le combustible (gaz) et le comburant (air) sont dans des proportions données qui, en présence d'une source d'ignition ou de chaleur, donnent lieu à une combustion très vive.

L'**explosimètre** est un appareil portatif utilisé afin de vérifier la teneur en gaz inflammable d'une atmosphère. Il permet de déterminer le taux de concentration d'un gaz entre 0 et 100 % de la LIE.

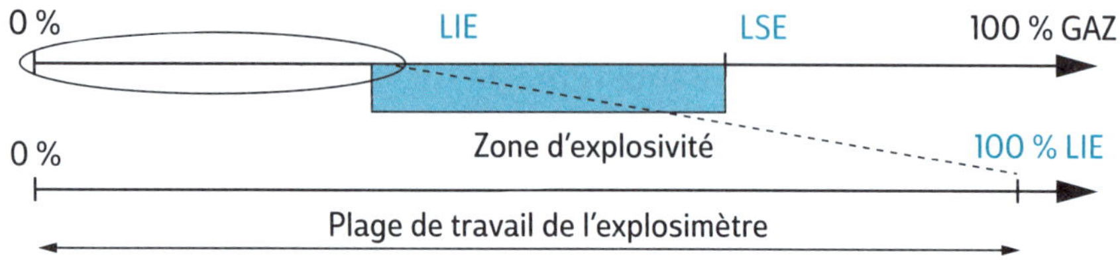

6 | Les cinq classes de feux

La **norme européenne EN 2** range les feux en cinq classes selon la nature du combustible :

- classe A (feux « secs ») : feux de matières solides, généralement de nature organique dont la combustion se fait normalement avec la formation de braises (bois, papier, tissu...) ;
- classe B (feux « gras ») : feux de liquides ou de solides liquéfiables (hydrocarbures, alcool, solvants, acétone...) ;
- classe C : feux de gaz (propane, butane, gaz naturel...) ;
- classe D : feux de métaux (limaille de fer, poudre d'aluminium, de magnésium...) ;
- classe F : feux liés aux auxiliaires de cuisson (huiles et graisses végétales et animales) sur les appareils de cuisson (exemples : friteuse, cocotte-minute...).

B | La propagation et les effets

1 | Les modes de propagation

Les incendies sont déclenchés soit par l'homme (imprudence, ignorance, malveillance...), soit par un facteur naturel (foudre, soleil, fermentation...), soit par un facteur énergétique (étincelle, arc électrique, réaction chimique...).

La **propagation d'un incendie** se fait par un transfert de chaleur d'un point ou d'un objet à un autre. Les modes de propagation peuvent se faire par :

- **convection** : transfert de chaleur par le mouvement d'un fluide du bas vers le haut ;
- **conduction** : transfert de chaleur à travers la masse d'un matériau en suivant sa forme ;

- **rayonnement** : transfert de chaleur suite à l'énergie dégagée par un corps chaud sans direction particulière ;
- **projection** : transfert de chaleur par projection de matériaux enflammés.

2 | Les effets

Les incendies peuvent entraîner :

- sur les personnes, des brûlures ou des intoxications dues aux fumées ;
- la destruction de biens (particuliers ou industriels), pouvant avoir des impacts économiques (disparition d'entreprises, chômage...), écologiques (pollution, destruction de forêts...) ou historiques (perte de patrimoine).

2 Les procédés d'extinction

A | Les différents procédés

Afin de procéder à l'extinction d'un feu, il faut agir sur un ou plusieurs éléments du triangle du feu. Il existe différents procédés d'extinction :

- **refroidissement** : action de projeter un agent extincteur afin d'abaisser la température du combustible en dessous de sa température d'inflammation (exemple : eau). On agit sur l'énergie d'activation ;
- **étouffement** : action de soustraire le foyer au contact de l'air en créant une barrière physique entre le combustible et le comburant (exemple : serpillière humide pour un feu de friteuse). On agit sur le comburant ;
- **soufflage** : création d'une surpression importante au niveau du foyer afin de perturber l'air et de souffler la flamme (exemple : explosif sur puits de pétrole). On agit sur l'énergie d'activation ;
- **dispersion** : action de séparer le foyer principal en plusieurs foyers différents, permettant l'abaissement de la température (exemple : dispersion mécanique). On agit sur l'énergie d'activation ;
- **coupure du courant électrique** : on coupe l'alimentation électrique étant à l'origine de la source de chaleur du foyer (exemple : disjoncteur). On agit sur l'énergie d'activation ;
- **obstruction d'une conduite ou fermeture d'un robinet** : on coupe l'alimentation en combustible d'une canalisation (exemple : fermeture d'une vanne pour fuite de gaz enflammée). On agit sur le combustible ;
- **réduction de la part du feu** : action de séparer physiquement les matériaux en feu de ceux étant intacts (exemple : tranchée en feux de forêts). On agit sur le combustible ;
- **inhibition** : action de projeter un agent extincteur ayant la propriété de réduire ou de stopper l'interaction du comburant dans le phénomène de combustion (exemple : extinction des salles informatiques). On agit sur le comburant.

B| Les agents extincteurs

Afin d'éteindre les incendies et selon la nature des matériaux en feu, différents agents extincteurs peuvent être utilisés :

- l'**eau**, agent d'extinction le plus généralement employé, agit **par refroidissement**, **par soufflage** (jet d'eau violent et abondant), **par étouffement** (vapeur d'eau isolant le combustible de l'air) ou **par dispersion** (sous l'action des jets pleins des lances) ;
- la **mousse** agit **par isolement** en formant un tapis ou une enveloppe isolant les vapeurs inflammables comme l'oxygène. La mousse agit également **par refroidissement** et **par étouffement** (forme une barrière physique entre l'oxygène de l'air et le combustible) ;
- la **poudre** agit **par étouffement et par isolement**. Néanmoins, elle a aussi une action inhibitrice sur les réactions chimiques au sein de la combustion ;
- le **dioxyde de carbone (CO_2)** agit **par étouffement et par refroidissement**, la température de sortie du gaz pouvant aller jusqu'à – 78 °C.

D'autres moyens peuvent être utilisés selon les circonstances, comme de la terre, du sable, de la sciure de bois, du ciment, des couvertures pour les feux de personnes...

3 Le comportement et la réaction au feu

Les bâtiments doivent être construits ou aménagés avec des matériaux présentant des caractéristiques de réaction et de résistance au feu réglementaires.

A| La résistance au feu des matériaux

C'est le temps pendant lequel les éléments de construction peuvent jouer le rôle qui leur est dévolu malgré l'action de l'incendie.

Pour ce faire, trois critères sont pris en compte :

- résistance mécanique ;
- étanchéité aux flammes et absence d'émission de gaz inflammables ;
- isolation thermique.

À SAVOIR

- Stable au feu (SF) : résistance mécanique.
- Pare-flamme (PF) : SF + étanchéité aux flammes.
- Coupe-feu (CF) : PF + isolation thermique.

B| La réaction au feu

C'est le comportement au feu du matériau quand il est lui-même soumis en tant que combustible.

Un classement européen dénommé **EUROCLASSES** répertorie les matériaux de la manière suivante :

- A1 et A2 : produit non combustible ;
- B : produit faiblement combustible ;
- C : produit combustible ;
- D : produit très combustible ;
- E : produit très inflammable et propagateur de flamme ;
- F : produit non classé ou non testé.

4 Les phénomènes thermiques en volumes clos ou semi-ouverts

Le guide national de référence (GNR) « Explosion de fumées – embrasement généralisé éclair » explicite en détail ces phénomènes thermiques.

Synthèse du GNR « Explosion de fumées – embrasement généralisé éclair »

	Explosion de fumées (*backdraft*)	Embrasement généralisé éclair (*flash-over*)
Définition	Fumées surchauffées, accumulées dans un volume clos, explosant lors d'un apport d'air	Dans un volume semi-ouvert, passage instantané d'une situation de feu localisé à un embrasement généralisé des matériaux combustibles qui s'y trouvent
Enveloppe bâtimentaire	Locaux clos	Locaux semi-ouverts
Facteur déclenchant	Apport d'air (O_2)	Chaleur
Fumées	- Très denses, grasses - Sortant sous pression (pulsées) - Couleurs inhabituelles (jaunâtres, brunâtres, verdâtres)	- Denses, créant une couche de fumées - Sortant facilement - Couleurs classiques
Flammes	- Aucune - Lueurs colorées	- Visibles (bien jaunes) - Vives, petites flammes très visibles - Rouleaux de flammes
Chaleur	- Importante - Répartie	- Importante et écrasante - Provient du haut du volume

	Explosion de fumées (*backdraft*)	Embrasement généralisé éclair (*flash-over*)
Sons	Assourdis	Nets
Structures	- Fenêtres noircies très chaudes - Murs et volets chauds - Vibrations des portes, des baies	Ouvertures importantes alimentant le foyer en air frais
Type de feu	Couvant	Vif
Risques majeurs	- Blast - Effondrement	- Brûlures - Propagation du feu

5 La marche générale des opérations (MGO)

La marche générale des opérations (MGO) est un **ensemble de phases d'action** pouvant se dérouler de manière chronologique ou en simultané, mais qu'il convient de respecter judicieusement :

- **reconnaissance** : consiste à explorer les endroits exposés à l'incendie, de manière à effectuer tout de suite les sauvetages, à discerner les matières qui brûlent, à déterminer les points d'attaque et les cheminements à suivre pour y parvenir. La reconnaissance se poursuit tout au long de l'intervention ;
- **ventilation opérationnelle** : un feu ventile très bien, bien, peu ou très peu, faute de quoi il s'éteint. La ventilation opérationnelle sur un incendie ne se résume pas à l'usage de moyens de ventilation mécanique par les sapeurs-pompiers. Il s'agit d'un concept qui permet trois actions principales (sans ordre chronologique) :
  - protéger (empêcher les fumées de venir dans un volume),
  - désenfumer (évacuer les fumées d'un local sans lien direct avec le local en feu),
  - attaquer (agir sur les fumées et le foyer, canaliser leur propagation) ;
- **sauvetage** : opération visant à soustraire d'un péril direct ou imminent une victime se trouvant dans l'incapacité ou l'impossibilité de s'y soustraire d'elle-même ;
- **établissement** : mise en place des tuyaux pour alimenter les lances (*cf.* GNR « Établissement des lances ») ;
- **attaque** : phase d'action destinée à éteindre le foyer et/ou stopper la propagation ;
- **protection** : vise à éviter ou limiter les dégâts que pourraient occasionner l'eau, le feu et les fumées ;
- **déblai** : permet de faciliter l'extinction durant la phase d'attaque. Le déblai permet de s'assurer de l'absence de foyer résiduel une fois le feu éteint ;

- **surveillance** : vise à s'assurer que tout danger est définitivement écarté.
- **relogement** : dès lors que le logement sinistré est identifié comme inutilisable (effets directs du feu : fumées, suies... ; ou indirects : stabilité de l'édifice, absence d'énergies...), le commandant des opérations de secours (COS) devra en informer au plus tôt le directeur des opérations de secours (DOS) ;
- **réhabilitation des hommes et le reconditionnement du matériel** : les actions liées à cet aspect de l'opération sont initiées sur les lieux et se poursuivent au centre d'incendie et de secours. « Un nettoyage maximum des EPI et matériels est préconisé sur les lieux des opérations, afin de limiter tout transfert dans le véhicule et exposition des sapeurs-pompiers. » (Guide de doctrine opérationnelle incendies de structures) ;
- **préservation des traces et indices** : elle contribue à répondre à trois objectifs principaux :
  - faciliter l'identification de la manière dont le feu a débuté et s'est propagé,
  - identifier les comportements ou les équipements à risques (améliorer l'éducation des populations et participer à l'évolution des technologies),
  - alimenter le retour d'expérience et l'amélioration continue des pratiques.

Plusieurs étapes de la MGO peuvent se dérouler en simultané.

Exemple

Établissement d'une lance pour protéger un sauvetage, protection de biens durant une phase d'attaque afin de limiter les dégâts de l'incendie, déblai durant l'attaque afin d'effectuer la part du feu...

6 Les moyens facilitant l'intervention des sapeurs-pompiers

La prévention incendie a pour objectifs de :
- réduire les risques de naissance d'un incendie ;
- limiter la propagation d'un incendie ;
- permettre aux occupants d'évacuer les locaux ;
- faciliter l'intervention des secours.

Un certain nombre de **mesures** sont à la disposition des sapeurs-pompiers en cas d'intervention tels que :
- moyens d'extinction (extincteurs, RIA, hydrants = bouches et poteaux d'incendie, système d'extinction automatique, colonnes sèches et humides) ;
- système de sécurité incendie (SSI) et service de sécurité ;
- désenfumage (naturel ou mécanique) ;
- plan d'intervention (se situant à l'entrée du bâtiment) ;
- organes de coupures sur les installations techniques (électricité, gaz, fluides).

La lutte contre l'incendie (INC)

FICHE 18 LE MATÉRIEL ET LES ENGINS DE LUTTE CONTRE L'INCENDIE

Les engins d'incendie sont équipés de plusieurs matériels, notamment ceux servant à la lutte contre les incendies. Ces matériels sont utilisés par les sapeurs-pompiers en fonction de la mission à réaliser, de la nature et de l'envergure du sinistre.

1 Les extincteurs

Les extincteurs sont des appareils étanches qui permettent de projeter et de diriger un agent extincteur sous l'effet d'une pression interne, correspondant à la classe de feux à laquelle ils sont destinés.

Sur chaque extincteur, on retrouve :

- le type d'appareil et sa contenance (exemple : 9 kg à eau pulvérisée) ;
- son homologation ;
- les pictogrammes correspondant aux classes de feux ;
- le mode et les précautions d'emploi ;
- le nom du fabricant.

Il existe **deux types d'extincteurs** :

- **extincteur à pression permanente** : l'appareil est toujours sous pression (exemple : CO_2, fixe à eau ou à gaz) ;
- **extincteur à pression auxiliaire** : l'appareil est sous pression après avoir actionné un percuteur, dénommé aussi « sparklet » (exemple : eau pulvérisée, poudre).

Pour toute **mise en œuvre**, il faut :

- choisir l'extincteur approprié à la classe de feux ;
- enlever la goupille ;
- percuter la sparklet pour libérer le gaz comprimé dans la cartouche (si extincteur auxiliaire) ;

– tester l'extincteur avant de procéder à l'extinction ;

– attaquer le foyer en visant la base des flammes en se protégeant du rayonnement.

Une fois la sparklet actionnée, l'extincteur doit être obligatoirement rechargé et vérifié. Les extincteurs ont une obligation de révision annuelle par un organisme agréé.

2 Les pièces de jonction

Les pièces de jonction permettent de relier les éléments nécessaires à un établissement (tuyaux, accessoires hydrauliques, prises d'eau, pompes incendie). Elles comprennent :

- les **raccords** permettant d'assembler entre eux les tuyaux, les pièces de jonction ou accessoires hydrauliques ;

– les **raccords symétriques**,

– les **raccords non symétriques**,

– les **raccords intermédiaires** servent à réunir entre eux deux tuyaux ou un tuyau et une pièce de jonction n'étant pas équipés du même raccord,

– les **raccords de réduction et de transformation** servent à raccorder entre eux des raccords de types différents n'ayant pas le même diamètre nominal ;

- les **coudes d'alimentation**, dénommés aussi « cols de cygne », permettent l'alimentation des engins d'incendie. Ils sont constitués d'un demi-raccord d'entrée qui se raccorde à la bouche d'incendie et d'une sortie pour tuyaux de 110 mm ;
- les **retenues** permettent l'alimentation des engins d'incendie. Elles se raccordent sur une bouche d'incendie et sont composées de deux sorties de 65 mm ;
- les **divisions** permettent de transformer un établissement de tuyaux en plusieurs établissements de tuyaux plus petits ou identiques. Il en existe plusieurs modèles tels que : 40/1 × 40 et 2 × 20 (dite « division feux de forêts »), 65/2 × 40, 65/1 × 65 et 2 × 40 (dite « division mixte »), 100/2 × 65, 100/3 × 65, 100/1 × 100 et 2 × 65... ;
- les **collecteurs d'alimentation** servent à alimenter, par un ou deux établissements de 70 mm, un engin ou une colonne sèche de 100 mm ;
- les **vannes** servent à stopper le passage de l'eau dans un établissement (essentiellement sur des établissements de grande longueur). Lorsqu'elles sont équipées d'une purge et mises sur des établissements verticaux, elles permettent la vidange de l'établissement et sont nommées « vannes de pied d'échelle ».

3 Les accessoires hydrauliques

Les accessoires hydrauliques contribuent à la distribution de l'eau dans les établissements. En voici une liste non exhaustive :

- **clé de poteau** : ouvre et manœuvre les poteaux d'incendie ;
- **clé de barrage** : manœuvre les bouches d'incendie ;
- **tricoises et polycoises** : serrent les demi-raccords et ouvrent coffrets, portes, fenêtres... ;
- **étrangleur** : stoppe la circulation de l'eau le temps de remplacer un tuyau sans couper l'alimentation ;
- **contrôleur de débit** : mesure le débit en eau d'un hydrant ou d'un établissement ;
- **bouchons obturateurs** : demi-raccords servant à obturer un orifice de pompe ou d'hydrant ;
- **crépines d'aspiration** : évitent la remontée de boue et de corps étranger dans la ligne d'aspiration ;
- **flotteurs** : fixés sur la crépine d'aspiration, évitent que cette dernière repose au fond ;
- **filtres amovibles** : empêchent l'insertion d'objets ou d'impuretés dans la pompe ;
- **dispositif de franchissement de tuyaux (DFT)**, également dénommé « madrier de franchissement » : permet le passage de véhicule sans endommager les tuyaux présents sur la voie de circulation ;
- **appareils d'épuisement d'eau** lorsqu'on ne peut utiliser une pompe thermique ;
- **seau-pompe** : permet à une seule personne de projeter de l'eau en faible quantité.

4 Les tuyaux

Les tuyaux servent à acheminer l'eau d'un point à un autre. Il en existe trois sortes :

Type de tuyaux	Ø extérieur	Longueur	Structure du tuyau
Refoulement Achemine l'eau de la pompe aux lances	22 mm 45 mm 70 mm 110 mm	20 m 20 m 20 et 40 m 40 m	Semi-rigide Souple (PIL) Souple (PIL) Souple (PIL)
Alimentation Achemine l'eau de l'hydrant à la prise d'eau	70 mm 110 mm	20 m 10 et 20 m	Souple (PIL) Souple (PIL)
Aspiration Conduit l'eau d'un point d'aspiration à la pompe	45 mm 70 mm 110 mm	4 m 4 m 2 et 4 m	Semi-rigide Semi-rigide Semi-rigide

Les tuyaux de 22 et 45 mm sont des petits tuyaux. Ceux de 70 et 110 mm sont des gros tuyaux.
PIL : paroi interne lisse.
Les tuyaux d'aspiration sont semi-rigides ; ainsi ils ne s'aplatissent pas lors d'une mise en aspiration.

5 Les lances

Montées à l'extrémité des tuyaux, les lances servent à former et à diriger le jet. On distingue les **lances traditionnelles** (peu utilisées de nos jours) et les **lances à débit variable (LDV)**.

A| Les lances traditionnelles

Type de lance	Ø d'entrée en mm	Ø de sortie (ajutage) en mm	Débit nominal en L/min	Pression en bars
LDT (lance du dévidoir tournant) ou Q1	20	7	58	3,5
PL (petite lance) ou Q2	40	14	250	3,5
GL (grosse lance) ou Q3	65	18	500	5,7
LGP (lance grande puissance) ou Q4	100	25	1 000	6,1

B| Les lances à débit variable

Les LDV ont une **plage de débit importante**, ajustable à la lance, et ont besoin d'une pression à la lance de 6 à 7 bars. Les données peuvent varier selon les constructeurs. On distingue :

- diffuseur mixte réglable (DMR) : débit ajustable manuellement par une bague à la lance ;
- diffuseur mixte stabilisé (DMS) : la pression est constante en ajustant le débit dans la lance ;
- diffuseur mixte réglable stabilisé (DMRS) : fonctionnement similaire de la DMS avec ajustement du débit par la poignée de commande ouverture/fermeture.

En pivotant la tête de diffusion d'une LDV, il est possible d'obtenir **trois jets distincts** :

- jet droit (ou plein ou bâton) : portée maximale et effet de pénétration ;
- jet diffusé d'attaque (JDA) : attaque d'un foyer principal en formant un cône de 15° à 45° d'angle ;
- jet de protection (JDP) : écran de protection en formant un cône très large, rideaux d'eau.

C| Les lances spéciales

Il existe également des **lances spéciales**, telles que la lance canon (employée sur des feux de grande ampleur), la lance « bourgeois » (pénétration dans une masse en ignition) et la lance « queue de paon » (rideaux d'eau).

6 Les dévidoirs

Afin de **gagner du temps dans l'établissement des tuyaux**, les sapeurs-pompiers utilisent des dévidoirs. On distingue :

- les **dévidoirs tournants** : fixés à l'arrière des engins (FPT et CCF) en tuyaux de 22 mm et d'une longueur de 80 m + 2 m (liaison entre les tuyaux et la pompe) ;
- les **dévidoirs mobiles** : situés à l'arrière des engins, ils se composent de 200 m de tuyaux de 70 mm (cinq tuyaux de 40 m) avec une division mixte ;
- les **dévidoirs automobiles** : destinés à l'alimentation en eau sur des feux nécessitant des établissements de grande longueur. Ces véhicules sont armés de plusieurs centaines de mètres de tuyaux de 70 ou 110 mm de diamètre.

7 Les moyens de production de mousse

La mousse extinctrice est un agrégat de bulles de gaz emprisonné dans une mince pellicule liquide. Pour fabriquer de la mousse, il est nécessaire d'avoir de l'eau, de l'émulseur dosé par un injecteur-proportionneur fonctionnant par un système de venturi, et de l'air. Le mélange eau et émulseur se dénomme solution moussante.

Mousse = solution moussante (eau + émulseur) + air

La mousse est caractérisée par :

- son **taux de concentration** : volume d'émulseur/volume de solution moussante (exemple : $\frac{4\ \text{L} \times 100}{100\ \text{L}} = 4\ \%$) ;
- son **rendement** : volume de mousse/volume d'émulseur (exemple : 1 000 L/4 L = 250) ;
- son **taux de foisonnement** : volume de mousse/volume de solution moussante (exemple : 1 000 L/100 L = 10).

Le **foisonnement** est classé en bas s'il est inférieur à 20 – en moyen s'il est compris entre 20 et 200 – et en haut s'il est compris entre 200 et 1 000. Pour fabriquer de la mousse à bas foisonnement, il faut utiliser des lances génératrices de mousse (LM2, LM4, lance canon, LDV).

Des générateurs différents peuvent être utilisés pour fabriquer du moyen ou du haut foisonnement.

8 Les engins d'incendie

Les engins d'incendie répondent à des normes, tant en capacités qu'en fonction de leurs spécificités. Ils peuvent cependant être intégrés dans plusieurs familles, comme :

- les engins de lutte contre l'incendie ;
- les moyens aériens ;
- les véhicules sanitaires ;
- les cellules...

Liste non exhaustive d'abréviations d'engins

ABE : avion bombardier d'eau

AR : ambulance de réanimation

CBEA : camion-bras élévateur articulé

CCF : camion-citerne feu de forêt

CCGC : camion-citerne grande capacité

CDHR : camion-dévidoir hors route

CEAR : cellule d'assistance respiratoire

CEEM : cellule émulseur

EPSA : échelle pivotante semi-automatique

FPT : fourgon-pompe tonne

FPTL : fourgon-pompe tonne léger

VSR : véhicule de secours routier

MPR : moto-pompe remorquable

VTP : véhicule de transport de personnel

VTU : véhicule tous usages

VSAV : véhicule de secours et d'assistance aux victimes

FICHE 19

La lutte contre l'incendie (INC)

LA RECONNAISSANCE

L'objectif de la reconnaissance est d'informer la hiérarchie sur les éléments qui lui permettront d'établir des priorités et d'organiser les actions à mettre en œuvre. Le sinistre évolue constamment ; ainsi, cette démarche est continue dans le temps et différente selon le rôle opérationnel de chacun.

1 Le rôle du binôme de reconnaissance

Le binôme de reconnaissance doit **renseigner le chef d'agrès**, dans le secteur géographique qui lui est précisé.

La **priorité** doit rester la **détection**, la **localisation** et le **sauvetage des vies humaines**.

Le **chef du binôme** de reconnaissance doit explorer tous les volumes rencontrés (pièces, meubles, réduits...), communiquer à son équipier les résultats de ses recherches et ses intentions.

L'**équipier** veille à la sécurité du binôme. Il doit assister au mieux son chef d'équipe dans l'exploration des volumes et assurer un lien permanent avec la ligne de vie dont il doit assurer l'arrimage pour faciliter un retour vers la sortie et le cheminement éventuel d'un autre binôme de reconnaissance.

Chaque action ou découverte d'élément(s) important(s) doit faire l'objet d'un compte rendu au chef d'agrès.

2 Les différents éléments à rechercher

Le binôme de reconnaissance a pour mission de :

- rechercher la présence, le nombre et la localisation précise d'éventuelles victimes ; **la mission de sauvetage devient alors prioritaire à toute autre** ;
- tenter de déterminer la localisation, l'étendue et la nature du foyer ;
- évaluer si possible les risques de propagation du sinistre ;
- déceler les éventuels risques secondaires (effondrement, présence de produits chimiques ou radiologiques, etc.).

3 L'équipement recommandé

Tout engagement pour une mission dans le bâtiment concerné doit se faire avec un **équipement de protection individuelle complet, ajusté et vérifié** (casque, cagoule, veste de protection, surpantalon, gants, bottes de feu, appareil respiratoire isolant) ainsi qu'avec le matériel d'éclairage.

Le binôme de reconnaissance doit être équipé de matériel de communication (radio) et de sauvetage (cagoule d'évacuation par exemple). Selon les conditions, il pourra également se munir de matériel de recherche tel que la caméra thermique.

4 Le déroulement type d'une reconnaissance

On différencie les reconnaissances primaire et secondaire.

A| La reconnaissance primaire

La reconnaissance primaire est **immédiate** et **rigoureuse**. Cette recherche expose les binômes engagés car elle est réalisée alors même que le sinistre n'est pas maîtrisé.

On explore prioritairement les endroits où les victimes potentielles sont le plus exposées aux effets du sinistre.

La reconnaissance primaire doit s'effectuer **pièce par pièce**, en inspectant chaque volume.

Pour assurer la protection des intervenant(e)s, il est nécessaire d'employer une ligne de vie et une liaison personnelle, comme défini dans le GNR relatif aux appareils respiratoires isolants (avril 1999, voir fiche 33, Les appareils respiratoires isolants).

B| La reconnaissance secondaire

La reconnaissance secondaire est réalisée en parallèle des moyens mis en œuvre pour enrayer la propagation. Elle permet de s'assurer que toutes les victimes ont été découvertes et prises en compte, et tous les risques secondaires identifiés.

C| Le marquage

L'analyse de la situation opérationnelle peut amener la chaîne de commandement à ordonner la reconnaissance de nombreux volumes. Il devient alors nécessaire d'identifier rapidement et efficacement les locaux déjà inspectés.

Un **code de marquage** répond à cet objectif :

- les locaux ayant fait l'objet d'une reconnaissance primaire sont marqués d'une croix ;

- le marquage des locaux ayant fait l'objet d'une reconnaissance secondaire est complété d'un cercle.

Si un local n'a pas pu être visité en première intention (par exemple, une porte blindée), il est recommandé de définir un code spécifique. Par exemple, un triangle peut être choisi pour indiquer une reconnaissance non effectuée.

5 Les règles de sécurité lors de la reconnaissance

Chaque mission de reconnaissance comporte deux types de risques.

A| Les risques liés au sinistre

Pour se prémunir des risques liés au sinistre, il convient d'observer les règles suivantes :

- toujours porter des équipements de protection individuelle complets, ajustés et vérifiés ;
- vérifier la stabilité de la structure ;
- toujours travailler en binôme ;
- utiliser systématiquement une ligne de vie et des liaisons personnelles dans les conditions fixées par le guide national de référence relatif aux appareils respiratoires (avril 1999) ;
- avancer si possible le long des murs ;
- bénéficier de la protection ou de l'usage par le binôme de reconnaissance d'un établissement d'attaque quand il faut mener une mission de reconnaissance au niveau du sinistre.

B| Les risques liés au comportement du sapeur-pompier

La charge émotionnelle liée à la nature d'une mission de reconnaissance est d'autant plus forte qu'elle implique la découverte potentielle de victimes. Cet état psychologique peut amener le sapeur-pompier à dépasser la notion de risque acceptable. Ainsi, il faut en toutes circonstances :

- se prémunir contre l'« effet tunnel », où seule la mission compte, en évinçant l'application des règles de sécurité ;
- respecter les consignes du chef d'agrès ;
- vérifier régulièrement son autonomie en air respirable ;
- rendre compte de toute difficulté particulière et de l'accomplissement de sa mission.

FICHE 20

La lutte contre l'incendie (INC)

LE SAUVETAGE

La préservation des vies humaines est la priorité des services d'incendie et de secours (sauvetage en hauteur, en excavation, extraction de milieu hostile, poches de gaz toxique par exemple). Les missions de sauvetage représentent alors une situation extrême d'engagement tant physique que psychologique.

1 La spécificité des sauvetages lors des incendies

Par sa nature violente et chaotique, l'incendie implique des dangers évidents de brûlure et d'asphyxie, mais également des dangers secondaires tels que l'effondrement des structures.

Le premier commandant des opérations de secours doit donc prendre des mesures immédiates de recherche et de sauvetage d'éventuelles victimes, tout en veillant à l'intégrité des binômes engagés. Éventuellement, cette action doit être menée de front ou protégée par des actions d'extinction.

Le **sauvetage** est une **action d'urgence** : c'est le fait de soustraire une victime à un danger mortel et immédiat, dont elle ne peut se dégager elle-même.

La **mise en sécurité** est une **action de prévention** : c'est le fait de déplacer des personnes dont l'intégrité physique est menacée par un danger potentiel.

Exemple

Un sapeur-pompier peut être désigné pour rassurer les victimes et les maintenir dans une zone de sécurité en attendant leur évacuation par les moyens adaptés.

2 Le rôle du chef d'agrès et du binôme

Le **chef d'agrès** détermine la nécessité et la conduite des sauvetages. Il doit, de façon claire et précise :

- désigner le personnel ;
- choisir la méthode ;
- indiquer les cheminements d'accès et d'évacuation ;
- contrôler les actions et veiller à la sécurité du personnel ;
- anticiper la prise en charge des victimes évacuées ;
- demander des renforts si nécessaire.

Le **binôme** désigné doit mettre en œuvre l'ensemble des techniques qui permettent de satisfaire l'ordre reçu. Le binôme ne doit pas être dissocié. Il doit veiller à sa coordination et communiquer de façon claire et concise.

3 Les différentes méthodes de sauvetage

Il suffit parfois de déplacer une personne de quelques mètres pour assurer sa sécurité. La méthode la plus simple et la plus rapide doit être privilégiée. Comme dans chaque action, le bon sens doit être appliqué.

A| Sans matériel

Un sapeur-pompier ou un binôme peuvent, si l'état de la victime le permet, la porter (technique du « porter pompier » ou de la chaise ou sur le dos).

B| Avec matériel

Le guide national de référence relatif à l'utilisation du lot de sauvetage décrit les méthodes à mettre en œuvre lorsque la situation l'exige :

- les **échelles à main** permettent d'évacuer des victimes jusqu'au deuxième étage ;
- les **moyens aériens** (échelles avec ou sans nacelle/plate-forme, bras élévateur automatique articulé) ne doivent être utilisés que si les capacités des moyens à main sont dépassées.

C| Par les communications existantes

Les couloirs ou escaliers sont les cheminements les plus rapides, qui doivent être privilégiés à chaque fois que cela est possible. Le binôme respecte les accès, cheminements et sorties désignés par le chef d'agrès.

D| Par les échelles

Le binôme dresse les moyens à main ordonnés par le chef d'agrès, à l'emplacement indiqué pour mener à bien ses missions. Ces agrès sont ensuite déplacés pour assurer d'autres évacuations ou servir d'itinéraire de secours pour les sapeurs-pompiers engagés à l'intérieur du bâtiment :

- les échelles aériennes sans plate-forme permettent de faire descendre des personnes valides en les rassurant. Les techniques de descente des personnes invalides mettent en œuvre des matériels du lot de sauvetage et de protection contre les chutes (sangles ou harnais) ;
- les sauvetages avec les échelles qui disposent de plate-forme relèvent de la compétence de l'équipage de l'engin. En fonction de la situation, un ou deux sapeurs-pompiers peuvent rassurer et accompagner la victime.

E| Prise en charge des victimes en adoptant une attitude rassurante

Chaque action menée pour l'évacuation doit être expliquée aux victimes conscientes afin qu'elles soient rassurées et qu'elles entendent les consignes de sécurité.

En cas d'utilisation de cagoule d'évacuation, l'équipier raccorde correctement les flexibles d'air, puis accompagne la victime au point désigné par le chef d'agrès.

4 La recherche de victime en milieu enfumé

Muni de ses équipements de protection individuelle complets ajustés et vérifiés, le binôme engagé en recherche de victime en milieu enfumé doit appliquer les techniques et procédures étudiées dans la fiche 10 et dans le guide national de référence relatif aux appareils respiratoires isolants.

5 La réalisation conjointe de l'attaque et des sauvetages

La mission de sauvetage doit parfois être menée en même temps qu'une mission d'attaque, pour protéger la victime et les intervenants des effets de l'incendie.

La coordination de ces actions conjointes relève du chef d'agrès et doit être effectuée parfaitement pour assurer la sécurité de tous.

Cette situation extrême doit faire l'objet d'entraînements spécifiques pour être menée efficacement.

6 Les règles de sécurité et les précautions à prendre

Outre le respect des techniques et l'emploi adapté des matériels à disposition, la mission de sauvetage revêt toujours un caractère dangereux pour les équipes engagées, et évidemment pour les victimes.

La panique et les premiers effets possibles du flux thermique ou des fumées sur les victimes peuvent entraîner un comportement mettant les sauveteurs en péril. En effet, il est possible que la victime tente de rejoindre l'échelle avant que celle-ci soit complètement dressée et d'enjamber les ouvrants avant que l'agrès soit prêt à la prendre en charge. Il faut tenter d'établir un contact visuel et verbal afin de rassurer la personne et lui indiquer la conduite à adopter pour éviter une chute.

La lutte contre l'incendie (INC)

FICHE 21 LES BESOINS EN EAU ET L'ÉTABLISSEMENT DES TUYAUX

L'eau est l'agent extincteur le plus communément utilisé pour lutter contre les incendies. Il existe de nombreux points d'eau de types différents qu'il faut savoir utiliser et contrôler afin d'être efficace dans l'alimentation et l'établissement des tuyaux.

1 La connaissance des besoins et des ressources en eau

A| L'esprit de la défense extérieure contre l'incendie

La défense extérieure contre l'incendie (DECI) a pour objet d'**assurer l'alimentation en eau des moyens des services d'incendie et de secours**. Celle-ci s'appuie sur une démarche de sécurité par objectifs. Un cadre législatif et réglementaire à trois niveaux est fixé : national, départemental et communal (ou intercommunal).

- **Cadre national** : la loi du 17 mai 2011 du Code général des collectivités territoriales (CGCT) crée la police administrative spéciale de la DECI, placée sous l'autorité du maire.
- **Cadre départemental** : le décret n° 2015-235 du 27 février 2015 relatif à la DECI complète les dispositions réglementaires du CGCT en définissant :
  - la notion de point d'eau d'incendie (PEI) ;
  - le contenu et la méthode du règlement départemental de DECI (R. 2225-5 et 6). Enfin, l'arrêté du 15 décembre 2015 fixe le référentiel national de la défense extérieure contre l'incendie et abroge la circulaire du 10 décembre 1951 qui précisait les modalités d'application des besoins en eau pour un risque moyen.
- **Cadre territorial** : le Règlement départemental de la défense contre l'incendie (RDDECI, article 2225-3 du CGCT) est la clé de voûte de la nouvelle réglementation. C'est à ce niveau que sont élaborées « les grilles de couverture » des risques

incendie respectant le principe d'objectifs à atteindre, notamment dans le choix des points d'eau incendie.
Il est réalisé à partir d'une large concertation avec les élus et les autres partenaires tels que les services publics de l'eau. Il est rédigé par le SDIS et arrêté par le préfet du département.
Ce document est cohérent avec le schéma départemental d'analyse et de couverture des risques (SDACR) et complémentaire du règlement opérationnel (RO) du SDIS.

B| L'analyse des risques et l'adéquation de la ressource en eau

La méthode de définition des ressources en eau s'applique en définissant les risques comme suit :

- risques courants faibles pour les hameaux (30 m^3/1 h) ;
- risques courants ordinaires pour les agglomérations de densité moyenne (60 m^3/1 h) ;
- risques courants importants pour les agglomérations à forte densité (120 m^3/2 h) ;
- risques particuliers dans les autres zones (zones d'activités, par exemple), approche spécifique.

IMPORTANT
L'objectif final est de réaliser une défense incendie de proximité.

C| Les caractéristiques techniques des différents points d'eau d'incendie (PEI)

Les réseaux de distribution d'eau permettent aux sapeurs-pompiers de disposer de prises d'eau pour lutter contre un incendie. Ceux-ci sont regroupés en poteaux et bouches d'incendie appelés communément « hydrants ».

On distingue ainsi de deux sortes de réseaux ;

- les **réseaux maillés** où les canalisations communiquent entre elles pour former une circulation d'eau dans tous les sens ;
- les **réseaux ramifiés** (ou palmés) qui, partant d'un réservoir, se finissent en cul-de-sac avec l'inconvénient de condamner plusieurs hydrants si une anomalie existe.

1| Inventaire des points d'eau d'incendie concourant à la DECI

Les points d'eau d'incendie concourant à la DECI sont : les poteaux et bouches d'incendie et les autres points d'eau d'incendie.

Le Règlement départemental de la défense contre l'incendie (RDDCI) doit comprendre un inventaire des PEI non normalisés par le SDIS pour constituer la DECI, par exemple : les points d'eau naturels ou artificiels, les points de puisage, les réseaux d'irrigations agricoles, les autres réseaux sous pression, les citernes enterrées, les bâches à eau...

2 | Accessibilité des points d'eau d'incendie

Les PEI non normalisés nécessitant la mise en œuvre de techniques d'aspiration doivent être constitués d'une surface d'aspiration :

- de 4 m × 3 m par motopompe remorquable au minimum ;
- de 8 m × 4 m par véhicule poids lourd au minimum.

3 | Signalisation des appareils sur le terrain

- Les poteaux d'incendie sous pression sont de couleur rouge. Cette couleur symbolise ainsi un appareil sous pression d'eau permanente.
- Les poteaux d'aspiration (des citernes enterrées) sont de couleur bleue. Cette couleur symbolise un appareil sans pression permanente ou nécessitant une mise en aspiration.
- Les poteaux d'incendie branchés sur des réseaux d'eau surpressés sont de couleur jaune. Le jaune symbolise un appareil dont la mise en œuvre nécessite des précautions particulières.
- Afin d'en faciliter le repérage et d'en connaître les caractéristiques essentielles, les PEI font l'objet d'une signalisation par panneau.

D | La police administrative et le service public de la DECI

1 | La police administrative spéciale de la DECI

La loi du 17 mai 2011 a créé la police administrative spéciale de la DECI attribuée au maire (article L.2213-32 du CGCT). La DECI s'est ainsi détachée de la police administrative générale à laquelle elle était rattachée avant 2011.

2 | Le service public de la DECI

Le service public de DECI est une compétence de collectivité territoriale attribuée à la commune (article L. 2225-2 du CGCT). Il est placé sous l'autorité du maire.

Le service public de DECI assure ou fait assurer la gestion matérielle de la DECI. Il porte principalement sur la création, la maintenance ou l'entretien, l'apposition de signalisation, le remplacement, l'organisation des contrôles techniques des PEI.

2 L'établissement des tuyaux

Les établissements sont la disposition donnée aux tuyaux pour amener l'eau aux lances. Ils peuvent être :

- **horizontaux** : lorsqu'ils reposent sur un sol sensiblement plat ou sur un plancher ;
- **verticaux** : lorsqu'ils s'élèvent verticalement dans une cage d'escalier, le long d'un mur ou d'une échelle, on compte alors 3 à 4 m par niveau ;
- **rampants** : lorsqu'ils s'élèvent sur les marches d'un escalier ou sur un terrain très incliné ; on compte alors 6 à 8 m par niveau.

A| Les règles à respecter

Pour que ces établissements soient réalisés au mieux, il convient de respecter les règles suivantes :

- faire une grande réserve en boucle au point d'attaque ou à la division pour les gros tuyaux et au point d'attaque pour les petits ;
- dérouler le premier tuyau et successivement tous les autres en serrant le plus près possible la bordure du trottoir ;
- éviter, si possible, de couper les rues ;
- employer le moins possible de tuyaux ;
- éviter l'enchevêtrement des tuyaux ;
- éviter les torsions, les plis, les coudes brusques ;
- ne pas laisser les tuyaux reposer sur des décombres brûlants ou des matériaux coupants ou pointus, les mettre à l'abri de la chute des matériaux.

B| Les précautions d'emploi

Afin d'éviter de détériorer les tuyaux, il faut observer les précautions suivantes :

- éviter de poser les tuyaux sur une partie angulaire ;
- si les tuyaux doivent être déplacés ou hissés, veiller à ce qu'ils ne puissent pas se détériorer près des coudes, notamment aux angles vifs ;
- ne pas marcher sur les tuyaux, même pour les rouler ;
- ne pas les laisser franchir par des véhicules sans avoir placé au préalable des dispositifs de franchissement de tuyaux (DFT) ;
- les rouler et les mettre à l'abri dès lors qu'ils ne sont plus utilisés, en évitant de les traîner à terre ;
- ne pas heurter les raccords ;
- manœuvrer doucement les robinets des lances, divisions et retenues pour éviter l'arrivée brutale et massive d'eau qui aurait tendance à faire crever les tuyaux, et qui pourrait surtout déséquilibrer les porte-lances ;
- ne pas plier les tuyaux quand ils sont gelés.

3 L'établissement de lances

Les procédures opérationnelles d'établissement des lances sont détaillées dans le guide national de référence « Établissement des lances : équipes en binômes ». De plus, chaque département peut avoir son propre guide de référence explicitant davantage de manœuvres.

A| Le cadre général d'intervention

L'ensemble des manœuvres d'établissement des lances repose sur une unité composée de deux sapeurs-pompiers constituant le binôme. Le binôme est composé d'un chef d'équipe et d'un équipier. Un engin est servi par un ou plusieurs binômes. Pour des raisons d'efficacité et de sécurité, le binôme effectue une seule action à la fois.

Au sein d'un engin d'incendie, il existe **deux binômes** :

- le **binôme d'attaque (BAT)** qui procède à l'attaque du sinistre à l'aide d'une lance ;
- le **binôme d'alimentation (BAL)** qui procède à l'alimentation de l'établissement.

Les binômes ne sont pas figés et peuvent changer de fonction sur ordre du chef d'agrès (le BAL réalise sa mission et peut devenir BAT par la suite).

B| Les règles de base

Tout commandement d'exécution d'une lance indique un point d'attaque et une prise d'eau, qui peut être un engin, un PI, une BI, une colonne sèche, une colonne humide ou une division. Une lance est toujours alimentée par une prise d'eau et une prise d'eau peut être alimentée par une autre prise d'eau.

Le matériel de base de chacun des binômes est le suivant (mais peut varier selon les procédures en vigueur dans chaque SDIS) :

BAT	ARI	Lance	Tuyaux	Commande	Projecteur	BAL	Dévidoir + division + matériel sur ordre
Chef	1	1	1	0	1	Chef	
Équipier	1	0	2	1	0	Équipier	

L'organigramme des manœuvres en binôme

M1 : établissement de la lance du dévidoir tournant (LDT)

M2 : alimentation d'une prise d'eau

M3 : établissement d'une lance sur une prise d'eau

M4 : alimentation de l'engin

M5 : établissement d'une lance à mousse

M6 : remplacement/prolongation de tuyau

FICHE 22

La lutte contre l'incendie (INC)

LES TECHNIQUES D'ATTAQUE ET D'EXTINCTION DES FEUX

Les connaissances théoriques indispensables à la maîtrise des incendies sont exposées dans la fiche 8 traitant des généralités. Seule la pratique permet de garantir l'efficacité des missions confiées aux binômes.

1 Les méthodes d'extinction

La nature et l'intensité du foyer amènent le chef d'agrès à faire le choix des matériels les plus adaptés à la lutte. Ainsi, les binômes doivent connaître le fonctionnement et maîtriser les techniques d'attaque à l'aide de matériels aussi divers que les extincteurs et les lances canon remorquables.

Deux guides nationaux de référence sont incontournables :

- « Équipes en binômes : utilisation des lances à eau à main » (arrêté du 1er août 2007 fixant le guide national de référence des techniques professionnelles relatif à l'utilisation des lances à eau à main). En effet, la technicité des outils à disposition des sapeurs évolue. Il est désormais possible, par une bonne maîtrise des lances, d'être plus efficace dans l'attaque des foyers, et aussi de disposer d'un moyen de protection efficace face aux développements rapides d'incendies et au flux thermique associé. Ce document indique également les méthodes d'attaque à mettre en œuvre ;
- « Explosion de fumées – embrasement généralisé éclair » (arrêté du 3 février 2003 fixant le guide national de référence relatif à l'explosion de fumées et à l'embrasement généralisé éclair). Ce guide présente la dynamique des incendies pouvant évoluer vers des phénomènes thermiques violents, ainsi que les éléments à connaître et à évaluer pour « lire » et anticiper ces développements. Enfin, les conduites à tenir y sont définies et illustrées.

2 Les différents binômes intervenant dans l'attaque

A| Le binôme, unité de base

Le binôme, composé d'un chef et d'un équipier, est l'unité de base de toute manœuvre. En fonction des dispositions locales, un engin peut être servi par un ou plusieurs binômes qui se voient ordonner des missions différentes.

Sauf ordre contraire, chaque binôme est équipé d'un appareil respiratoire par personne.

Un binôme exécute une mission à la fois. Il se remet ensuite à disposition du chef d'agrès afin de se voir confier d'autres tâches. Cet usage garantit la sécurité et l'efficacité nécessaire à l'action.

B| Le binôme d'attaque (BAT)

Le binôme d'attaque procède principalement à l'**attaque du sinistre** à partir du point désigné par le chef d'agrès.

Il veille à utiliser l'eau nécessaire, sans excès, afin de réduire au maximum l'impact de l'opération sur les biens qui n'ont pas été atteints par les flammes ou les fumées. Pour cela, il applique les techniques apprises et maîtrise son débit et la forme de son jet (jet droit ou diffusé selon l'effet recherché).

Sa mission peut également consister à empêcher une propagation en refroidissant des fumées ou en maintenant un rideau d'eau.

Le BAT rend compte de l'efficacité de son action sur le secteur qui lui est attribué.

La vigilance du chef et de l'équipier participe à la sécurité du binôme.

C| Le binôme d'alimentation (BAL)

Le binôme d'alimentation procède sur ordre à l'**alimentation de l'établissement de la prise d'eau** pour l'attaque ou à l'alimentation de l'engin.

Une fois cette mission effectuée, il peut recevoir l'ordre de participer à l'attaque et constitue à cet instant un nouveau binôme d'attaque.

D| Le binôme de sécurité

Le binôme de sécurité se tient à disposition du chef d'agrès pour **intervenir au bénéfice d'un autre binôme en difficulté**.

Son rôle, *a priori* passif, impose qu'il soit continuellement prêt à être engagé (équipement de protection individuelle complet, port de l'appareil respiratoire non capelé afin de maintenir son autonomie en air respirable).

E| Le binôme d'appui et de soutien (BAS)

Lorsqu'il est désigné, le binôme d'appui et de soutien établit une ligne d'attaque avec une large réserve pour la progression. Il assure la protection des binômes engagés.

Il se tient à la disposition du chef d'agrès qui ordonne son intervention.

Cette équipe peut utilement être dotée d'une caméra thermique afin de surveiller à la fois les binômes engagés et l'évolution du sinistre.

F| Le binôme de reconnaissance (BREC)

Engagé par le chef d'agrès pour définir si des personnes sont menacées et reconnaître les cheminements, la nature et l'intensité du sinistre ainsi que les itinéraires de repli et de secours, le binôme de reconnaissance a une mission essentielle au bon déroulement de l'intervention.

Les techniques employées sont présentées dans la fiche 10 et dans le guide national de référence relatif à l'utilisation des appareils respiratoires isolants.

G| Le binôme de sauvetage

Le binôme de sauvetage s'équipe des matériels nécessaires au sauvetage et ou à la mise en sécurité des victimes désignées par le chef d'agrès.

Il emploie les cheminements ou agrès d'accès (échelles à main) définis.

3 La prise en compte de la mission

C'est la reconnaissance du chef d'agrès qui détermine le nombre de binômes nécessaire et leur mission.

Ainsi, il est possible que son évaluation de la situation implique un seul binôme d'attaque, sans binôme d'alimentation, ou au contraire la désignation immédiate de deux binômes d'attaque pour à la fois stopper la propagation et attaquer le foyer principal.

Chaque binôme doit intégrer les ordres qui comprennent en général :

- la mission (quoi ?) ;
- l'emplacement (où ?) ;
- l'accès et les cheminements (par où ?) ;
- le matériel spécifique si nécessaire (avec quoi ?).

4 Le compte rendu au chef d'agrès

Afin de conduire l'opération, le chef d'agrès doit connaître l'évolution du sinistre suite aux actions menées. Chaque binôme a ainsi le devoir de rendre compte de sa mission dans le secteur qui lui est attribué.

En particulier, il doit savoir évaluer l'efficacité de son action afin que les mesures nécessaires soient étudiées et mises en œuvre :

- renforcement du dispositif ;
- maintien en l'état ;
- allégement.

FICHE 23

LA PROTECTION DES BIENS, DÉBLAI ET SURVEILLANCE

Le feu est par nature un élément destructeur. Les sapeurs-pompiers ont pour mission de limiter au maximum les atteintes aux biens par les flammes et les fumées. Cependant, il est impératif de prendre également en compte les dégâts qui peuvent être occasionnés par les actions d'extinction.

1 La protection des biens lors des incendies

A| La nécessité de la protection des biens pendant et après l'attaque

La protection des biens recouvre l'ensemble des actions qui limitent les dommages causés par le feu et les actions des sapeurs-pompiers.

À ce titre, elle peut être menée parallèlement à l'attaque, si l'effectif présent et les priorités de la chaîne de commandement le permettent.

Enfin, en cas d'atteinte à la toiture, les sapeurs-pompiers doivent s'efforcer de protéger le bâtiment des intempéries.

B| Les techniques à mettre en œuvre

Si l'utilisation du juste volume d'eau est un élément primordial dans les actions de protection des biens, il est parfois nécessaire de mettre en œuvre des moyens souvent simples pour limiter les dégâts liés au ruissellement.

Il suffit parfois de déplacer les meubles dans les locaux situés sous le sinistre pour les mettre à l'abri. On doit parfois les couvrir au moyen de bâches prévues à cet effet.

Afin de limiter le nombre de bâches nécessaire, on rassemble les meubles au milieu de la pièce. Si les meubles reposent sur les sols humides, on tente de les surélever. De même, si des ruissellements importants ne peuvent être évités (rupture de conduite non obturable), il faut tenter de les canaliser vers l'extérieur.

C| Les principes de sécurité à respecter

L'eau peut s'infiltrer dans les éléments entreposés et les éléments de construction. Les sapeurs-pompiers doivent veiller à un possible effondrement.

Le port d'un appareil respiratoire isolant peut être nécessaire.

Enfin, le déplacement de charges lourdes peut être effectué par des engins dédiés. Leur parfaite maîtrise doit être assurée par des conducteurs formés et entraînés. Il faut parfois faire appel à des professionnels si les conditions de sécurité le permettent.

2 La nécessité du déblai lors des incendies

Le déblai peut participer à l'extinction durant la phase d'attaque.

Une fois le ou les foyers principaux éteints, un travail méticuleux de refroidissement des points chauds reste à accomplir. En effet, les amas de matière combustible peuvent cacher des éléments susceptibles de s'enflammer plusieurs heures après l'extinction initiale.

Le déblai a pour objet de déplacer les décombres qui pourraient encore cacher des foyers et d'écarter ainsi tout risque de reprise de feu (règlement d'instruction et de manœuvre des sapeurs-pompiers communaux, 1978). Il comporte le déplacement des parties embrasées pour en parfaire l'extinction.

A| Les techniques à mettre en œuvre

Les lances nécessaires doivent être utilisées par intermittence avec un débit réduit.

Tous les éléments combustibles doivent être vérifiés afin de rendre la zone désignée la plus sûre possible. Ainsi, les éléments tels que les huisseries, plafonds et faux plafonds, poutres et charpentes doivent être visuellement contrôlés et, le cas échéant, grattés ou abattus. Il faut contrôler également le dessus des meubles.

Les matériaux isolants doivent faire l'objet d'une attention particulière. Récemment, les techniques d'isolation ont changé et peuvent représenter des pièges à calories qui doivent, dans la mesure du possible, être retirés (ouate de cellulose, etc.).

Les outils à main constituent les principaux matériels à employer (pelles, fourches, râteaux, haches, etc.).

La détection des derniers points chauds peut être réalisée au moyen d'outils performants tels que les caméras thermiques, dont l'utilisation et les limites d'emploi doivent avoir fait l'objet d'une formation spécifique.

En fin de mission, un contrôle tactile permet de s'assurer que tous les risques sont écartés, en utilisant le revers de la main afin de se prémunir contre tout risque de brûlure.

B| Les principes de sécurité à respecter

1| Rester vigilant

Après une phase d'attaque active intense, la vigilance des intervenants peut baisser. Il faut pourtant s'imposer de continuer sa mission avec rigueur et garder à l'esprit que la zone d'intervention n'est pas encore sûre.

Lors du refroidissement, la stabilité des structures soumises au rayonnement peut évoluer défavorablement et doit requérir l'attention des personnels affectés aux opérations de déblai.

2| Travailler sous protection respiratoire

Pendant une combustion lente (phase de déblai) ou lorsque des éléments carbonisés sont déplacés, des gaz toxiques (dérivés cyanhydrés, monoxyde de carbone, etc.) et des particules fines sont encore émis en grande quantité. Il est donc nécessaire de travailler sous protection respiratoire.

3| Utiliser le matériel approprié

L'emploi de matériel de ventilation permet d'améliorer la visibilité et de baisser la concentration de ces émanations. Il faut pourtant veiller à éviter l'introduction de gaz d'échappement lors de l'utilisation de moteurs thermiques.

Des relevés de toxicité doivent être effectués par le chef d'agrès afin de définir la protection la plus adaptée à la situation.

C| Les relèves

En cas d'intervention de longue durée, le commandant des opérations de secours (COS) peut demander le remplacement du personnel engagé. La durée des engagements est généralement organisée par tranches de 4 à 5 heures.

Les personnels assurant cette relève doivent se munir de l'ensemble de leur équipement de protection individuelle.

La continuité des déblais est souvent vécue comme une tâche ingrate. Elle nécessite pourtant la même rigueur et implication que lors de la phase d'attaque.

3 La surveillance

Malgré les actions de noyage et de déblai, des amas de produits combustibles peuvent présenter des points chauds pendant plusieurs heures, voire plusieurs jours.

La surveillance a pour objet d'empêcher toute reprise de feu après le départ des secours.

Le **dispositif de surveillance** varie en fonction de l'étendue du sinistre. Il comprend au minimum deux sapeurs-pompiers, avec un moyen d'extinction et un moyen de communication.

Il ne faut pas confondre la mission de surveillance, qui impose une présence effective sur les lieux du sinistre, **avec les rondes** effectuées par un sapeur-pompier gradé. La ronde a pour objet d'adapter le dispositif de surveillance à l'évolution du nombre et de l'activité de points chauds. Lorsqu'il le juge opportun, le gradé lève le dispositif et indique que l'opération est terminée.

Les personnels affectés à la mission de surveillance doivent disposer de leur **équipement de protection individuelle complet**. Ils s'équipent sur ordre le cas échéant.

La **vigilance** doit guider les actions et les visites régulières sur le sinistre. Un feu couvant ne doit pas pouvoir s'étendre.

La protection des personnes, des biens et de l'environnement (PBE)

FICHE 24 LES OPÉRATIONS DIVERSES

Les opérations diverses constituent l'une des missions réglementaires des sapeurs-pompiers en France. En 2019, les sapeurs-pompiers ont réalisé près de 4 820 000 interventions et en 2020 encore plus du fait de la pandémie de corona-virus. Aussi le sapeur-pompier intervenant doit connaître les risques auxquels il est exposé pendant ces opérations diverses, tout en maîtrisant les règles de sécurité de base.

1 Les définitions et les fondements législatifs

Les dispositions de la **loi n° 2004-811 du 13 août 2004** (dite loi de modernisation de la sécurité civile) précisent que : « La sécurité civile a pour objet la prévention des risques de toute nature, l'information et l'alerte des populations ainsi que la protection des personnes, des biens et de l'environnement contre les accidents, les sinistres et les catastrophes, par la préparation et la mise en œuvre de mesures et de moyens appropriés relevant de l'État, des collectivités territoriales et des autres personnes publiques ou privées. »

Les missions de protection des personnes, des biens et de l'environnement, communément appelées « opérations diverses », sont des interventions qui se distinguent du champ d'application des opérations de secours à personne ou d'extinction des incendies.

Les **opérations diverses** recouvrent les opérations suivantes :

- ouverture de porte/personnes ne répondant pas aux appels ;
- dégagement des personnes des cabines d'ascenseur ;
- risque de chute de matériaux ;
- odeurs et bruits anormaux ;
- assistance aux animaux ;
- destruction d'hyménoptères ;

– dégagement de la voie publique ;
– odeurs ou fuite de gaz ;
– interventions liées à un incident électrique ;
– inondation/fuites d'eau ;
– pollution.

2 Les risques liés aux opérations diverses

Parfois considérées à tort comme des interventions secondaires, les opérations diverses, par leur nature et leur complexité, engendrent de nombreux risques pour les sapeurs-pompiers intervenants.

Nature de l'intervention	Risques
Ouverture de porte/personne ne répondant pas aux appels	Chutes, blessures, coupures, agression
Dégagement des personnes des cabines d'ascenseur	Écrasement, chutes
Risque de chute de matériaux	Chutes, écrasement
Odeurs et bruits anormaux	Asphyxie, explosion
Assistance aux animaux	Griffures, morsures, venins
Destruction d'hyménoptères	Piqûres, allergies
Dégagement de la voie publique	Collision avec un véhicule
Odeurs ou fuite de gaz	Explosion, incendie, asphyxie, brûlures
Intervention liée à un incident électrique	Électrocution, électrisation
Inondation/fuites d'eau	Noyade, électrocution, électrisation
Pollution	Empoisonnement, contamination

3 Les règles de sécurité

Les accidents de travail à l'occasion d'opérations diverses sont particulièrement nombreux chez les soldats du feu.

Malgré le caractère plus ou moins urgent de ces interventions, il convient qu'en toutes circonstances les sapeurs-pompiers respectent scrupuleusement les règles de sécurité et de bon emploi des matériels :
– utilisation des avertisseurs sonores et lumineux ;

- balisage de la zone d'intervention ;
- port des équipements de protection individuelle (EPI) adaptés à l'intervention (casque, gants, protection oculaire, cuissardes...) ;
- port d'un appareil respiratoire isolant (ARI) ;
- utilisation du lot de sauvetage et de protection contre les chutes (LSPCC) pour tout travail en hauteur ;
- port de la tenue de protection contre les hyménoptères (abeilles, guêpes, frelons...).

4 Les aptitudes nécessaires lors des opérations diverses

Lors des interventions pour opérations diverses, les sapeurs-pompiers doivent faire preuve d'un certain nombre de qualités afin de mener à bien leurs missions :

- capacité d'analyse de la zone d'intervention (afin de déterminer les risques existants) ;
- anticipation de l'évolution de la situation ;
- maîtrise de la mise en œuvre des techniques opérationnelles ;
- connaissance du matériel ;
- sang-froid ;
- bonne condition physique permettant d'opérer dans des conditions difficiles et dangereuses ;
- rigueur et discrétion ;
- capacité à rassurer et renseigner les sinistres.

FICHE 25

LE DÉGAGEMENT DE PERSONNE D'UN ASCENSEUR

Les interventions liées aux ascenseurs sont courantes. Elles mobilisent de deux à six sapeurs-pompiers selon le type de moyens engagés et ont souvent un caractère unique en raison de la configuration des lieux, le type d'ascenseur, la marque, etc. Les sapeurs-pompiers sont compétents pour toutes les missions relevant de l'urgence (malaise, danger avéré), les opérations d'entretien étant à la charge des sociétés de maintenance.

1 La description générale d'un ascenseur

A| Les deux grandes familles d'ascenseur

Il y a deux grandes familles d'ascenseur : **électriques** et **hydrauliques**. Cependant, les règles de sécurité sont en général les mêmes. Il faut retenir que toute intervention au niveau de la gaine et/ou de la cabine représente un danger lorsque le courant force n'est pas coupé.

Si l'on extrait une personne sans avoir coupé le courant force, la cabine peut se déplacer, avec toutes les conséquences auxquelles ce mouvement pourrait conduire.

B| Le système de frein de la cabine

Durant une utilisation normale, les mâchoires ne sont pas en contact avec le tambour (grâce à l'électro-aimant de frein). Dès le moindre problème technique et/ou coupure du courant force, les mâchoires viennent en contact avec le tambour de frein, immobilisant la cabine.

Pour mobiliser la cabine, il convient d'actionner le levier de manœuvre pour désolidariser les mâchoires du tambour, puis d'actionner le volant de manœuvre dans le sens voulu pour monter ou descendre la cabine jusqu'à alignement des repères visuels situés sur les câbles et sur un point fixe.

ATTENTION
Bien penser à couper le courant force avant toute manipulation de la cabine ou du volant de manœuvre.

C| Le système de parachutes

La chute de la cabine en cas de rupture de câbles est impossible. Au pire, si la cabine est très lourdement lestée, elle peut descendre au maximum de 5 à 10 cm et se bloquer par l'action directe des freins sur les rails verticaux.

2 Les risques

Les **risques** sont les suivants :

- personne bloquée dans une cabine arrêtée entre deux étages ;
- personne coincée entre la cabine et le palier ;
- personne engagée sous une cabine ;
- personne tombée dans une cage d'ascenseur.

Les **causes** peuvent être : un défaut technique, une surcharge, une panne de courant.

Conduite à tenir :

- entrouvrir la première porte palière pour effectuer une rapide reconnaissance ;
- prendre contact oralement avec la ou les personnes coincées dans la cabine ;
- se renseigner sur leur nombre et leur état (demande de moyens complémentaires si besoin, par exemple : un VSAV si malaise) ;
- les rassurer ;
- les inviter à se positionner au fond de la cabine (pour limiter les risques de précipitation lors de l'ouverture des portes) ;
- couper le courant force (accessible en machinerie) ; la lumière cabine est indépendante ;
- aligner la cabine (suivre les instructions en machinerie) ;
- ouvrir la porte palière ;
- ouvrir la porte cabine si elle ne s'est pas ouverte seule. Si blocage, déplacer de 20-30 cm la cabine ;
- sortir les personnes, les éloigner de la cabine ;
- ne pas remettre le courant force.

ATTENTION

Après une manœuvre manuelle de la cabine, vérifier que toutes les portes palières sont bien refermées.

3 Une mesure de sécurité récente

En vertu des dispositions de la **norme NF P 82-812** relative aux règles de sécurité pour la construction et l'installation des ascenseurs électriques, les nouveaux ascenseurs peuvent être équipés d'un **dispositif de protection contre le vandalisme**.

Ce dispositif empêche l'ouverture manuelle de la porte palière en l'absence de cabine à l'étage et a pour objectif de limiter les tentatives d'effraction ou de dégradation de ces appareils, surtout situés dans les zones dites « sensibles ».

L'identification du dispositif de désactivation doit être affichée de façon permanente auprès de l'ascenseur, au niveau de chaque porte palière.

Ce dispositif de protection ne peut être désactivé qu'à partir de la machinerie.

FICHE 26

La protection des personnes, des biens et de l'environnement (PBE)

LA FUITE DE GAZ

Régulièrement, les conduits acheminant le gaz naturel sont endommagés à l'occasion de travaux ou d'accidents. Les fuites ainsi occasionnées concernent principalement le réseau de distribution en moyenne ou basse pression et, plus rarement, le transport en haute pression.

1 La présentation du réseau

L'acheminement du gaz sur le territoire est divisé en deux types :

- le réseau « transport » ;
- le réseau « distribution ».

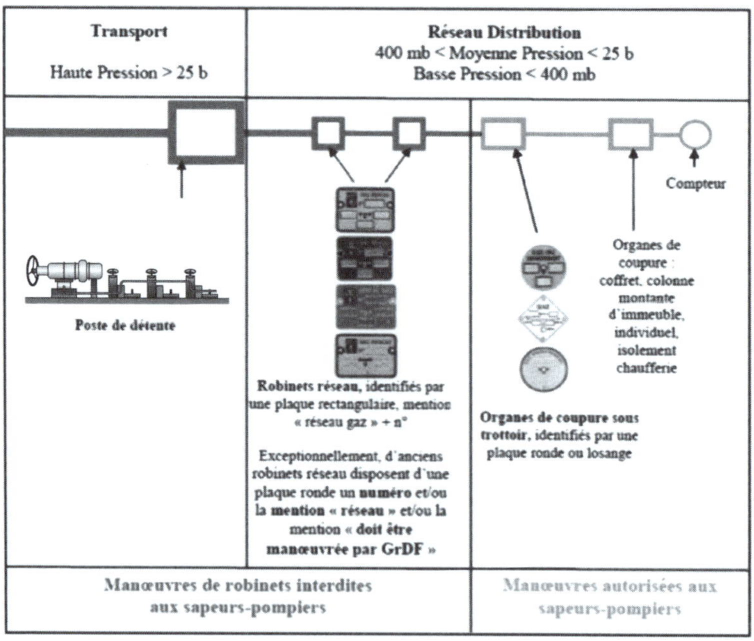

Lors d'une intervention pour fuite de gaz, les sapeurs-pompiers ne peuvent manipuler que les organes de coupure alimentant un immeuble ou un pavillon en fin de réseau de distribution. Dans ce cas, l'organe de coupure doit être consigné et seul un agent GDF est habilité à réaliser la remise en gaz. Toute intervention sur les robinets réseau ou sur le transport ne peut être réalisé que par du personnel GDF. Le schéma précise la limite de l'intervention des sapeurs-pompiers.

2 La conduite opérationnelle

A| Avant l'arrivée sur les lieux (en cours de transit)

- Retirer les appareils électriques et électroniques à l'ensemble des intervenants (bips, téléphones...).
- Préparer un binôme de reconnaissance en tenue de feu complète avec ARI et explosimètre.
- Préparer un binôme de sécurité en tenue de feu avec ARI.
- Rappeler les consignes de sécurité pour l'ensemble des intervenants (éviter toutes sources d'ignition telles que sonnette, téléphone, lumière...).

B| Sur les lieux

- Stationner l'engin (les engins) 50 mètres avant l'adresse, si possible derrière un écran (façade de bâtiment, par exemple).
- Alimenter l'engin-pompe.
- Faire établir une lance par le binôme de sécurité suffisamment éloignée de la zone d'intervention, sans la mettre en eau (car un établissement sec sera plus facile à déplacer pour rejoindre un point d'attaque éventuel).
- Engager le minimum de personnel pour les reconnaissances avec explosimètre.

3 La conduite à tenir selon la circonstance rencontrée

A| Fuite sur voie publique

1| Fuite avérée et localisée

- Établir un périmètre de sécurité réflexe de 50 mètres autour de la fuite.
- Mettre en œuvre si besoin une lance pour accélérer la dilution du nuage, en évitant les écoulements d'eau dans la tranchée où se trouve la fuite.

- Empêcher le gaz de pénétrer à l'intérieur des bâtiments proches (fermetures des portes et fenêtres).
- Relever les mesures à l'aide d'un explosimètre pour affiner le périmètre de sécurité.

2 | Fuite non localisée

- Réaliser des relevés en portant une attention particulière à l'ensemble des regards, soubassements, caves, réseaux de conduites enterrées.
- Ventiler en cas de détection positive.
- Évacuer les personnes exposées au risque.
- Rechercher les sources de gaz possibles dans l'environnement proche.

3 | Fuite dite « fermée »

Mêmes consignes que précédemment.

B | Fuite dans un bâtiment

- En cas de détection positive, procéder à l'évacuation des personnes exposées.
- Fermer l'organe de coupure le plus proche de la fuite.
- Engager le minimum de personnel avec EPI et ARI pour ventiler les locaux.
- Couper l'électricité seulement si le sectionneur ne se trouve pas dans une atmosphère explosive.

C | Fuite enflammée

- Ne pas chercher à éteindre le feu, sauf si un organe de coupure est facilement accessible et manœuvrable immédiatement après l'extinction.
- Protéger l'environnement de tout risque de propagation et adapter le périmètre de sécurité en conséquence.

D | Fuite sur réseau de transport

Une fuite sur réseau de transport GRT Gaz présente un risque majeur au regard de la quantité de gaz libérée et de la durée potentielle d'arrêt de la fuite. Sur le terrain, l'emplacement des canalisations est matérialisé par des bornes jaunes numérotées.

- Réaliser un périmètre de sécurité de 200 mètres avec évacuation totale.
- Engager un minimum de personnel.
- Mettre en place des moyens hydrauliques pour protection.
- Neutraliser les sources d'ignition.

La protection des personnes, des biens et de l'environnement (PBE)

FICHE 27

LES AUTRES INTERVENTIONS

Les sapeurs-pompiers sont confrontés à d'autres opérations diverses dans les domaines des risques technologiques et du risque naturel.

1 Les risques technologiques

A| Le risque chimique

Les risques sont divers : industriels sur les sites de production, accidents lors du transport de matières dangereuses, terrorisme.

L'identification du risque chimique à l'occasion d'accidents de transport de matières dangereuses se réalise au moyen :

- de l'étiquette de danger qui se décline en 9 classes ;

Exemple

Classe 5 = matières comburantes et peroxydes organiques

Classe 6 = matières toxiques

– de la plaque orange (rectangle supérieur = code danger, appelé code Kemler) :

Exemple

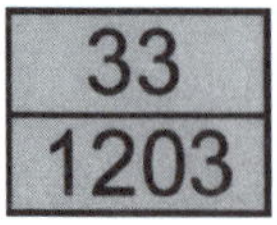

- 0 : absence de danger secondaire,
- 1 : matières explosives,
- 2 : émanation de gaz résultant de la pression ou d'une réaction chimique,
- 3 : inflammabilité de liquide et gaz, ou liquide auto-échauffant,
- 4 : inflammabilité de solide ou solide auto-échauffant,
- 5 : comburant (favorise l'incendie),
- 6 : toxicité ou danger d'infection,
- 7 : radioactivité,
- 8 : corrosivité,
- 9 : danger de réaction violente spontanée,

IMPORTANT

La répétition d'un chiffre indique une intensification du danger, sauf cas particuliers :
- 22 : gaz liquéfié réfrigéré, asphyxiant ;
- 33 : liquide très inflammable (point d'éclair < 21 °C) ;
- 44 : solide inflammable qui se trouve à l'état fondu à température élevée ;
- 99 : matières dangereuses diverses transportées à chaud.

Un code danger précédé d'un x signifie « réaction dangereuse avec l'eau ». Rectangle inférieur = n° du produit (exemple : 1203 = essence).

B| Le risque radiologique

1| Les définitions

Irradiation à distance : la source n'est pas au contact de la peau, mais agit à distance. Toute personne soumise au rayonnement peut s'éloigner et donc s'en soustraire.

Contamination : la source est au contact direct de l'organisme, la seule manière de se soustraire aux rayonnements est d'être décontaminé. La contamination est transmissible.

Exemples

Quelques types de contamination :
- source radioactive liquide contenue dans un flacon qui se brise ;
- rupture de l'enveloppe d'une source radioactive pulvérulente (en poudre).

On distingue :

- la **contamination externe** : la source est déposée sur la peau ;
- la **contamination interne** : la source a pénétré dans l'organisme par les voies aériennes, digestives, par des blessures ou en traversant la peau.

2 | Les moyens de protection

a. Contre l'irradiation

Le **temps** : plus l'exposition est longue, plus la dose est importante et, en conséquence, la nocivité aussi. Il est donc impératif de rester le moins de temps possible exposé aux rayonnements.

Les **écrans** : il est possible d'atténuer en partie les rayonnements en se protégeant derrière un écran. Ces écrans doivent être le plus massif possible.

La **distance** : plus on se tient éloigné de la source, moins on est atteint par les rayonnements.

b. Contre la contamination

L'objectif est d'éviter que la matière radioactive se dépose sur la peau ou pénètre dans l'organisme. Les sapeurs-pompiers portent une tenue de protection adaptée, complétée par un appareil respiratoire isolant ou un appareil respiratoire filtrant.

3 | Deux types de sources

Les **sources scellées** : la substance radioactive est solidement incorporée avec des matières inactives, scellées dans une enveloppe. Cette dernière présente une résistance suffisante pour éviter toute dispersion dans des conditions normales d'emploi.

Les **sources non scellées** : pas de garantie de l'absence de dispersion radioactive.

4 | Les différents types d'étiquettes

Il existe **trois types d'étiquettes** sur les emballages. Elles fournissent des informations très importantes. Chacune porte la mention « RADIOACTIVE » suivie d'un, deux ou trois traits verticaux rouges :

- « RADIOACTIVE I » est entièrement blanche ;
- « RADIOACTIVE II » et « RADIOACTIVE III » sont jaunes et blanches.

Chaque étiquette indique le « contenu » et « l'activité ».

Les étiquettes « RADIOACTIVE II » et « RADIOACTIVE III » ont en bas un petit rectangle qui indique l'indice de transport.

Exemple

2 Les risques naturels

Les deux tiers des 36 000 communes françaises sont exposées à au moins un risque naturel : 1 Français sur 4 et 1 emploi sur 3 sont aujourd'hui potentiellement exposés aux inondations ; le risque sismique est le plus redouté en termes de nombre de victimes potentielles, notamment aux Antilles.

A| Les différents types d'aléas

Huit risques naturels principaux sont prévisibles sur le territoire national : les inondations, les séismes, les éruptions volcaniques, les mouvements de terrain, les avalanches, les feux de forêt, les cyclones et les tempêtes.

1| Les inondations

- L'inondation est la submersion d'une zone, avec des hauteurs d'eau variables. Elle est due à l'augmentation du débit d'un cours d'eau provoquée par des pluies importantes et durables.
- En France, c'est le premier risque naturel par l'importance des dommages provoqués, le nombre de communes impliquées (16 000 communes dont 300 agglomérations), l'étendue des zones inondables (27 000 km^2) et le nombre d'habitants y résidant (5,1 millions de personnes).
- Chaque année, de nouvelles catastrophes révèlent à quel point l'ensemble du territoire français est vulnérable, qu'il s'agisse des zones urbaines ou rurales.

2| Les séismes

- Dans le monde, chaque année, on enregistre plus de 150 séismes de magnitude supérieure ou égale à 6 sur l'échelle de Richter (séismes potentiellement destructeurs).
- En France, c'est à la Guadeloupe et à la Martinique que le risque sismique est le plus élevé, ces deux îles étant situées à la frontière de deux plaques tectoniques.

3| Les éruptions volcaniques

Bien que généralement prévisibles, les éruptions volcaniques constituent un risque majeur pour trois départements d'outre-mer (la Martinique, la Guadeloupe, la Réunion).

4 | Les mouvements de terrain

Les différents mouvements de terrain	Les causes
– Affaissements et effondrements liés aux cavités souterraines – Éboulements et chutes de pierres – Glissements de terrain – Retrait-gonflement des sols argileux	– Fortes précipitations – Alternance gel et dégel – Températures très élevées – Activités humaines (déboisement, exploitation de matériaux, travaux de terrassement...)

Ces mouvements, pourtant ponctuels, constituent un risque majeur en raison de leurs conséquences matérielles et humaines. En France, 7 000 communes présentent ce risque.

5 | Les avalanches

Les avalanches sont parmi les catastrophes naturelles les moins meurtrières. Les accidents majeurs sont exceptionnels (catastrophe en février 1999 à Montroc, Haute-Savoie).

Dans le monde, elles font environ 500 victimes par an ; en France, une trentaine, généralement provoquées par des activités de loisirs.

La prévision de ce risque étant difficile, des mesures de prévention et d'information des pratiquants des sports de montagne se développent.

6 | Les incendies de forêt

Du fait de ses 15 millions d'hectares de zones boisées, la France connaît chaque année des incendies de forêt, particulièrement sur le pourtour méditerranéen, en Corse et dans les Landes.

Face à ce risque, les pouvoirs publics (État et collectivités) mènent une politique à double volet : lutte contre les incendies et prévention active : gestion de la forêt, de l'interface habitat-forêt ; information du public...

7 | Les cyclones

Risques naturels majeurs dans les zones intertropicales, les cyclones sont les phénomènes météorologiques les plus dévastateurs. En France ils concernent les collectivités d'outre-mer.

Malgré les progrès effectués en matière de compréhension du phénomène et les mesures de surveillance, chaque année les cyclones ont de lourdes conséquences humaines et économiques.

8 | Les tempêtes

Avec des vents pouvant dépasser 200 km/h en rafales et souvent des pluies diluviennes, des marées de tempête et une forte houle sur les littoraux de la côte nord et ouest, la France est exposée au risque tempête (Lothar et Martin en décembre 1999 ; Klaus en janvier 2009 ; Xynthia en février 2010…).

B | Les conséquences

- **Sur l'homme** : noyade, blessures, électrocution des personnes blessées, isolées ou déplacées.
- **Sur les biens et les animaux** : détériorations et dommages sur les habitations dont la stabilité peut être affaiblie, les véhicules, les ouvrages publics (ponts, routes, voies ferrées, submersion de stations de pompage) ; réaction violente de certains matériaux (sodium, acétylène…) avec l'eau, pouvant entraîner des explosions ou des incendies ; destruction de cultures ; noyade, déplacement, maladie du bétail.
- **Sur l'environnement** : destruction de la faune et de la flore, pollutions diverses (égouts, réseau d'eau) pouvant entraîner des accidents technologiques, répartition sur de longues distances de débris ou de liquides dangereux ou toxiques (pesticides, hydrates).
- **Sur les services** : la détérioration de certains ouvrages peut entraîner la paralysie des services publics mobilisés à cette occasion (sapeurs-pompiers, centre hospitalier, EDF/GDF, télécommunications, etc.).

3 La prévention des risques majeurs

Source : © Ministère de l'intérieur

 # info
Les risques majeurs
foucherconnect.fr/rcspv02

FICHE 28

La protection des personnes, des biens et de l'environnement (PBE)

LES RISQUES ANIMALIERS

Les sapeurs-pompiers sont souvent amenés à intervenir en présence d'animaux, soit lors d'une opération classique dans laquelle des animaux sont impliqués, soit pour capturer, soit pour porter assistance ou secours à des animaux (dangereux ou non), sauvages ou domestiques, parfois même blessés.

1 Les missions des sapeurs-pompiers

Toute mission animalière présente un danger pour le public présent et nécessite des moyens humains ou matériels conséquents. Face à l'importance médiatique et la fréquence de ces interventions, plusieurs **services départementaux d'incendie et de secours (SDIS)** ont renforcé la formation de leurs personnels par la création d'équipes opérationnelles spécialisées en risque animalier. Toutefois, aucun guide national de référence ne réglemente cette activité spécialisée.

Les **missions relevant des sapeurs-pompiers** sont le sauvetage d'animaux menacés, blessés ou piégés, en danger sur la voie publique ou ceux présentant un risque pour la population. En absence de danger ou de caractère urgent, les sapeurs-pompiers n'ont pas à intervenir. Ainsi un animal errant, en divagation sur la voie publique, ne doit pas générer l'intervention des sapeurs-pompiers.

Les corps de sapeurs-pompiers comptent souvent dans leurs effectifs des **vétérinaires de sapeurs-pompiers, officiers volontaires**. Leurs missions consistent à prodiguer les soins aux animaux blessés et à intervenir dans des domaines qui relèvent de la santé publique. Le vétérinaire est responsable de la télé-anesthésie et reste le conseiller technique du commandant des opérations de secours (COS) pour tout ce qui relève de la prise en charge médicale ou sanitaire des animaux.

2 Les matériels à disposition

A| La tenue d'intervention

La tenue de base doit toujours être adaptée au risque rencontré. Les équipements de protection individuelle (EPI) de type vêtements de feu ne protègent en aucun cas contre les morsures ou les coups de griffe…

Il s'agit d'un minimum auquel doivent s'ajouter des **éléments complémentaires** :

- casque F2 ;
- lunettes de protection ;
- masque contre le risque infectieux ;
- gants spécialisés ;
- tablier de protection…

B| Le matériel du véhicule tout usage (VTU)

Selon les départements, l'armement de base des véhicules adaptés aux interventions diverses diffère. En général, on y trouve un lasso, une pince à chat, une cage, une combinaison contre les hyménoptères et une échelle à coulisse.

Cette liste peut se compléter par des **matériels plus spécialisés** : bouclier d'approche, costume de protection (chiens), gants renforcés et spécialisés (singes, chats, serpents…), combinaison de plongée, clôture électrique, filets (à marcher, à lancer…), pince pour petits animaux, crochets à serpents, sangles de levage, fusils hypodermiques (usage réglementé), brancard de relevage et harnais de sauvetage pour chien, matériel et médicaments vétérinaires, etc.

3 Les consignes générales d'intervention

Le **premier réflexe** est de figer la scène d'intervention au plus vite par la mise en place d'un périmètre de sécurité adapté à l'animal.

A| Les zones virtuelles

L'attitude de l'animal dépend de plusieurs zones virtuelles :

- une **zone d'indifférence** qui permet de délimiter le périmètre de sécurité ;
- une **zone d'alerte** où l'animal a pris en compte la présence des intervenants ;

- une **zone d'évitement ou de fuite** où l'animal cherche à éviter le contact des intervenants qui s'approchent ;
- une **zone d'attaque ou zone critique** dans laquelle toute présence déclenche l'attaque de l'animal.

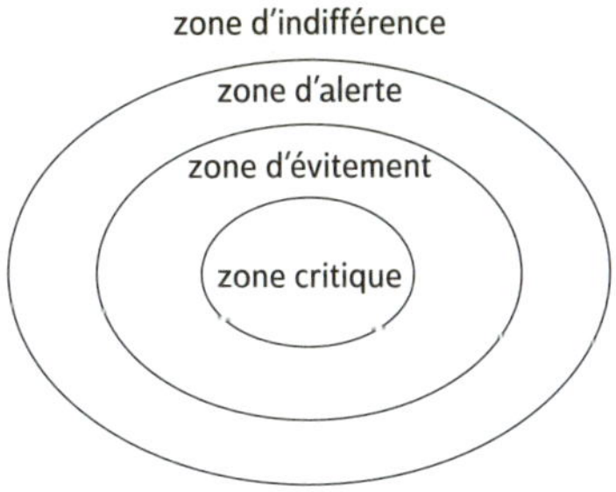

B | L'analyse de zone

Elle doit être suffisamment poussée pour répondre aux questions suivantes :
- quel est l'animal concerné (espèce, caractéristiques, dangers) et son état (stressé, blessé, bloqué, agressif…) ?
- quelles sont les possibilités qui s'offrent à lui ?
- quels sont les éléments qui pourraient gêner le bon déroulement de l'intervention et la capture de l'animal ?
- l'effectif intervenant est-il suffisant pour procéder à la capture ?
- le matériel à disposition est-il adapté et suffisant pour capturer l'animal ? À qui confier l'animal une fois capturé ?

C | Les consignes de prudence

Il faut également respecter certaines **consignes particulières de prudence** :
- l'utilisation des avertisseurs lumineux et sonores peut stresser ou apeurer davantage l'animal. Attention à leur utilisation aux abords de la zone d'intervention ;
- tout animal est potentiellement dangereux, surtout s'il a peur, s'il est blessé ou si les petits sont avec leur mère ;
- ne jamais sous-estimer les capacités d'un animal. Il est généralement plus rapide, plus puissant ou plus endurant que les intervenants ;
- ne pas se précipiter ou faire de gestes brusques, mais s'approcher doucement ;
- ne pas soutenir le regard de l'animal ;
- rester calme et respirer régulièrement.

L'**attitude des animaux** est un signe à prendre en compte. Ainsi la position de la tête, le plissement du museau, la position des oreilles, les mouvements de la queue, le poil hérissé sont autant de signes exprimant son humeur.

4 La méthodologie opérationnelle

La **marche générale des opérations** obéit à un canevas précis.

» Étape 1 – Préparation de l'intervention

- Précautions à prendre :
- établir un périmètre de sécurité adapté ;
- porter la tenue appropriée au risque ;
- éviter le suraccident ;
- rester calme et ne pas se précipiter ou faire de gestes brusques.
- Que faire de l'animal capturé ?
- création d'un enclos, mise en cage ;
- prise en charge par les services de la commune ou intercommunaux (qu'il faut prévenir) ;
- transport vers une structure vétérinaire ou fourrière ;
- enlèvement du cadavre par une société d'équarrissage.
- Matériel de capture à préparer et à vérifier pour éviter un dysfonctionnement intempestif.

» Étape 2 – Contention de l'animal

La contention est un procédé employé pour immobiliser les animaux afin d'effectuer un bilan, d'appliquer des soins ou de pratiquer une intervention chirurgicale. Elle peut être mécanique ou chimique :

- la **contention mécanique** comprend tous les dispositifs permettant **de contrôler, de guider ou d'entraver un animal**. Par exemple :
  - la muselière, qui peut être réalisée de manière provisoire au moyen d'un lien plat. Sa mise en place est un acte difficile,
  - le licol et sa longe, en faisant attention à ne pas coincer sa main entre le licol et la tête de l'animal. Il est plus raisonnable d'utiliser une longe de grande taille pour pouvoir maîtriser l'animal si celui-ci s'emballe,
  - les entraves permettent d'attacher entre elles les pattes de l'animal debout ou couché. Elles peuvent servir également à lever l'animal,
  - le tord-nez : c'est une boucle de cuir fixée à un bâton avec laquelle on serre la lèvre supérieure des équidés ou des bovins afin de libérer des endorphines aux effets analgésiques ;
- la **contention chimique** est un **acte vétérinaire qui consiste à endormir l'animal à distance.** Cette injection se réalise à l'aide d'une fléchette tirée par un projecteur hypodermique. Son utilisation peut être faite sous certaines conditions par un sapeur-pompier, mais seul un vétérinaire en est responsable.

» Étape 3 – Bilan de l'animal et soins si besoin

» Étape 4 – Transport de l'animal

À réaliser dans un contenant adapté et le plus souvent dans l'obscurité, pour diminuer son stress.

» Étape 5 – Remise en état du matériel et suivi sanitaire des intervenants

L'animal peut être porteur de parasites pour l'homme. Il est important de prendre toutes les mesures sanitaires d'usage avant et après être entré en contact avec un animal. L'utilisation de gants, de masque de protection respiratoire, le nettoyage des mains et des outils sont importants pour limiter ce risque sanitaire. Toute blessure doit être signalée au service de santé et de secours médical du SDIS et suivie avec une attention particulière.

5 Des exemples de cas concrets

A| Un cheval dans un puits

- Établir rapidement le contact avec l'animal pour le rassurer, lui parler calmement.
- Utiliser une main courante si besoin.
- Poser un licol et une longe et lui cacher la vue afin de faciliter les manipulations.
- Prévoir un moyen de levage pour le sortir de son piège. Pour cela, lui passer les sangles de levage sous l'abdomen et l'aider à maintenir sa tête hors de l'eau (attention au risque d'écrasement sur les parois du puits ou de coup de tête si le cheval se débat).
- Procéder au levage rapidement et de manière régulière en prêtant une attention particulière au moment où le cheval va reprendre pied : il peut partir au galop.
- Prévoir de réchauffer le cheval qui peut être en hypothermie et certainement épuisé (couverture, séchage avec de la paille, aide médicale, etc.).

À SAVOIR

La présence d'un vétérinaire est nécessaire tout au long de l'intervention.

B| Un chien agressif dans un véhicule accidenté avec victime humaine

- Baliser et caler le véhicule avant d'engager l'« écureuil » au plus près de la victime. Le chien, défendant son maître, empêchera tout sauveteur de s'introduire dans l'habitacle. Il est donc indispensable de l'isoler.
- Si la capture au lasso n'est pas réalisable, le plan dur ou le matelas coquille dépressurisé peuvent faire un écran entre le chien et la victime alors qu'un équipier détourne l'attention du chien. Cette manœuvre est dangereuse et doit

se faire rapidement sans se faire surprendre par le chien qui pourrait se jeter sur la portière en cours d'ouverture.

- Le chien défend son territoire ; il aura souvent un comportement plus docile à l'extérieur du véhicule.

C | La capture d'un serpent échappé du terrarium

- Se faire confirmer la présence du serpent par un témoin (propriétaire présent) ainsi que son espèce et sa dangerosité.
- Établir un périmètre de sécurité.
- Investir précautionneusement les lieux, en cherchant dans chaque recoin, du haut vers le bas. Par mesure de sécurité, ne faire aucune recherche main nue mais utiliser le matériel adapté (crochet, pince à reptile, bâton de fixation, raclette...). Le serpent peut rester caché tout comme il peut s'enrouler autour d'un point fixe ou attaquer. Il existe des gants spéciaux contre le risque d'envenimation par morsure.
- Mettre l'animal capturé en boîte ; il doit faire l'objet d'une identification précise.

Lorsque la capture est trop dangereuse ou doit se faire en urgence, l'utilisation d'un extincteur au CO_2 est efficace à distance mais peut être fatale pour l'animal.

FICHE 29

La protection des personnes, des biens et de l'environnement (PBE)

LES ANIMAUX

En France, les sorties pour faits d'animaux (hyménoptères inclus) représentent 35 % des interventions diverses, soit plus de 8 % de la totalité des interventions des sapeurs-pompiers.

1 Les animaux en lien avec les sapeurs-pompiers

Les interventions présentent toutes des risques pour la sécurité des intervenants. Les principales natures d'intervention sont les suivantes.

Animaux	Types de risque/d'intervention
Chiens et chats	Agressifs ou blessés, parfois impliqués dans un accident de la circulation
Chevaux	Enlisement, accident de transport
Animaux de la faune sauvage	Animal en divagation ou blessé suite à un accident de la circulation
Nouveaux animaux de compagnie	Divagation d'animal exotique
Rapaces	Dans des conduits de cheminée ou blessés
Animaux de ferme ou de parc animalier	Évasion ou accident

Le statut juridique de l'animal en France a été reformé par la loi n° 2015-77 du 16 février 2015. Cette loi a instauré un article au sein du Code civil (art. L-515-14) qui définit désormais les animaux comme des « êtres vivants dotés de sensibilité » (et non plus comme des « biens meubles »).

Le même article précise, en outre, que ceux-ci sont soumis « au régime des biens ».

2 Les différentes espèces animales : comportement et danger

A| Les animaux domestiques

1| Les chiens

Les **morsures** sont le risque principal mais également les **griffures** et le **risque infectieux** (rages, autres parasites).

Il existe différentes catégories de chiens en fonction des espèces et de leurs caractéristiques morphologiques. La loi du 6 janvier 1999 précitée classe les chiens potentiellement dangereux. Ainsi, on retrouve en première catégorie les chiens d'attaque et en deuxième catégorie les chiens de garde ou de défense.

La liste complète des races est précisée par l'arrêté ministériel du 27 avril 1999 publié au *Journal officiel* du 30 avril 1999.

Il est important de prendre toutes les précautions de rigueur sur intervention, même si le chien concerné n'est pas classé au regard de cet arrêté, le risque de blessure restant toujours présent.

2| Les chats

Attention aux **griffures** particulièrement dangereuses au niveau du visage. Le chat étant très vif et très agile, une attaque rapide avant la fuite ne doit pas être négligée.

3| Les équidés (chevaux, ânes...)

Le cheval, même s'il a généralement un comportement très placide en centre équestre, reste un animal craintif, sur le qui-vive, pouvant avoir une réaction de peur assez violente.

On peut craindre ainsi ses **coups de sabot** lors de ruades, mais aussi les **morsures** ou les **blessures par écrasement** du fait de son poids.

4| Les bovidés (vaches, taureaux, veaux...)

Généralement en troupeau mené par un mâle dominant, ces animaux, en phase de stress, ont souvent tendance à charger. Les **blessures par coup de corne ou coup de tête** ne sont pas rares, tout comme les **coups de sabot** (coup de fauche) au passage de l'animal.

5| Les ovins et caprins (moutons, chèvres, béliers...)

Même si le risque semble moindre, les **coups de tête ou de corne** (plus ou moins longues et affûtées) peuvent occasionner des blessures sérieuses lors de la charge.

6 | Les porcins

Animal craintif, pouvant peser jusqu'à près de 300 kg, un porc ou une truie avec des petits n'hésitera pas à mordre ou à bousculer l'intervenant.

7 | Les nouveaux animaux de compagnie (NAC)

Le terme NAC est plutôt récent et se rapporte à des **animaux domestiques moins conventionnels**. On y trouve des mammifères (petits rongeurs, furets...), des reptiles (serpents, tortues, lézards...), des arthropodes (scorpions, araignées...), des amphibiens (grenouilles...), des oiseaux (perruches, perroquets...), des poissons et des mollusques (escargots...).

Le commerce et la détention des NAC sont réglementés par la convention internationale de Washington du 3 mars 1973 ratifiée par la loi du 27 décembre 1977.

Si la réglementation n'empêche pas de détenir ces animaux, elle précise, par l'arrêté du 10 août 2004 relatif à la détention et à l'élevage d'espèces animales non domestiques, les conditions pour détenir certains de ces animaux en fonction de leur dangerosité pour l'homme et du degré de protection de l'espèce animale concernée.

Ces animaux génèrent des risques de **morsures** ou **griffures** plus ou moins graves, et certains peuvent être **venimeux**, voire mortels pour l'homme.

B | Les espèces sauvages

1 | Les cervidés (cerfs, chevreuils, rennes, daims...)

Ce sont des animaux sauvages très craintifs qui prennent la fuite dès qu'ils ressentent un danger. Toute contention est extrêmement stressante pour l'animal et peut lui être fatale par crise cardiaque.

Il n'en reste pas moins qu'il faut se méfier d'un **coup de tête ou de pied** lors d'une tentative de fuite. De plus, ces animaux sont souvent porteurs de **parasites** (tiques, puces, poux...).

2 | Le sanglier (famille des suidés)

Le sanglier, animal grégaire et peureux, n'hésite pas à charger, à blesser avec ses défenses et à mordre s'il est acculé ou blessé. Ses coups de défenses peuvent être très graves.

3 | Le renard

C'est un animal classé comme nuisible dans certains départements. Il n'a alors d'autre avenir lorsqu'il est capturé qu'une mise à mort. Il génère également de gros **risques sanitaires** pour les intervenants. Outre des maladies comme la rage ou la gale dont il est un des vecteurs de contamination, il peut être porteur de l'échinococcose alvéolaire. Il s'agit d'une zoonose redoutable et transmissible à l'homme pouvant entraîner la mort.

Il est préconisé d'utiliser des protections respiratoires et des gants latex lors de toute manipulation.

4 | Les rapaces et autres oiseaux

Selon l'animal, les risques à craindre sont liés aux **griffures** des serres, aux **coups de bec ou aux coups d'aile**. Certains ont des becs très puissants (par exemple, les charognards), d'autres des serres dangereuses (oiseaux de proie). D'autres, en raison de leur envergure, pincent avec leur bec ou frappent avec leurs ailes.

5 | Les hyménoptères (guêpes, frelons, abeilles...)

- La **guêpe** : abdomen jaune rayé de noir, mesurant entre 1 et 2 cm, elle peut piquer plusieurs fois, son dard ne s'arrachant pas.
- L'**abeille** : plus petite qu'une guêpe, de couleur marron, avec un duvet soyeux ; elle perd son dard et meurt après avoir piqué.
- Le **frelon** : sorte de grosse guêpe de 3 à 4 cm dont la piqûre est très douloureuse.

La réaction aux piqûres d'hyménoptères peut être assez vive, conduisant parfois au malaise. Les réactions anaphylactiques de certaines personnes sensibles sont de plus en plus fortes à chaque nouvelle piqûre. Elles peuvent conduire à la mort.

6 | Les cnidaires

Les **méduses** présentent des filaments urticants. La réaction aux piqûres de méduses peut être comparable à celle des hyménoptères.

7 | Les chenilles processionnaires (famille des lépidoptères)

Les chenilles processionnaires du pin ou du chêne peuvent provoquer d'importantes réactions allergiques en raison d'un caractère fortement urticant.

FICHE 30

La protection des personnes, des biens et de l'environnement (PBE)

LES OPÉRATIONS D'ÉPUISEMENT

Lors des missions de protection des biens et de l'environnement, les interventions pour inondation de locaux (appartements, caves...) sont fréquentes et leurs causes sont multiples : rupture de conduite, négligence, conditions météo, infiltration, vétusté et fonctionnement défectueux, etc. La mission des sapeurs-pompiers se limite à supprimer la cause et à éviter l'aggravation des dommages.

1 La reconnaissance de la situation

La reconnaissance a pour objectifs de :

- **rechercher et déterminer la cause** (par la prise de renseignements auprès du requérant, du gardien ou du voisinage et en se faisant guider au plus près du sinistre) ;
- **supprimer la cause** (fermer un robinet, une vanne ou un contre-barrage, manœuvrer avant ou après compteur un robinet de la colonne de distribution et barrer à la vanne générale si besoin, action effectuée par le service des eaux sur la canalisation générale) ;
- **définir les moyens**.

Une reconnaissance de tous les locaux situés en dessous de la surface inondée s'impose. La reconnaissance doit permettre :

- d'apprécier la nature et le nombre des locaux sinistrés ;
- de décider de couper le courant en cas de risque électrique (penser à demander à EDF) ;
- de quantifier les surfaces (pour les habitations et les entreprises), les volumes (la hauteur et la surface d'eau pour estimer le volume d'eau à épuiser, à calculer en m^3), les niveaux (étages supérieurs et inférieurs) ainsi que les moyens adaptés pour assurer la mission.

2 Le déroulement des opérations

A| Le choix des appareils

Le **choix des appareils d'assèchement** est fonction de la source d'énergie disponible et utilisable (réseau électrique, groupe électrogène, alimentation en eau), de la quantité d'eau contenue dans le local, de la hauteur d'eau à aspirer, de la hauteur géométrique d'aspiration et de la ventilation des locaux.

Il se fait parmi les matériels ci-après : aspirateur, hydro-éjecteur et turbo pompe d'épuisement, MPE électrique ou thermique, MPR ou engin-pompe dans certains grands volumes (uniquement pour les eaux claires).

IMPORTANT

Il faut prêter attention :
- **en infrastructure** : aux transformateurs, chaufferies et machineries d'ascenseur, qu'il faut préserver en cas d'inondation ;
- **sur la voie publique** : aux conséquences que peuvent subir les installations EDF, GDF et les locaux télécom ;
- **sur des structures anciennes** : aux surcharges de planchers (faire une trouée si besoin pour évacuer l'eau stagnante).

Il faut surveiller le niveau de l'eau (si le niveau baisse, évaluer le temps d'intervention ; si le niveau ne baisse pas, rechercher la cause...), les émissions de gaz d'échappement (pour les matériels thermiques) et les établissements.

À chaque retour d'intervention, il faut remettre en état le matériel, vérifier son fonctionnement, le faire sécher et le stocker.

B| Les pompes thermiques

1| Les motopompes d'épuisement (MPE)

Elles sont équipées d'un moteur thermique, d'une pompe et d'un système d'amorçage qui offrent des débits variables (jusqu'à 60 m^3/h) sous une faible pression. Débit : 250 à 750 L/min, sous 3 bars à 5,50 m de dénivelé.

Elles sont mises en œuvre pour des épuisements n'excédant pas 60 m^3/h par motopompe et sont spécialement conçues pour être mises en aspiration directe dans les caves, sous-sol, excavations et locaux inondés.

Elles doivent toujours être placées si possible à l'extérieur, afin d'éviter tout risque d'intoxication par les gaz d'échappement.

2| Les motopompes remorquables (MPR)

Ce sont des engins de lutte contre l'incendie comportant une pompe accouplée à un moteur thermique et munie d'un amorceur.

Elles sont utilisées lors des opérations d'alimentation de lances, pompes et appareils hydrauliques ainsi que lors des opérations d'épuisement d'eau moyennement chargée en grande quantité.

Leur mise en œuvre se fait en aspiration dans une nappe d'eau, en refoulement sur une bouche ou un poteau, ou en relais.

3 | Les motopompes flottantes (MPF)

Elles sont équipées d'un moteur thermique, d'une pompe centrifuge et de flotteurs qui les rendent insubmersibles.

Elles sont utilisées lors des opérations d'alimentation de lances, pompes et appareils hydrauliques ainsi que lors des opérations d'épuisement d'eau, chargée ou non.

Elles offrent un débit pouvant aller jusqu'à 1 450 L/min sous une faible pression.

C | Les pompes hydrauliques

1 | L'hydro-éjecteur

C'est une pompe hydraulique équipée d'un système venturi. L'appareil est immergé dans le volume à épuiser. De l'eau sous pression y est envoyée, par un engin, grâce à un établissement de 45 mm. Un phénomène d'aspiration se produit dans le dispositif « éjecteur » et cette eau « motrice » ainsi que l'eau « aspirée » s'évacuent par une tubulure de refoulement dans un établissement de 70 mm.

Il permet la réalimentation des engins porteurs d'eau par l'intermédiaire de leur propre pompe, ainsi que l'épuisement dans des volumes d'eau limités et le pompage à partir d'une nappe d'eau dans laquelle une mise en aspiration n'est pas possible (éloignement par rapport au stationnement de l'engin-pompe ou trop grand dénivelé).

2 | La turbo-pompe

Elle est constituée d'une turbine hydraulique et d'une pompe dont les roues sont montées sur un même arbre tournant dans un palier à roulement à billes. De l'eau sous pression alimentant la turbine provoque la rotation à grande vitesse (1 800 à 2 000 t/min) de l'arbre et, par conséquent, de la roue de la pompe. Le liquide à évacuer est aspiré et refoulé à l'extérieur de la zone à assécher.

Elle permet l'épuisement d'eau dans les sous-sols, caves et excavations. Dans le cas de fonds sablonneux, il faut maintenir la crépine à 150 mm au moins du fond. Il est important de noter que les deux circuits (turbine et pompe) sont indépendants l'un de l'autre, sans communication ni mélange.

La turbine fonctionne donc avec de l'eau propre de l'engin-pompe, récupérable par retour au réservoir, tandis que la turbopompe peut véhiculer des eaux usées ou tout autre liquide.

3 | La pompe électrique

Elle est simple d'utilisation et de mise en œuvre, mais il faut disposer d'une alimentation électrique (secteur ou groupe électrogène). Son rendement est compris entre 0 et 30 m^3/h pour des hauteurs d'aspiration ne dépassant pas 24 m.

Elle est utilisée pour l'épuisement d'eaux chargées lorsque les moyens à moteur thermique ne peuvent être employés ou que l'éloignement des hydrants ou engins-pompes ne permet pas l'utilisation de moyens hydrauliques.

4 | Les aspirateurs à eau

Ce sont des appareils électriques prévus pour l'aspiration de petits volumes d'eau (50 à 70 L) avec une très faible hauteur d'aspiration.

Il en existe différents modèles de puissance et d'encombrement variables ; ils sont équipés d'une pompe de refoulement.

Leur capacité de cuve varie de 50 à 70 L et leur tension d'utilisation est de 220 volts. Leur rendement est compris entre 0 m^3 et 15 m^3/h pour des hauteurs de refoulement de 8 m maximum et la hauteur d'eau ne doit pas dépasser 5 cm environ.

Les techniques opérationnelles (TOP)

FICHE 31

LES TECHNIQUES, LES MANŒUVRES ET LES MATÉRIELS

Les secours sont amenés à intervenir dans des situations multiples. De ce fait, ils doivent pouvoir mettre en œuvre une multitude de techniques et/ou de matériels.

1 La manœuvre de force

A| Les objectifs

Lorsqu'il s'agit de modifier la position ou de déplacer une charge, une reconnaissance permet :

- de définir les efforts à réaliser (masse, volume de la charge) ;
- de trouver les points fixes ;
- d'estimer la nature du terrain et/ou des matériaux ;
- de choisir le matériel et le personnel utile ;
- de déterminer les idées de manœuvre.

B| Le déroulement de la manœuvre

Au cours de la manœuvre, le chef commande. Le système est mis en traction avant chaque nouvelle manœuvre (contrôle visuel de sécurité). Seul le personnel utile est présent. La manœuvre se déroule lentement (contrôle des matériels et limitation des effets dynamiques). Le matériel est contrôlé et remis en état à l'issue.

C| Le matériel

Les **matériels courants** sont les suivants : câbles, manilles (droites ou en lyre), poulies (à corde ou à câbles, simples ou à chape ouvrante), élingues (en acier ou en textile), chaînes (calibrées ou à câbles), plaques, agrès de traction (tire-câble ou tire-fort, treuil), écarteurs, vérins, coussins gonflables, crics.

Les **points fixes naturels courants** sont les suivants : véhicules, arbres, voies ferrées, édifices.

Les **points fixes artificiels courants** sont les suivants : corps-mort, roue de secours, ancrage avec des piquets et/ou des plaques (en I, Y ou V).

Afin de limiter les efforts de traction, on peut effectuer des mouflages. La force est ainsi démultipliée.

2 Les étaiements provisoires

Lorsqu'un élément menace de tomber, il faut le soutenir avec un étai. Il s'agit également de veiller à aborder les victimes, de sécuriser un chantier, de consolider une structure bâtimentaire, de maintenir un accès.

Les étais sont classés en deux catégories : les **étais élémentaires** (vertical, oblique, croisillon) et les **étrésillonnements**. Ils sont réalisés soit en bois soit en métal (étais métalliques), ils peuvent être statiques, pneumatiques ou hydrauliques.

Mise en œuvre :

- l'étai doit reposer sur un plan dur (+ semelle et chapeau sur l'étai) ;
- il doit être placé perpendiculairement à la charge ;
- aucun vide ne doit être toléré entre la charge et le soutènement.

Principes de base :

- un étai carré est plus résistant qu'un étai rectangulaire (à section égale) ;
- plus un étai est court, plus il résiste.

Mesures de sécurité :

- s'équiper de ses EPI adaptés ;
- rester vigilant à son environnement ;
- ne pas s'aventurer dans des zones non sécurisées.

3 Les cordages et les nœuds

Les cordages et les commandes ne servent qu'à des missions de manutention, d'arrimage ou de sécurité.

A| Le cordage

Longueur	20 m
Poids	3,250 kg
Diamètre	15 mm
Résistance à la rupture	4 000 kg

Utilisation et règles d'usage :

- le cordage sert à monter ou descendre du matériel ; à arrimer du matériel ou un véhicule ;
- il est muni à une extrémité d'un anneau et à l'autre d'un mousqueton ;
- il doit être roulé en double et se porte en bandoulière ;
- il doit être testé après chaque utilisation et tous les 6 mois ;
- après emploi, il est lavé à grande eau, brossé et mis à sécher à l'ombre.

Épreuve : les cordages d'instruction sont éprouvés tous les mois ; les autres cordages deux fois par an (si non-utilisation).

B| La commande de manutention

Longueur	25 m
Poids	1,3 kg
Diamètre	8 mm
Résistance à la rupture	2 780 kg

Utilisation et règles d'usage :

- la commande sert à :
  - monter ou descendre du matériel,
  - amarrer une échelle à coulisses ou un tuyau sur un balcon,
  - à amarrer une ligne d'aspiration ou du matériel d'épuisement ;
- elle est munie à chaque extrémité d'un mousqueton ;
- elle est généralement lovée en sac ;
- elle se porte en bandoulière ;
- après emploi, elle est lavée à grande eau, brossée et mise à sécher à l'ombre.

Épreuve : elle doit être testée après chaque utilisation et tous les mois.

C| Les nœuds

Ils servent à la mise en œuvre des cordages et des commandes :

- le **nœud plat** est un nœud de jonction qui sert à réunir provisoirement deux cordages de même diamètre et de rigidité identique ;
- le **nœud de batelier** est un nœud d'amarrage qui sert à fixer un cordage ou une commande sur un point fixe, une barre ou un anneau. Il sert également à l'amarrage d'un tuyau ou d'une échelle sur un balcon, ou encore d'une ligne d'aspiration sur un engin-pompe, ou à amarrer du matériel ;
- le **nœud d'amarre** est un nœud en boucle qui sert à attacher solidement un objet ou une personne dans les endroits périlleux.

La mise en place de nœuds sur des cordages réduit la résistance à la rupture de ceux-ci. Suivant le nœud effectué, elle peut être réduite jusqu'à 50 %.

4 L'abattage, l'élagage et le tronçonnage

A| Les tronçonneuses

Elles permettent l'abattage, l'élagage et le tronçonnage des arbres ainsi que la coupe de toute autre partie en bois. Elles sont soit électriques, soit thermiques.

Les interventions de tronçonnage sont dangereuses en raison de leur contexte et des risques liés à l'utilisation du matériel. Le premier danger est directement lié à la machine : coupures dues à la chaîne, des atteintes plus bénignes (brûlure due au pot d'échappement). Le second danger est lié au bois à couper : il n'est pas rare de voir un arbre tourner sur lui-même pendant sa chute, puis tomber sur le tronçonneur. Seule l'urgence peut autoriser le travail dans des conditions qui ne soient pas idéales.

Revêtir la tenue de protection appropriée :

- casque avec protection auditive ;
- veste de protection ;
- gants, jambières, bottes ou bottes à lacets.

Le **frein de chaîne** peut être déclenché manuellement ou automatiquement. Le lancement du moteur s'effectue seul, la coupe n'est activée qu'ensuite.

B| Les techniques de coupe

L'abattage consiste à couper un arbre pour le faire tomber ; l'élagage et l'ébranchage à enlever ses branches.

1 | L'abattage

Lors de l'**abattage d'un arbre**, il faut :

- faire attention aux lignes électriques et aux bâtiments ;
- tenir les spectateurs à bonne distance (deux fois la hauteur de l'arbre) ;
- si on travaille à deux, s'espacer de 4,50 m environ ;
- tenir compte de la répartition des grosses branches (attention aux branches mortes) ;
- débroussailler autour de l'arbre ;
- prévoir un itinéraire de fuite ;
- tenir compte du sens du vent.

L'abattage s'effectue en **deux étapes** :

- pour l'entaille d'abattage, toujours commencer par le trait diagonal de l'entaille d'abattage, du côté choisi pour la chute de l'arbre, à une profondeur d'environ 1/5e à 1/4 du diamètre du tronc ;
- puis scier le trait d'abattage de l'autre côté du tronc, 3 à 5 cm au-dessus de l'angle de l'entaille d'abattage. Ne jamais scier le tronc de part en part : il faut laisser environ 1/10e du diamètre du tronc qui sera la zone de rupture et agira comme une charnière.

ATTENTION
Avant de terminer la coupe, il faut bien s'assurer que personne ne se trouve dans la zone d'abattage.

2 | L'élagage

Lors de l'élagage, il faut procéder en **deux temps** :

- 1re coupe : à 30 à 40 cm du tronc en entaillant d'abord en dessous sur 3 à 4 cm de profondeur ;
- 2e coupe : au-dessus, un peu plus loin du tronc jusqu'à la chute de la branche.

3 | L'ébranchage

Lors de l'ébranchage, il faut :

- se placer de telle sorte que l'arbre se trouve entre la chaîne et l'utilisateur ;
- se placer du côté opposé de la branche à couper ;
- avoir une assise stable et laisser reposer le poids de la tronçonneuse sur le tronc ;
- ne jamais monter dans un arbre pour ébrancher ou élaguer ;
- ne pas se tenir sur une échelle, une plate-forme ou un rondin sans se tenir dans une position empêchant une perte d'équilibre ou une perte de contrôle de la machine ;
- faire attention aux branches pliées qui risquent de frapper en se dépliant.

5 Le déblai

Le déblai consiste à parfaire l'extinction des foyers résiduels après que le feu a été maîtrisé et à soustraire toutes les parties brûlées afin d'en empêcher les reprises. Cette phase est très importante, elle permet de s'assurer que toute trace de feu est désormais éteinte.

Les **outils courants** pour le déblai sont les suivants : pelle, balai de cantonnier, gaffe, pioche, outils de forcement petit et grand modèles, croc ou fourche recourbée, fourche droite.

A| Les techniques de mise en œuvre

Le déblai consiste à :

- éliminer toutes les traces de feu ; pour cela il est nécessaire de gratter, refroidir en arrosant toutes les parties en bois noircies ;
- procéder à des ouvertures dans les planchers et plafonds afin d'y éteindre les propagations possibles sans en affaiblir la structure ;
- dégarnir les parties recouvertes de matériaux isolants ;
- éteindre tous les matériaux encore en combustion et sortir les objets consumés.

Pendant toutes ces actions, il est nécessaire que les sapeurs-pompiers fassent attention à la découverte des foyers cachés. Pour ce faire, ils doivent :

- **observer** : les fumées résiduelles mais aussi les matériaux et leurs déformations ;
- **toucher** : avec le revers de la main ou éventuellement avec une lance (jet diffusé de protection ou jet purge) pour détecter la chaleur d'une surface ;
- **écouter** : tous les bruits suspects, craquements ou crépitements (difficile lors d'une intervention) ;
- **détecter** : toutes les traces de chaleur ou les points chauds à l'aide de la caméra thermique.

B| Les principes de sécurité à respecter

- **Protection** : porter les EPI adaptés.
- **Désenfumage** : aérer les locaux.
- **Détection** : déterminer les points chauds, y compris ceux situés sous une épaisse couche de matériaux.
- **Vigilance** : la fin de l'extinction du foyer principal ne doit pas entraîner une baisse de la vigilance.

6 Le forcement

Certaines interventions amènent les secours à pénétrer dans des locaux fermés.

Pour réussir à pénétrer dans un local, les sapeurs-pompiers ont à leur disposition de nombreux **outils de forcement** qui peuvent être soit manuels (hache, masse, pied de biche, *hooligan tool*...) ou bien hydrauliques ou thermiques (ouvre-porte, disqueuse, tronçonneuse...).

La mise en œuvre de ces matériels nécessite le port des **équipements de protection individuelle** adaptés (EPI).

7 La désincarcération

La désincarcération a pour but de libérer, à l'aide d'outils, une victime bloquée, dans l'incapacité de se dégager.

Il existe **différents types de désincarcération** :

- accidents de la circulation routière (véhicules légers, poids lourds, caravanes, camping-cars, transports en communs) ;
- accidents ferroviaires ;
- chute d'aéronefs ;
- effondrement de bâtiments ;
- chute d'ascenseur, de grue, d'échafaudage ;
- ouvertures de portes métalliques (d'ascenseur, d'entrepôt), etc.

Les **matériels courants** pour la désincarcération sont les suivants : cisailles (découpe et prédécoupes) ; écarteurs (écarter, écraser et tirer) ; outils combinés (écarter et couper) ; vérins ; coussins de levage (pneumatiques) ; matériels de calage (coins ou blocs en bois ou polymères), étais, tire-forts, câbles élingues, manilles, sangles, etc.

Tous les outils hydrauliques sont actionnés grâce à des pompes hydrauliques manuelles ou motorisées, embarquées ou portables.

Les **techniques de désincarcération**, adaptées à la situation, suivent normalement la trame suivante : calage, étaiement, écartement, coupe. La chronologie des actions peut être adaptée à certaines situations.

Les **mesures de sécurité** à respecter sont :

- **site** : prise en compte du balisage, protection incendie, coupure des énergies, calage, éclairage ;
- **victimes** : les protéger des projections lors des découpes ;
- **intervenants** : port des EPI, communication ;
- **utilisation des matériels** : en conformité avec les notices des constructeurs et les règles de la désincarcération.

8 L'éclairage et le groupe électrogène

Le groupe électrogène est une source de confort pour les actions des sapeurs-pompiers de nuit, mais aussi de sécurité et de performance. Les groupes électrogènes fournissent l'énergie et l'autonomie pour l'éclairage. Le groupe électrogène est actionné par un moteur thermique. Il est portable et peut alimenter divers appareils électriques (projecteurs sur trépieds ou sur mat télescopique, ballon d'éclairage, projecteur sur engin, outils électriques divers, etc.).

A| La mise en œuvre

Il faut mettre le groupe à la terre, raccorder les matériels, démarrer le groupe et prévoir l'alimentation en carburant suivant la durée d'utilisation.

B| Les règles de sécurité à respecter

- Le groupe doit être mis en œuvre en extérieur exclusivement, et sur un terrain plat.
- Il faut toujours réaliser une mise à la terre.
- Le plein de carburant s'effectue moteur éteint.
- Les projecteurs étant chauds, il faut utiliser ses EPI (gants) et laisser refroidir avant de ranger le matériel (dégradation et risque d'incendie).
- De retour au centre, il faut nettoyer et vérifier les niveaux de carburants, reconditionner les appareils.

9 La détection

La détection est l'action de repérer la présence de quelque chose de caché, qui n'est pas visible à l'œil nu. Il faut donc des outils tels que les détecteurs de gaz, explosifs et/ou toxiques, mais aussi les caméras thermiques ou tout autre matériel de détection.

Le **détecteur de CO** réagit en présence de monoxyde de carbone, dont l'apparition est liée à un appareil de chauffage défectueux, une mauvaise combustion et/ou aération. C'est un **gaz toxique et explosif**, qui est **inodore, incolore et insipide**. Seul le détecteur peut indiquer sa présence. Ce détecteur assure donc le double rôle de détection et de sécurité des intervenants. Il est calé à 50 ppm (partie par million), c'est-à-dire 0,005 % de gaz dans l'air.

L'**explosimètre** détecte les gaz issus des hydrocarbures.

Les **détecteurs multigaz** couvrent le plus souvent les gaz suivants : CO, CH_4 (méthane, lié notamment aux matières en décomposition), H_2S (hydrogène sulfuré, lié notamment aux égouts), O_2 (oxygène). Cette liste n'est pas exhaustive, les départements étant libres de leurs choix techniques.

La **caméra thermique** permet de localiser une victime (au cours d'un feu ou d'un effondrement), de localiser le foyer et les points chauds, de faciliter le cheminement dans un volume enfumé, d'estimer la température ambiante pour certains modèles.

10 Le bâchage

L'utilisation des bâches est liée aux actions de protection des biens. On trouve les bâches dans les FPT, mais également dans des lots. Elles sont imperméables, latéralement percées de trous munis d'œillets permettant de les ligaturer et/ou de les clouer. Elles ont des tailles différentes, de 12 m^2 à 40 m^2 en général.

Le **matériel nécessaire** est le suivant : clous de charpentiers, marteaux, cordelettes, commandes et crochets, matériels de découpe (tenailles, ciseaux...), lot de sauvetage et de protection des chutes (LSPCC).

A| Les précautions et l'entretien des bâches

- Retirer les clous sur les charpentes avant la mise en place des bâches.
- Ne pas faire reposer les bâches sur des rebords saillants ou tranchants.
- Nettoyer les bâches à l'eau savonneuse, les rincer et les faire sécher verticalement.
- Stocker les bâches dans un endroit sec.

B| Les règles de sécurité à respecter pour bâcher un toit

- Ne jamais agir seul.
- S'assurer au moyen du LSPCC.
- Éprouver la solidité des supports avant de s'engager.
- Repérer et éviter les châssis vitrés et les plaques en fibrociment.
- Cheminer dans la mesure du possible à quatre pattes.
- Avancer en diagonale ou si possible à l'aplomb d'une cheminée pour atteindre le faîtage.
- Évacuer les matériaux.
- Commencer en découvrant le toit par le haut.

Les techniques opérationnelles (TOP)

FICHE 32 LES ÉCHELLES, POMPES ET AMORCEURS

La variété des missions dévolues aux sapeurs-pompiers les amène à devoir employer des outils divers. Ces outils et techniques sont regroupés dans le module TOP, qui englobe notamment la manipulation et la connaissance des échelles à main, mais aussi les pompes et amorceurs qui équipent les engins d'incendie.

1 Les échelles

A| Les échelles à mains

Composées en alliage d'aluminium, elles sont plus légères et plus maniables que leurs ancêtres en bois et nécessitent moins d'entretien. En revanche, elles sont conductrices d'électricité et de chaleur. Elles sont utilisées lors des sauvetages et des reconnaissances en l'absence de communications praticables. Elles arment certains véhicules, comme les fourgons d'incendie, les véhicules tout usage ou encore les véhicules de secours routiers. Il en existe **deux modèles**.

1| L'échelle à crochets

Agrès de sauvetage, elle est utilisée pour monter d'étage en étage par l'extérieur des habitations lorsque les communications sont impraticables ou inexistantes. Elle peut être utilisée en échelle de toit, en prolongement des échelles à coulisses ou aériennes, ainsi que pour accéder aux toits terrasses.

Alliage	Aluminium
Longueur	4 m
Poids	8 kg
Nombre d'échelons	13 à 14
Largeur entre les crochets	30 cm
Largeur entre les échelons	25 cm

Caractéristiques :

- 2 pointes à l'extrémité des crochets ;
- résistance verticale suspendue : un homme sans saccades ;
- résistance horizontale nulle.

Règles d'emploi : elle est portée par un homme seul et doit être suspendue sans reposer sur le sol où elle risque la rupture des montants.

2 | L'échelle à coulisses

Agrès de reconnaissance, de sauvetage et d'établissement de tuyaux, elle permet d'accéder aux premier et deuxième étages des constructions ainsi qu'aux toits de même hauteur. Elle assure également d'autres fonctions lors d'interventions spécifiques.

Alliage	Aluminium
Longueur reployée	5 m
Longueur déployée	8,75 m
Poids	32 à 45 kg
Largeur	45 cm
Nombre d'échelons	15 à 19

Caractéristiques :

- elle comprend également 1 poulie, 1 cordelette, 2 parachutes, 2 sabots à la base et en option 2 roulettes à l'extrémité du petit plan servant à faciliter le déploiement ;
- résistance déployée : 1 homme par plan ou 2 hommes sur le dernier plan ;
- résistance horizontale : reployée, elle supporte alors 2 hommes.

Règles d'emploi :

- elle peut être manœuvrée par un homme seul ou à deux ;
- le petit plan repose toujours contre la façade ou le toit du FPT ;
- s'assurer du pied d'échelle avant d'amarrer la cordelette et/ou de monter.

L'échelle à coulisses doit être dressée à une distance définie par rapport à son point d'appui. On appelle **pied d'échelle** la distance (en mètres) entre l'aplomb du point d'appui et le pied de l'échelle. Cette distance est indispensable pour monter ou descendre en sécurité.

> **Calcul du pied d'échelle** = 1/5e de la hauteur développée + 0,60 m

B | L'évolution sur une échelle aérienne

Pour effectuer des missions de sauvetage, de reconnaissance et d'attaque de feux, on utilise des échelles aériennes.

Celles-ci peuvent être automotrices, remorquables ou sur porteur. Les hauteurs maximales réalisées sont normalisées et varient de 18 à 44 mètres de déploiement vertical. Elles peuvent être équipées d'une nacelle facilitant les sauvetages et les reconnaissances dans les étages supérieurs des immeubles.

À SAVOIR

Le port du harnais de sécurité est obligatoire lors d'une évolution sur une échelle aérienne.

Hormis les manœuvres à partir d'une plate-forme ou d'une nacelle, la montée ou la descente sur une échelle aérienne doit se faire sur l'échelle dressée, moteur à l'arrêt.

1 | Les domaines d'emploi

- Pont aérien (en support d'établissement de tuyaux).
- Mât d'éclairage.
- Point fixe pour des évacuations.
- Plate-forme d'observation.

2 | Pour l'ascension

- Regarder l'échelon et le saisir à hauteur des yeux, paume des mains vers le sol.
- Monter sans saccade dans un mouvement dissymétrique en élevant le pied et la main opposée en même temps et bras tendus.
- Continuer l'ascension en regardant toujours vers le haut et en engageant le pied jusqu'à la semelle du talon.

3 | Position statique

- Une fois arrivé à la hauteur souhaitée, passer une jambe entre deux échelons et engager le pied sur l'échelon inférieur.
- Descendre ensuite le pied opposé d'un échelon.
- S'amarrer avec la longe du harnais.

4 | En descente

Remonter d'un échelon le pied non engagé et dégager la jambe opposée, puis descendre en appliquant le même principe qu'à l'ascension.

5 | Les croisements

Lors des opérations de secours, il arrive parfois que deux sapeurs-pompiers se croisent sur une échelle. Le sapeur-pompier descendant est alors prioritaire :

- à l'approche du sapeur-pompier descendant, le sapeur-pompier montant lui donne une tape sur la cheville et s'efface en plaçant sa main gauche et son pied gauche en extrémité d'échelon, puis pivote sur son pied gauche, dos en appui contre l'armature du parc échelle, le pied droit engagé sur l'extérieur de cette dernière ;
- le sapeur-pompier descendant se serre du côté droit au signal du sapeur-pompier montant et poursuit sa descente.

2 Quelques rappels d'hydraulique

Dans le cadre des actions du sapeur-pompier, il y a deux grandeurs physiques à garder en tête lorsque l'on manipule de l'eau :

- la **pression** : rapport de l'intensité de la **force F** exercée perpendiculairement à une **surface S**. Ainsi, la **pression P** est donnée par : **P = F/S**. Dans le système international d'unités, la pression s'exprime en Pascal (Pa) : **1 Pa = 1 N/m²**. La pression atmosphérique est de 1 013 millibars au niveau de la mer (1,013 bar). Un bar vaut 10^5 Pa ;
- le **débit** correspond au déplacement d'un volume en un temps donné exprimé en m^3 par heure ou en litres par minute. Le volume est égal à la section du tuyau multiplié par la longueur.

Il ne faut jamais perdre de vue la relation entre le débit entrant et le débit sortant. Lorsqu'une pompe refoule, la capacité de débit du tuyau d'alimentation doit être supérieure ou égale à celui de refoulement.

Pertes de charges : dès qu'un fluide est mis en mouvement dans une canalisation, des frottements sont engendrés créant une perte de la pression appelée perte de charges, symbolisées par la lettre J. On distingue :

- les **pertes de charges régulières** : les frottements dans les tuyaux (seules ces dernières sont prises en compte dans les problèmes hydrauliques) ;
- les **pertes de charges singulières** : frottements dans les coudes, les pièces de jonction et les accessoires hydrauliques.

Diverses lois s'appliquent aux pertes de charges régulières. Elles sont :

- directement proportionnelles à la longueur de l'établissement ;
- inversement proportionnelles au diamètre du tuyau ;
- directement proportionnelles au carré du débit ;
- influencées par la qualité du tuyau ;
- indépendantes de la pression.

La **dénivellation** agit directement sur la pression : à raison de 1 bar pour 10 m de dénivelé, que l'on gagne ou perd selon que celle-ci est positive ou négative.

3 Les pompes

A| La pompe centrifuge

Elle possède un rendement élevé avec des possibilités de débit et de pression importantes. Elle est caractérisée par une courbe débit-pression dont les essais et performances sont définis par la norme NFS 63125. Une pompe centrifuge est caractérisée également par son débit nominal et sa pression nominale, qui sont le débit et la pression minimum pour une aspiration avec un dénivelé de 3 m.

La pompe est intégrée à un circuit qui permet d'utiliser deux sources d'alimentation différentes : la tonne de l'engin et une réserve d'eau extérieure. Ce circuit permet à l'engin de procéder au refroidissement de la pompe en pleine activité par un circuit fermé repassant dans la tonne, ainsi que de faire le plein de la tonne sans interrompre la tâche en cours.

B| Le principe de fonctionnement

Plus la pompe tourne vite, plus l'eau prend de la vitesse, plus grand est l'effet ralentisseur des diffuseurs et de la volute. La vitesse de l'eau se casse sur les diffuseurs et diminue lors de son passage dans la volute du fait de l'augmentation du volume de celle-ci. Au moment du ralentissement de la vitesse de l'eau intervient une perte d'énergie hydraulique générant un gain d'énergie sous forme de pression.

C| Les organes de la pompe

La pompe est constituée de **trois organes principaux** :

- le **distributeur** est l'orifice qui permet à l'eau d'accéder à la turbine par l'intermédiaire de l'ouïe constituée pour favoriser l'arrivée de l'eau à une vitesse et dans une direction convenables ;
- la **turbine** (ou roue à aubes), organe essentiel, est une roue mobile dans laquelle l'eau arrive et reçoit un travail mécanique. Elle est constituée de l'ouïe, partie centrale par laquelle arrive l'eau, et de deux ailes entre lesquelles se trouvent les aubes ; celles-ci transmettent à l'eau la force centrifuge et lui donnent sa vitesse ;
- le **diffuseur** est l'organe dans lequel l'énergie cinétique est transformée en énergie potentielle (pression) par le phénomène de ralentissement de la vitesse.

D| Le système de régulation de pompe

Les engins-pompes peuvent disposer de l'installation d'un système de régulation de pompe, défini par la norme NFS 61510 de septembre 1990 « Véhicules de service de secours et de lutte contre l'incendie ». Cette régulation automatique est un plus pour le conducteur de l'engin-pompe. Elle a pour but de maintenir la pression constante affichée par le conducteur, d'éviter les coups de bélier et de garantir un fonctionnement optimal des lances.

4 Les amorceurs

Dans le cas où ils ne disposent pas de poteau ou de bouche d'incendie, les sapeurs-pompiers doivent utiliser un point d'eau artificiel ou naturel. Il s'agit alors de réaliser une aspiration qui n'est possible que grâce à l'amorceur. Le travail de l'amorceur consiste à aspirer l'air situé dans la ligne d'aspiration et dans le corps de la pompe afin de créer le vide, et de permettre à l'eau de monter sous l'action de la pression atmosphérique dans la ligne d'aspiration et le corps de pompe.

A| Les types d'amorceurs

- L'amorceur à anneau d'eau (entraînement par la boîte de transfert).
- L'amorceur rotatif à palette (entraînement par un moteur électrique indépendant).
- L'amorceur à palette à huile.
- L'amorceur à piston
- L'amorceur à piston-membrane.

B| Le mode opératoire de l'aspiration

- Stationner l'engin parallèlement au plan d'eau et le caler.
- Contrôler la fermeture de toutes les purges et vannes.
- Disposer les tuyaux les uns derrière les autres à l'arrière de la pompe.
- Contrôler les joints des raccords des tuyaux assemblés.
- Fixer la crépine à l'extrémité de la ligne d'aspiration.
- Fixer la ligne d'aspiration au raccord d'alimentation de la pompe avant la mise à l'eau :

– lors de la mise à l'eau, les personnels se placent à l'extérieur de la ligne d'aspiration par rapport au plan d'eau afin d'éviter tout risque de chute ;

– pour réaliser l'amorçage, il faut ouvrir la vanne d'aspiration, puis accélérer progressivement le moteur et contrôler les paramètres sur le tableau de régulation automatique.

FICHE 33 LES APPAREILS RESPIRATOIRES ISOLANTS (ARI)

Les appareils respiratoires isolants (ARI) ont pour but de créer et de maintenir une atmosphère respirable isolée de l'air extérieur pollué ou infecté et d'assurer une protection oculaire. Les atmosphères non respirables comprennent : les fumées d'incendie (inflammables, toxiques, rayonnantes, opaques, envahissantes) et les épandages ou atmosphères toxiques.

1 Les contraintes physiologiques

Les **perturbations sensorielles dues aux ARI** sont de trois types :

- **modifications du schéma corporel** : modification des capacités de mobilisation du tronc ou du cou, augmentation du gabarit du porteur, modification du centre de gravité ;
- **déficits sensoriels** : la vue, l'audition, l'odorat ;
- **vie en relation** : le casque perturbe l'audition ; le masque ne rend la voix audible qu'à faible distance, la communication est difficile.

Les conséquences opérationnelles pour le porteur sont l'obligation d'arrêter son activité et d'être très attentif lors des phases de communication.

2 L'augmentation du travail et des efforts du porteur d'ARI

A| Les résistances respiratoires et expiratoires

Avec un ARI, on doit « lutter » contre une résistance inspiratoire (lors de l'inspiration, le porteur doit créer une dépression à l'intérieur du masque pour actionner la soupape à la demande) et expiratoire (effort nécessaire pour vaincre la résistance de la soupape d'expiration).

B| Le stress émotif

Il augmente la fréquence cardiaque du porteur et génère une perte de lucidité, augmentant ainsi les efforts du porteur et sa consommation d'air.

C| L'augmentation du poids du porteur

Le poids d'un appareil respiratoire isolant à circuit ouvert peut varier entre 10 et 16 kg sans excéder les 18 kg (norme NF EN137). Cela influe sur la marche (moins aisée) et les mouvements du corps (plus éprouvants), les déplacements verticaux (plus difficiles), générant une augmentation de la dépense d'énergie pour un travail donné.

D| La thermorégulation

Lors d'un effort physique, le travail musculaire participe à l'élévation de la température, la diminution de la chaleur corporelle étant alors assurée par la sudation. Sous ARI, trois facteurs interviennent sur l'équilibre thermique : l'exposition aux très fortes températures, la perte d'efficacité de la sudation (à cause des EPI) et l'effort physique. La seule possibilité physiologique permettant la perte de chaleur est la ventilation. Cela reste insuffisant, même en accélérant la fréquence ventilatoire.

E| L'espace mort

C'est le volume d'air restant non expiré présent depuis les alvéoles pulmonaires jusqu'à la soupape d'expiration. Il comprend : les bronchioles, les bronches et les voies aériennes supérieures ainsi que le volume restant libre à l'intérieur du demi-masque. L'espace mort génère deux effets négatifs pour le porteur d'ARI : il augmente le volume d'air nécessaire à la bonne ventilation du porteur et une partie de l'air riche en CO_2 est inspirée à nouveau. Le CO_2 provoque une hyperventilation et une sécrétion d'hormones, et augmente la consommation d'air.

3 Le matériel

Deux types d'appareils peuvent être utilisés :

- les **appareils respiratoires isolants à circuit ouvert (ARICO)**, dans lesquels l'air expiratoire est rejeté à l'extérieur du circuit ;
- les **appareils respiratoires isolants à circuit fermé (ARICF)**, pour lesquels l'air expiratoire est réinjecté dans le circuit, après avoir été appauvri en CO_2, enrichi en O_2, desséché et réfrigéré avant d'être réutilisé.

A| Les ARICO

1| Les éléments principaux

Les ARICO sont composés de **huit éléments principaux** :

- le **harnais** (NF EN 137) est le châssis de l'appareil respiratoire. Il a une double fonction : répartir le poids de l'ARI et supporter l'ensemble des éléments de sécurité ;
- la **pièce faciale** (NF EN 136-10 – classe 3) : le masque est un élément essentiel de l'ARI car la sécurité de l'intervention en dépend ;
- la **bouteille** constitue la réserve d'air. Elle peut être munie d'un dispositif permettant de différencier les vides des pleines ;
- le **détendeur HP/MP** (NF EN 137) a pour but d'abaisser la pression de la bouteille à +/– 7 bars tout en conservant un débit continu et régulier. Il reçoit le manomètre et le sifflet de fin de charge. Il alimente la SAD ;
- la **soupape à la demande (SAD)** (NF EN 137) a pour fonctions d'abaisser la pression (à une valeur légèrement supérieure à celle de la pression atmosphérique), de délivrer de l'air à la demande et de délivrer de l'air supplémentaire en continu *via* le bouton d'apport d'air additionnel (*by-pass*) ;
- la **plaque de contrôle** facilite le contrôle des porteurs d'ARI ;
- le **système sonore de détresse** : il en existe de nombreuses sortes (corne d'appel, balise sonore…). Le principe est d'augmenter la sécurité *via* un système de détection d'immobilité qui déclenche une alarme audible. Cette alarme peut être activée manuellement. Ce dispositif est souvent couplé à un détecteur de chaleur, voire au manomètre ;
- la **liaison personnelle**, en dotation individuelle, permet de se déplacer le long de la ligne guide, et au binôme de rester en liaison. La liaison personnelle mesure 6 m de longueur totale et 4 mm de diamètre. L'extrémité est équipée d'un mousqueton. Elle se compose de deux parties : une courte de 1,25 m et une longue de 4,75 m déblocable.

2| Les autres éléments

En sus de l'ARI peut être utilisée, lors de grandes reconnaissances, la **ligne guide**. Elle permet d'avoir une liaison avec le contrôleur et de revenir au point d'entrée. C'est une cordelette de 50 m de long et de 6 à 8 mm de diamètre, dotée à chaque extrémité d'un mousqueton, équipée de repères tactiles indiquant le sens de la progression.

Ligne de vie = liaison personnelle + ligne guide

Les **dispositifs de dérivation** sont destinés à établir de nouvelles lignes guides (lignes secondaires) à partir d'une ligne guide principale ; au nombre de trois, ils sont accrochés sur le sac de transport.

Le **tableau de contrôle** permet au contrôleur de regrouper les plaques de contrôle des binômes, de surveiller les personnels engagés, de suivre et de contrôler le temps d'engagement des porteurs.

La **plaque de contrôle** est l'unique moyen d'enregistrement et de contrôle des porteurs qui s'engagent. Dessus, sont notés le nom, la pression d'engagement et l'heure d'entrée. Elle se fixe au tableau de contrôle.

B| Les ARI CF (NF EN 145)

Ce matériel est utilisé le plus souvent par des équipes spécialisées pour de longues reconnaissances. Il se compose des éléments suivants :

- le **masque** (ou pièce faciale) est un masque respiratoire avec panorama à doubles lèvres d'étanchéité, membrane phonique, avec essuie-glace et oculaire ;
- le **détendeur** assure plusieurs fonctions : il abaisse la pression de la bouteille à 4 bars environ à un débit de 1,5 L/min et reçoit le manomètre ;
- le **sac respiratoire** possède une capacité de 5 L et comprend les raccordements d'arrivée d'oxygène et d'air ;
- la **cartouche régénératrice** contient environ 2,2 L de chaux sodée pour absorber le CO_2 ;
- la **bouteille d'oxygène** a une capacité de 1 L à une pression de 200 bars ;
- la **boîte à valves** contient les valves de commande, la pulmo-commande, la valve de surpression et le signal d'alarme.

4 Le mode opératoire et les règles de base

A| Avant l'engagement

Le **contrôleur** est l'élément essentiel du dispositif de reconnaissance ; son rôle est primordial. Ses **missions** sont les suivantes :

- l'enregistrement et la supervision des actions initiales des personnels :
  - il s'assure du port correct des EPI,
  - il établit un code de communication,
  - il récupère les plaques de contrôle et enregistre les binômes avant l'engagement,

    - il renseigne les fonctions et les secteurs d'exploration des binômes,
    - il s'assure du respect de la pression minimale d'engagement,
    - il renseigne l'heure de sortie prévisible des binômes ;
- il calcule l'heure de sortie prévisible : sur le tableau de contrôle, le contrôleur doit renseigner l'heure prévisible de sortie pour chaque binôme, se basant sur la plus faible autonomie (théorique).

> **T(durée maxi)** = P(pression initiale) × V(volume bouteille)/ C(consommation connue du porteur)

Les **porteurs** opèrent des vérifications individuelles : avant de s'engager, chaque porteur doit individuellement s'assurer de **respecter le moyen mnémotechnique RAPACE** :

- R : ouverture du **R**obinet ;
- A : **A**justement du harnais ;
- P : **P**ression au manomètre ;
- A : **A**rmement du système sonore de détresse ;
- C : **C**ode de communication ;
- E : **É**tanchéité du masque.

B| Pendant l'engagement

À SAVOIR

Règle essentielle : pendant l'engagement, toujours travailler en binôme !

Pendant que les équipes sont engagées, **le contrôleur est seul responsable de la sécurité des porteurs**. Il doit :

- ne contrôler qu'un seul point d'accès ;
- superviser cinq binômes au maximum, dont le binôme de sécurité ;
- faire assurer l'approvisionnement en bouteilles d'air de rechange ;
- garder un binôme de sécurité prêt à intervenir immédiatement ;
- rester en relation avec son chef d'agrès et le tenir informé du déroulement de la reconnaissance ;
- prendre les mesures d'urgence en cas de besoin.

Les binômes assurent les missions suivantes :

- **utilisation de la ligne de vie** : en règle générale, le binôme d'exploration doit avoir une ligne de vie dès que la longueur d'exploration dans les étages est susceptible de dépasser 20 m ou dès que le binôme doit s'engager en sous-sol ;

- **utilisation de la liaison personnelle** : le mousqueton de la liaison personnelle du chef est accroché sur l'anneau d'amarrage de la liaison de l'équipier. L'équipier, quant à lui, se raccorde directement sur la ligne guide par le biais de son mousqueton. En configuration normale, seul le chef débloque sa portion longue, celle de l'équipier ne l'étant que sur ordre, ou si le chef se trouve en difficulté ou encore si une victime est visible du chef et nécessite un plus grand éloignement de la ligne guide ;
- **utilisation de la ligne guide** : durant la reconnaissance, le binôme d'exploration établit la ligne guide afin de s'assurer un retour sûr et rapide vers la sortie.

Si l'équipe doit se retirer avant la fin de la reconnaissance, le binôme doit amarrer la ligne guide avant de faire demi-tour :

- **reconnaissance simple** : l'équipier est relié à la ligne guide par sa portion courte. Le chef est relié à son équipier par sa portion courte ;
- **travaux ou prise en charge d'une victime** : chaque membre du binôme est relié à la ligne guide au moyen de sa portion courte ;
- **reconnaissance latérale** : le chef est relié à l'équipier au moyen de ses 6 m de liaison personnelle, par sa portion courte ;
- **opération complexe** : les équipes qui sortent sont prioritaires sur celles qui entrent. Des ramifications sont installées au moyen des dispositifs de dérivation ;
- **exploration d'une pièce** : il n'y a pas de méthodologie particulière. Il faut être ordonné pour reconnaître l'ensemble du volume.

C | Après l'engagement

- Vérification, pointage et regroupement du matériel.
- Remise en service de l'ARI.
- Contrôle visuel du masque.
- Signalement de toute anomalie.

À SAVOIR

Les notions de cette fiche et des schémas font l'objet d'un guide national de référence (GNR) téléchargeable sur le site du ministère de l'Intérieur.

info
Documentation technique
foucherconnect.fr/rcspv03

FICHE 34

Les techniques opérationnelles (TOP)

LES LSPCC

Les **lots de sauvetage et protection contre les chutes (LSPCC)** sont destinés, d'une part, au sauvetage ou à la mise en sécurité de personnes par l'extérieur des immeubles ou se trouvant dans des puits, fosses ou excavation et, d'autre part, à la protection des sapeurs-pompiers eux-mêmes contre les chutes de hauteur.

1 Les possibilités et les limites d'utilisation des LSPCC

Le lien de sécurité utilisé doit permettre, dans tous les cas de figure, de ne pas heurter le sol en cas de chute.

A| Le sauvetage

Lors du sauvetage d'une personne par l'extérieur, le LSPCC permet l'évacuation verticale de victimes dans la limite de la longueur utile de la corde.

Lors d'un sauvetage dans un puits, une fosse ou une excavation, il permet de remonter à la verticale des victimes conscientes ou inconscientes dans la limite de la longueur utile de la corde.

À SAVOIR

Lorsque la victime ne répond pas aux appels, le port de l'ARI doit être systématique.

B| La protection individuelle contre les chutes

Le LSPCC permet de parer les chutes du personnel lors de déplacement dans un environnement hostile dans les limites suivantes :

- la distance entre les amarrages est déterminée par la hauteur libre sous la personne en progression ;
- les points permettant de s'assurer doivent impérativement être au-dessus ou au même niveau que l'axe de déplacement.

C| La reconnaissance d'appartement ou l'ouverture de porte

Le LSPCC permet la descente d'un sauveteur, dans la limite de la longueur utile de la corde, lorsque la façade n'est pas accessible aux échelles. Avant de procéder à cette manœuvre, il convient de déterminer l'itinéraire de sortie du sauveteur.

2 Le matériel

Chaque lot contenu par un engin est composé du matériel suivant :
- 1 sac de transport : de couleur jaune citron ou bleue, il est destiné au rangement et au transport du matériel ;
- 1 corde de 30 m avec son mousqueton à double verrouillage automatique ;
- 1 corde statique de 30 m pour le lot engin, 60 m pour le lot échelle ; diamètre 12 à 13 mm ; charge à la rupture > 3 000 kg ; allongement inférieur ou égal à 4 % ; avec, à chacune des extrémités, une ganse indémontable coiffée d'une gaine thermo-rétractable ;
- 1 descendeur de type « huit » (résistance 2 000 kg) pour : contrôler la vitesse de descente ; s'assurer lors de la montée ou lors de la protection contre les chutes. Il doit être utilisé exclusivement en point fixe ;
- 1 harnais-cuissard muni d'un mousqueton à double verrouillage automatique, que le sapeur-pompier enfile pour disposer de solides points de préhension répartissant les efforts sur son corps ;
- 1 triangle d'évacuation, à faire enfiler par la victime, pour la tenir pendant la montée ou la descente ;
- 3 anneaux cousus bleus de 0,80 m ; 3 anneaux cousus rouges de 1,50 m ;
- 6 mousquetons symétriques à vis, qui servent à connecter entre eux les différents éléments d'un dispositif (résistance : grand axe, 2 000 kg ; petit axe, 750 kg) ;
- 1 poulie (résistance : 2 000 kg ; diamètre de la gorge : 12 à 13 mm) ;
- 1 protection de corde, qui protège à la demande la corde du frottement sur des angles vifs ou sur des matériaux coupants ;
- 2 cordelettes, qui se présentent sous la forme d'un anneau fermé par deux nœuds de pêcheur doubles ;
- 1 commande de 30 m en sac (longueur : 30 ou 40 m ; diamètre : 7 mm ; résistance à la rupture : 2 780 kg), qui permet d'écarter la victime d'une façade ou d'un obstacle lors de sa descente ou de sa montée.

3 L'entretien et le contrôle du matériel

Le matériel doit être contrôlé par un responsable avant remise en service.

A| La corde

Il convient de se référer aux recommandations du constructeur. De manière générale :

- entretien : la laver à grande eau, la sécher à plat et à l'ombre ;
- contrôle : sa durée de vie maximale est de 7 ans.

Causes de réforme immédiate des agrès en fibres synthétiques :

- exposition en atmosphère corrosive ;
- partie brûlée et fondue ;
- souillure par produits corrosifs ;
- gaine coupée ou usée et laissant apparaître l'âme de la corde. La gaine présente une trame de repère d'usure en fil de couleur ;
- lorsque l'état de l'âme présente soit une zone de réduction de diamètre soit une perte de souplesse localisée.

B| Les pièces métalliques

Elles doivent être nettoyées et contrôlées après chaque utilisation.

Causes de réforme immédiate :

- chute de grande hauteur ;
- mécanisme grippé ;
- usure de l'alliage prononcé ;
- microfissure ;
- non-fermeture d'un mousqueton ouvert en charge à 80 kg.

C| Les points fixes, les amarrages et les nœuds

Est considéré comme **point fixe** tout objet ou structure offrant une résistance suffisante à l'effort demandé.

L'**amarrage** est réalisé à l'aide d'anneaux cousus et de mousquetons. Un amarrage principal doit être doublé sur un même point fixe si celui-ci est assez résistant, sinon il est nécessaire de choisir deux points fixes distincts.

Les **nœuds** :

- le **nœud de huit double** peut servir de nœud de sécurité et de nœud d'amarre ;

- le **nœud français** est réalisé avec une cordelette et sert à aménager une poignée de traction ;
- la **clé d'arrêt** permet de stopper le mouvement de la corde dans le huit descendeur pour assurer le sauveteur ou la victime.

4 Les règles de base de l'usage du LSPCC

A| Avant l'engagement

Il est obligatoire de procéder :
- à la vérification du contenu du sac ;
- à la désignation du personnel ;
- à l'évaluation de la difficulté technique due à l'environnement ;
- à l'évaluation de la hauteur ou de la profondeur ;
- à l'évaluation de l'état de la victime ;
- au choix de la méthode de sauvetage : l'équipe peut réaliser elle-même l'opération avec le LSPCC, ou elle doit faire sans attendre appel à un renfort spécialisé (GRIMP, secours en montagne, etc.).

Qui prend quoi ?

BAL/BAT	Chef	Équipier
ARI	4	4
Radio	4	
LSPCC	4	
Commande		4
Moyen d'éclairage	4	

Dans le cas d'un sauvetage par l'extérieur, seul le binôme d'attaque (BAT) se munit de ces équipements. Dans le cas d'un sauvetage en excavation, les deux binômes se munissent de ce matériel.

B| Pendant l'engagement

Il est obligatoire :
- de choisir judicieusement les points fixes. Ils doivent obligatoirement être doublés pour les amarrages principaux ;
- d'interdire l'utilisation des cordes et autres matériels du lot de sauvetage pour des opérations autres que la descente, la remontée ou la sécurité des personnes ;

- de surveiller attentivement la corde ;
- de porter une attention toute particulière sur les coutures des anneaux cousus et les nœuds ;
- de visser les mousquetons ;
- de contrôler le bon fonctionnement des appareils de freinage ;
- d'utiliser le descendeur en point fixe ;
- de réaliser un double amarrage ;
- d'utiliser un mousqueton pour prolonger les anneaux cousus.

C | Après l'engagement

Il est obligatoire :

- de regrouper le matériel par lot de sauvetage en vue de le contrôler ;
- de nettoyer sommairement le matériel ;
- de vérifier sommairement, sur les lieux de l'opération, l'état du matériel :
  - vérification tactile,
  - vérification visuelle des pièces métalliques et des agrès en fibres synthétiques,
  - rangement du matériel dans le(s) sac(s).

À SAVOIR

Visualisez le LSPCC en vous reportant au guide national de référence (GNR), annexé à l'arrêté ministériel du 3 février 1999, téléchargeable sur le site Internet du ministère de l'Intérieur https://www.interieur.gouv.fr/Le-ministere/Securite-civile/Documentation-technique/Les-sapeurs-pompiers/Doctrines-et-techniques-professionnelles/Guides-nationaux-de-reference-des-techniques-professionnelles.

Les techniques opérationnelles (TOP)

FICHE 35 LES ÉQUIPEMENTS DE PROTECTION INDIVIDUELLE (EPI)

Un équipement de protection individuelle (EPI) est un dispositif ou moyen destiné à être porté ou tenu par une personne de façon qu'elle soit protégée contre un ou plusieurs risques susceptibles de menacer sa sécurité ou sa santé, principalement au travail.

1 Les textes législatifs et réglementaires

Les EPI répondent à la législation européenne, notamment à la **directive 89/686/CEE** qui fixe les conditions de leur mise sur le marché, de leur libre circulation et les exigences essentielles auxquelles ils doivent répondre afin de préserver la santé et la sécurité des utilisateurs.

Ils répondent également à la législation française, fixée par des décrets et des arrêtés, particulièrement l'**arrêté du 6 mai 2000** qui réglemente les tenues, insignes et attributs des sapeurs-pompiers, par le **code du travail** qui en fixe l'utilisation (art. R. 233-1, art. R. 233-1-1 et art. R. 233-42) et enfin par des **normes destinées aux fabricants** pour leur permettre de concevoir et de mettre sur le marché leurs productions.

Les **normes** sont élaborées par les organes compétents en matière de normalisation. Leur rôle est de définir des prescriptions techniques pour respecter les exigences essentielles :

- les exigences générales sont définies par la **norme NF EN 340** ;
- les exigences spécifiques par rapport aux dangers/risques sont définies par des normes répondant aux caractéristiques de protection adéquates.

2 La classification des EPI

A| Un large éventail

Complémentaires aux moyens de protection collective, les équipements de protection individuelle regroupent un large éventail d'équipements. Les EPI vont du casque aux chaussures de sécurité, en passant par les lunettes, les masques de protection respiratoire, les bouchons d'oreille, les gants, les vêtements de protection, les harnais, etc.

Ils sont destinés à protéger du (des) risque(s) à un poste de travail : exposition cutanée ou respiratoire à un agent chimique ou biologique, chaleur, rayonnements, bruit, écrasement, choc, électrocution...

La réglementation définit **huit familles** : protection de la tête, de l'ouïe, des yeux et du visage, des voies respiratoires, des mains et des bras, des pieds et des jambes, du tronc et de l'abdomen et du corps entier.

B| Les trois catégories d'EPI

Il existe trois catégories d'EPI définies en fonction de la gravité des risques encourus :

- les EPI de la **catégorie 1** protègent contre les agressions (mécaniques, physiques ou chimiques), les petits chocs ou vibrations n'affectant pas les parties vitales du corps et non susceptibles de provoquer des lésions irréversibles et contre le rayonnement solaire ;
- les EPI de la **catégorie 2** protègent contre les agressions (mécaniques, physiques ou chimiques) graves et les chocs affectant les parties vitales du corps et susceptibles de provoquer des lésions irréversibles ;
- les EPI de la **catégorie 3** protègent contre les dangers mortels.

3 Les différents types de tenues

- **Les tenues de base :**
- tenue d'exercice et d'intervention ;
- tenue de feux urbains ;
- tenue de feux de forêts ;
- tenue d'interventions diverses.
- **Les tenues de spécialités :**
- tenue de sauvetage aquatique ;
- tenue d'intervention en milieu périlleux ;

– tenue face aux risques chimiques, corrosifs et radioactifs ;
– tenue légère de décontamination.

- **Les tenues spécifiques :**

– tenue d'approche face aux feux à haut pouvoir rayonnant ;
– tenue de protection contre la pollution par les hydrocarbures.

- **Les autres tenues :**

– tenue de sport ;
– tenue de cérémonie et tenue de sortie.

La liste des EPI énumérée n'est pas exhaustive, elle indique les principaux équipements rencontrés dans la plupart des SDIS.

4 Contrôle, entretien et traçabilité

Certains EPI (dispositifs antichute, casques, tenues d'intervention pour feux urbains, etc.) doivent être contrôlés périodiquement par des agents spécialement formés, par un organisme agréé ou par le fabricant.

Ces vérifications doivent avoir lieu lors de la mise en service initiale ainsi qu'après chaque incident ou accident ou réparation de l'EPI. Les EPI ne satisfaisant plus au niveau de sécurité minimum doivent être remplacés.

Les SDIS ont obligation de doter leurs effectifs de tenues adaptées aux missions et aux normes de sécurité, mais aussi d'établir un règlement d'habillement.

Les sapeurs-pompiers sont tenus de se conformer aux instructions (règlement intérieur, notes de service, consignes…) qui leur sont données par leur employeur. Ils doivent veiller à ce que l'usage des EPI soit conforme à leur destination et réservé uniquement à une utilisation professionnelle.

Chaque effet d'habillement peut être doté d'un numéro particulier qui identifie son propriétaire et détermine le suivi des contrôles et des entretiens.

Bibliographie

– TOP 1 / Équipements vestimentaires de protection individuelle.
– Direction générale de la sécurité civile et de la gestion des crises.

FICHE 36

Les techniques opérationnelles (TOP)

LES RÈGLES DE SÉCURITÉ

Les sapeurs-pompiers réalisent près de 5 millions d'interventions chaque année.

1 Protection individuelle et protection collective

Quel que soit le type d'intervention, les sapeurs-pompiers doivent toujours travailler en sécurité et pour cela ils doivent :

- se protéger lors de leurs opérations de secours en revêtant une tenue correcte et en portant une attention particulière à leur condition physique, à leur aptitude médicale, à leur hygiène corporelle et à leur alimentation – c'est la **protection individuelle** ;
- assurer leur protection et celle des tiers qui travaillent avec eux pendant les opérations de secours – c'est la **protection collective**.

Ils doivent également mesurer leurs efforts et maîtriser les matériels qu'ils utilisent pour rester efficace et attentif, du début jusqu'à la fin de l'intervention.

2 Les règles de sécurité individuelle

Le sapeur-pompier se protège contre les risques encourus grâce à :

- une protection corporelle (pied, jambe, bras, face, tronc et tête) au moyen des équipements de protection individuelle (EPI) ;
- une bonne condition physique ;
- une bonne hygiène de vie et une bonne alimentation ;
- la prévention des accidents ostéoarticulaires ;
- l'application des règles de sécurité dans les véhicules de secours.

A| La protection corporelle

Elle est assurée par le port de différentes tenues d'exercice et d'intervention :

- le casque F1 pour la tête (ou F2 en feux de forêts, GRIMP, etc.) ;
- la tenue SPF1 et la tenue de feu pour le tronc et les jambes ;
- l'ARI pour la protection des voies respiratoires ;
- les bottes à lacets ou les bottes de feu pour les pieds ;
- d'autres matériels participant à la sécurité du sapeur-pompier et la renforçant, tels que : le ceinturon d'intervention (sécurité antichute), le gilet haute visibilité, les détecteurs d'immobilité et de chaleur, le lot de sauvetage et de protection contre les chutes, etc.

B| Une bonne condition physique

Elle est primordiale dans le cadre de l'accomplissement de missions parfois périlleuses. Afin de maintenir et de renforcer cette condition, le sapeur-pompier doit s'entraîner régulièrement pour devenir plus endurant, plus souple, plus puissant et plus confiant dans la réalisation de ses missions.

C| Une bonne hygiène de vie

Le rythme et les horaires de travail, le nombre d'interventions et la charge émotionnelle sont autant de facteurs qui peuvent influer très défavorablement sur la condition physique et morale du sapeur-pompier.

Aussi, pour rester efficace, rapide et endurant lors des opérations de secours, le sapeur-pompier doit respecter certaines règles pour une bonne hygiène de vie :

- veiller à faire des nuitées complètes en dehors des journées de garde ;
- avoir une alimentation complète et équilibrée ;
- s'hydrater régulièrement, surtout en intervention lorsque cela est possible ;
- entretenir sa condition physique ;
- avoir une bonne hygiène corporelle ;
- respecter des phases de repos régulières lors des gardes et lors des interventions.

D| La prévention des accidents ostéoarticulaires « Gestes et postures »

Dans le cadre de ses missions, le sapeur-pompier est amené à travailler avec des matériels souvent lourds et encombrants, à brancarder des victimes dans des endroits difficiles d'accès et ce, le plus souvent dans l'urgence, avec parfois des conditions climatiques difficiles. Il est donc fortement exposé aux accidents ostéoarticulaires, et plus particulièrement aux lombalgies.

La prévention est donc primordiale. La plupart des SDIS se sont dotés d'outils pédagogiques de prévention des lombalgies par la mise en place de techniques pour les « gestes et postures professionnels ».

E| La protection de la colonne vertébrale

Pour protéger la colonne vertébrale, qui est l'axe principal du corps, il existe **cinq principes de base** facilement applicables :

- se placer au plus près de la charge ;
- plier les jambes ;
- fixer son dos ;
- garder autant que possible les bras tendus ;
- effectuer un transfert de masse.

Les applications et les techniques sont nombreuses et peuvent être appliquées aussi bien en caserne qu'en manœuvre, comme en opération. Le but est à chaque fois d'adopter une posture statique et d'exécuter des gestes non traumatisants. Les cas le plus souvent étudiés sont :

- l'élévation, la rotation ou la translation d'une charge ;
- le ramassage, la pose ou le soulèvement d'un objet ;
- la posture lors des tâches de casernement ;
- les brancardages et la manipulation d'objets lourds ;
- la gestuelle à adopter lors de la montée et de la descente des engins de secours.

3 Les règles de sécurité dans les véhicules de secours

Le sapeur-pompier conducteur doit **se conformer au code de la route**. Toutefois, des **dérogations** sont accordées aux véhicules de secours lorsqu'ils doivent faire usage de leurs avertisseurs sonores et lumineux dans les cas justifiés par l'urgence de leurs missions, et sous réserve de ne pas mettre en danger les autres usagers de la route (article R. 432-1 du code de la route), principalement en matière de vitesse, de priorité, de non-respect des sens interdits et de franchissement de feux rouges fixes.

IMPORTANT

- Le sapeur-pompier conducteur doit s'assurer, en toutes circonstances, d'être vu par les usagers de la route.
- Lorsque le véhicule en est équipé, le sapeur-pompier est tenu de porter sa **ceinture de sécurité**, selon l'article R. 412-1 du code de la route qui précise : « En circulation, tout conducteur doit porter une ceinture de sécurité homologuée dès lors que le siège qu'il occupe en est équipé. »
- Les sapeurs-pompiers peuvent employer leurs **avertisseurs sonores et lumineux** lorsqu'ils se rendent sur une intervention à caractère urgent.

A| La priorité

« En toutes circonstances, tout conducteur est tenu de céder le passage aux véhicules d'intérêt général prioritaires annonçant leur approche par l'emploi des avertisseurs spéciaux prévus pour leur catégorie » (article R. 412-12 du code de la route). Lors des retours d'intervention, le sapeur-pompier conducteur est un usager normal et doit se conformer à toutes les règles du code de la route.

Lorsqu'un sapeur-pompier conducteur demande la priorité pour le franchissement d'un feu rouge, les feux de croisement et les gyrophares de son véhicule doivent être actionnés et il doit impérativement enclencher le signal « deux tons » suffisamment tôt afin de prévenir les autres usagers de la route de son arrivée. De plus, pour être en mesure de pouvoir stopper son véhicule à tout moment, il doit impérativement ralentir à l'approche du carrefour.

B| Les règles particulières

En cas d'accident, le conducteur doit pouvoir prouver l'usage des gyrophares et du « deux tons » bien avant le carrefour et qu'il a ralenti, pour que le tiers soit considéré comme n'ayant pas respecté son obligation de laisser passer le véhicule demandant la priorité.

ATTENTION
L'usage intempestif des signaux de priorité sans mission d'urgence est de la responsabilité exclusive du sapeur-pompier, quelles que soient les circonstances.

Croisement et dépassement : « Tout usager doit réduire sa vitesse et, au besoin, s'arrêter ou se garer pour faciliter le passage d'un véhicule d'intérêt général faisant usage des avertisseurs spéciaux autorisés pour sa catégorie » (articles R. 415-2 et R. 414-9 du code de la route).

La **vitesse** : lorsqu'ils se rendent sur les lieux d'une intervention urgente, les sapeurs-pompiers peuvent dépasser la vitesse maximum fixée par les dispositions réglementaires. Toutefois, le sapeur-pompier conducteur doit rester maître de son véhicule de secours à chaque instant afin de pouvoir le stopper à tout moment.

L'engagement d'un véhicule de secours dans une **voie en sens interdit** doit se limiter aux cas exceptionnels (sauvetage des vies humaines, dégagement d'urgence d'une voie de circulation) et être réalisé avec beaucoup de précautions. Il est important de rappeler que les sapeurs-pompiers ne sont pas exonérés du respect des règles de prudence dans le cadre de leur conduite d'urgence.

ATTENTION
Les sapeurs-pompiers ne sont pas exonérés du respect des règles de prudence dans le cadre de leur conduite d'urgence.

4 Les règles de sécurité collective

La sécurité collective concerne un groupe ou un ensemble de personnes.

Dans le cadre des activités des sapeurs-pompiers et de leurs interventions, de nombreux paramètres (tels que le contexte environnemental et sa dangerosité, les conditions climatiques) et tout autre élément qui présente un danger d'accident pour les intervenants, les victimes, les badauds et les impliqués, doivent être pris en compte.

Associée aux différentes techniques, règles, notes nationales et départementales ainsi qu'aux documents internes des SDIS, la sécurité collective vise à sécuriser au maximum les opérations de secours engagées. Elle définit la nécessité, pour chaque sapeur-pompier :

- de toujours garder le contact avec son binôme et les autres équipes ;
- d'agir en concertation ;
- de respecter les consignes ;
- de réfléchir avant d'agir ;
- de surveiller l'environnement ;
- de prévenir du danger ;
- de penser au repli ;
- de faire passer les messages ;
- de réaliser la mission et de rendre compte.

A| Les différents équipements et techniques de protection collective

Parmi les équipements de signalisation et de balisage participant à la protection collective, on distingue :

- les cônes, la rubalise et les véhicules permettant de délimiter une zone (d'accident ou de travail) pour la sécuriser et en limiter l'accès ;
- la signalisation des véhicules (gyrophares, bandes rétroréfléchissantes, feux de gabarit), les chasubles et les panneaux permettant la visualisation du véhicule, d'une personne ou d'un danger ;
- les moyens de transmission et de détection (équipements radio, balises sonores de détresse, porte-voix et téléphones ; moyens de détection tels que les explosimètres et les détecteurs de monoxyde de carbone) ;
- les moyens de ventilation (ventilateurs thermiques, électriques et hydrauliques) ;
- la protection des engins et du personnel (auto protection des engins, détecteurs de ligne haute tension et radars de recul).

B| La sécurité collective des sapeurs-pompiers en intervention

Elle vise à éviter tout accident ou sur accident sur une opération de secours par :

- le positionnement correct des engins de secours ;
- un bon balisage et un bon éclairage de la zone d'intervention ;
- la réalisation d'un périmètre de sécurité pour délimiter des zones de danger et de contrôle ;
- une tenue vestimentaire des personnels intervenants adaptée à la situation ;
- la surveillance de la zone d'intervention par un officier sécurité, un binôme ou un chef d'agrès ;
- le respect de l'engagement par binôme et jamais en personnel isolé ;
- la mise en place d'un soutien sanitaire lorsque cela est nécessaire, réalisé par les personnels du SSSM.

L'ensemble de ces consignes et règles de sécurité sont complémentaires et établies afin d'assurer la protection des sapeurs-pompiers et de l'ensemble des intervenants, impliqués et victimes.

À SAVOIR

Depuis le 1er février 2007, avec la NIT 273, les véhicules d'intérêt général prioritaires de lutte contre l'incendie doivent être équipés de balisage alterné jaune-rouge de classe B.

FICHE 37

Les techniques opérationnelles (TOP)

LES TRANSMISSIONS

Les transmissions servent à faire passer des informations d'un lieu à un autre. Indispensables pour assurer une liaison permanente entre les équipes sur le terrain et les centres opérationnels de gestion, elles permettent de remonter des informations, de demander des renforts, etc.

1 L'organisation des transmissions chez les sapeurs-pompiers

Afin de communiquer, peuvent être utilisés :

- les **supports filaires** : ligne téléphonique, liaison numérique, liaison par fibre optique, réseaux informatiques ;
- les **supports hertziens** : transmission d'ondes entre deux endroits.

A| Le mode de transmission

Le mode de transmission le plus fréquemment utilisé par les sapeurs-pompiers est la **radio**, pour laquelle il est nécessaire d'avoir un émetteur et un récepteur.

Des relais sont installés afin de faire face aux **perturbations des ondes** telles que :

- l'éloignement entre l'émetteur et le récepteur ;
- les obstacles sur le parcours des ondes ;
- l'absorption des ondes par la configuration du terrain (bâtiments, relief...) ;
- les conditions météorologiques ;
- la gamme de fréquence utilisée.

B| Les modes d'exploitation des transmissions

Il existe **deux modes d'exploitation des transmissions par voie radio** :

- **Alternat mono fréquence ou simple fréquence (A1F)** : communication à vue ou de poste à poste ;
- **Alternat bi-fréquence (A2F)** : communication par l'intermédiaire d'un relais et uniquement dans la zone de couverture du relais utilisé (émetteurs-récepteurs pouvant communiquer simultanément).

2 Les différents réseaux

A| Les stations

Une station est un équipement ou un ensemble d'équipements radioélectriques assurant un service de radiocommunication dans le cadre d'un réseau. On distingue :

- les **stations fixes** qui sont installées au CODIS, CTA, CIS ;
- les **stations mobiles** au sein des moyens opérationnels ;
- les **stations portatives**.

B| Les régimes d'exploitation des réseaux

Lorsque plusieurs stations communiquent entre elles, l'ensemble de ces stations constitue un réseau. Il existe **deux régimes d'exploitation des réseaux** :

- le réseau dirigé lorsqu'une liaison ne peut être établie entre deux stations qu'avec l'autorisation préalable de la station directrice ;
- le réseau libre lorsqu'une station peut communiquer avec n'importe quelle autre station du réseau, sans autorisation préalable de la station directrice.

3 L'organisation des réseaux

Les transmissions sont organisées autour d'un ordre de base national des systèmes d'information et de communication de sécurité civile (OBNSIC) pour l'ensemble des services qui concourent aux missions de sécurité civile.

ANTARES (adaptation nationale aux transmissions aux risques et aux secours) est le réseau numérique national dédié aux communications opérationnelles, permettant une interopérabilité entre les différents acteurs de sécurité civile.

Ce réseau permet d'utiliser différents modes de communication comme :

- **opérationnel** : échange d'information entre le CODIS et les moyens opérationnels du SDIS ;
- **commandement** : échange d'information entre le CODIS et un COS *via* un poste de commandement ;
- **spécialisé** : canaux supplémentaires utilisés sur opération particulière (par exemple, nombreuses victimes) ;
- **urgence** : échange d'information entre le CODIS et un moyen opérationnel en situation critique ;
- **accueil** : échange d'information entre le CODIS et des moyens venant en renfort ;
- **tactique** : canaux hiérarchisés (quatre niveaux) et mis en place selon l'organisation des transmissions sur l'opération. Ils permettent l'échange d'informations entre les différents intervenants sans interférer sur les canaux opérationnels.

4 Le langage et les procédures

A| Les indicatifs radio

Toute transmission fait appel à un **indicatif radio** destiné à identifier soit une station, soit une fonction, soit une autorité, comme :

- préfet : ARAMIS + numéro du département ;
- directeur de cabinet du préfet : PORTHOS + numéro du département ;
- DDSIS : LANCELOT + numéro du département ;
- chef de centre : MERLIN + nom du centre ;
- médecin-chef du SSSM : HYPOCRATE + numéro du département ;
- médecin-chef du SAMU : HERACLES + numéro du département.

B| L'alphabet phonétique

Lorsqu'il y a lieu d'identifier une lettre ou d'épeler un nom propre ou des mots pouvant porter à confusion, on utilise l'**alphabet phonétique** (OACI – Organisation de l'aviation civile internationale) suivant :

ALPHA	GOLF	MIKE	SIERRA	YANKEE
BRAVO	HOTEL	NOVEMBER	TANGO	ZOULOU
CHARLIE	INDIA	OSCAR	UNIFORM	
DELTA	JULIET	PAPA	VICTOR	
ECHO	KILO	QUEBEC	WHISKY	
FOX-TROT	LIMA	ROMEO	XRAY	

L'épellation doit être précédée de l'indication « J'épelle » et le mot doit être répété une fois l'épellation terminée.

Exemple

POZIKA – J'épelle Papa, Oscar, Zoulou, India, Kilo, Alpha – POZIKA.

Pour distinguer clairement les chiffres et éviter toute ambiguïté, les épellations suivantes sont employées :

0 Zéro comme rien	4 Deux fois deux	8 Deux fois quatre
1 Un tout seul	5 Trois et deux	9 Cinq et quatre
2 Un et un	6 Deux fois trois	
3 Deux et un	7 Quatre et trois	

Les nombres sont prononcés normalement et la décomposition doit être précédée de l'indication : « je décompose ».

Exemple

27 – Je décompose Deux (un et un), Sept (quatre et trois).

Seuls les groupes horaires ont une décomposition sous forme de nombres.

Exemple

18 h 10 sera prononcé « mille huit cent dix ».

C| Les messages

1| Les types de messages

Chaque information relative à une opération de secours est formatée sous forme de message. Pour ce faire, différents types de messages existent :

- message de position ou d'état (départ en intervention, arrivée sur les lieux, retour disponible) ;
- message d'ambiance ;
- message de demande de renforts ;
- message de renseignements (compte rendu).

2| Le déroulé du message

Les messages comprennent un **entête**, un **corps** et un **final** :

- l'**entête** comprend un groupe horaire de départ, l'indicatif d'origine du message, les destinataires, le numéro de message et le degré d'urgence s'il y a lieu. En

cas de demande urgente de prise de parole sur un réseau encombré, la prise de parole devra être précédée de « URGENT, URGENT, URGENT » ;
- le **corps** du message se structure ainsi :
  - JE SUIS : donne la position précise de l'intervention ;
  - JE VOIS : décrit le sinistre (nature, importance, victimes) ;
  - JE FAIS : décrit les actions prises ou en cours et les moyens sur les lieux du sinistre ;
  - JE DEMANDE : exprime les demandes de moyens supplémentaires ;
- enfin, le **final** clôture le message en redonnant la parole au récepteur *via* le terme « PARLEZ » ou « TERMINÉ ».

5 La prise d'appel de secours

Si une demande de secours arrive directement au centre de secours, tout sapeur-pompier se doit de savoir la recevoir en renseignant tous les items suivants :
- localisation précise de l'événement (commune, adresse, numéro, étage, digicode...) ;
- nature de l'événement (secours à personne, incendie, accident...) ;
- risques particuliers (gaz, matières dangereuses, véhicules au GPL...) ;
- nombre de personnes concernées (personnes incarcérées, sauvetage en cas d'incendie...) ;
- premières mesures réalisées et conseils le cas échéant (gestes de secourisme...) ;
- identité et numéro de téléphone du requérant ;
- indiquer le moment où le requérant peut raccrocher.

FICHE 38 LES ÉLÉMENTS DE CONSTRUCTION ET LA TOPOGRAPHIE

Les connaissances nécessaires à la maîtrise des risques auxquels sont confrontés les sapeurs-pompiers sont hétérogènes et complexes. Ces savoirs s'acquièrent par l'expérience et des formations complémentaires. Pourtant, chaque soldat du feu doit intégrer des connaissances de base dans chaque discipline.

1 Les éléments de construction

Connaître les caractéristiques des éléments constitutifs d'un bâtiment permet à la fois d'anticiper le développement du feu et d'agir en sécurité.

A| Les principales parties d'un bâtiment et les procédés de construction

On distingue les éléments de gros œuvre, de second œuvre et les éléments techniques.

1| Les éléments de gros œuvre

Ils structurent le bâtiment. Ils incluent :

- les **fondations**. Elles permettent la répartition des charges dans le sol. Elles comprennent l'ensemble des ouvrages enterrés qui assurent la stabilité de l'édifice ;
- les **éléments verticaux**. Ce sont les murs (maçonnés ou coulés) qui assurent le rôle de support (pignons, de refend et gouttereaux dans les bâtiments dits traditionnels) et les cloisons qui participent à la distribution intérieure, sans fonction structurelle ;
- les **éléments horizontaux**. Les planchers supportent les cloisons et constituent les différents niveaux de la construction. On distingue les planchers maçonnés (en pierres, briques ou sous forme de dalles) des planchers à ossature (poutres ou poutrelles et ourdis ou remplissage) ;

- les **toitures**. Elles protègent les constructions des intempéries et canalisent les eaux de ruissellement. Il existe autant de formes possibles que de types de bâtiment. En général, la toiture est composée d'une structure de support (charpente – en bois, fer, mixte, etc.) et d'un revêtement d'étanchéité (chaume, tuile, ardoise, etc.) ;
- les **gaines** et **conduits**. Ces éléments sont liés à l'activité du bâtiment. Une gaine est un volume encloisonné qui peut contenir plusieurs conduits. Chaque conduit est dédié à l'amenée ou à l'évacuation d'un fluide donné (gaz, eau, électricité).

2 | Les éléments de second œuvre

Ils participent essentiellement à l'hygiène et au confort des occupants :
- les **menuiseries** et **huisseries** en bois, PVC, produits verriers ou métalliques ferment les baies (portes et fenêtres) ;
- les **revêtements intérieurs** sont des éléments esthétiques ou d'isolement thermique et phonique.

3 | Les éléments techniques

Ils comprennent :
- les **installations sanitaires**, qui alimentent le bâtiment en eau et assurent l'évacuation des eaux usées ;
- les **installations de gaz** (gaz de ville ou gaz liquéfié) ;
- les **installations électriques** (organes généraux d'alimentation, circuits d'éclairage et de distribution et prises de courant) ;
- les **appareils de levage** (ascenseurs, monte-charges, escaliers mécaniques) ;
- les **installations de génie climatique** (chauffage, ventilation et aération).

B | Le comportement au feu des matériaux d'aménagement et des éléments de construction

L'impact de l'incendie sur les structures dépend de différents éléments tels que l'intensité du sinistre, la durée d'exposition, sa localisation, la nature dc la structure.

1 | La réaction au feu

C'est la capacité des matériaux à participer au développement du feu. On classe les matériaux d'aménagement selon la directive « Euroclasse » en fonction de leur combustibilité, de leur pouvoir fumigène et de leur tendance à produire des gouttes ou des débris enflammés.

2 | La résistance au feu

C'est la capacité d'un élément de construction à résister au feu pendant un temps donné. Les éléments, soumis à un feu type, sont classés selon :

- leur résistance mécanique (stabilité au feu) ;
- leur étanchéité (critère pare-flamme) ;
- leur isolation thermique (critère coupe-feu).

3 | Les risques d'effondrement

La solidité d'une construction dépend de la stabilité de sa partie la plus faible. Dans tous les secteurs et pendant toute l'opération, une attention particulière doit être portée sur l'évolution de la structure.

De façon générale :

- **à l'extérieur**, on se tient loin des murs ;
- **à l'intérieur**, on chemine près des murs.

2 La topographie

Le fait de savoir lire et interpréter une carte est également nécessaire à la rapidité et l'efficacité des secours.

Une **carte** est une représentation plane d'une partie de la surface terrestre. Elle indique les éléments constituants du terrain (routes, villes, cours d'eau, etc.) et le relief. C'est donc une **projection en trois dimensions**.

Plus que les systèmes de positionnement par satellite, les cartes sont des outils indispensables aux sapeurs-pompiers par l'aide qu'elles leur fournissent dans l'étude des accès à un sinistre. De plus, elles permettent par exemple d'identifier les zones de poser possibles des moyens aériens, les établissements sensibles, etc.

Savoir lire et interpréter une carte s'acquiert par l'étude attentive et régulière des signes représentés.

A | Les signes conventionnels

On appelle **planimétrie** la représentation sur une carte de l'ensemble des détails naturels et artificiels de la partie de terrain considérée. Chaque élément est représenté par un signe et une couleur conventionnels. On retrouve dans la légende de la carte le rappel de chaque signe utilisé. Ce cadre est appelé cartouche.

B| Les notions de nivellement

C'est la **représentation du relief sur la carte**. Le nivellement identifie les altitudes, les pentes et les formes.

Les **courbes de niveaux** relient les points de même altitude.

Les **points cotés** indiquent l'altitude de points particuliers ou remarquables.

L'**estompage** facilite la compréhension du relief par la création d'une ombre plus ou moins sombre en fonction de la pente, en considérant une source de lumière placée au nord-ouest.

Les **lignes caractéristiques de changement de pente** indiquent la ligne de partage des eaux (ligne de crête ou de faîte, représentée en rouge) ou la ligne de réunion des eaux (ligne de talweg, représentée en bleu).

C| Les échelles

On appelle « échelle d'une carte » le rapport entre les longueurs mesurées sur la carte et les distances correspondantes sur le terrain. On parle d'**échelle numérique**.

Exemple

L'échelle 1/x indique que 1 cm mesuré sur la carte représente x cm sur le terrain.
Ainsi, 1 cm mesuré sur une carte à l'échelle 1/25 000 représente 250 m sur le terrain (25 000 cm).

Une **échelle graphique** est un tracé gradué représentant les équivalences longueur de carte/distance sur le terrain. Elle permet d'apprécier la valeur des distances sans faire de calcul et est représentée en général en bas de la carte.

D| Les points cardinaux

Il existe **quatre points cardinaux** : nord, est, sud et ouest, qui peuvent être complétés de points intermédiaires (nord-est, sud-sud-est, etc.).

Une **rose des vents** stylisée indique *a minima* le nord sur chaque carte. Ceci permet de définir la direction à prendre pour se rendre à un point défini.

On distingue :

- le **nord géographique**, indiqué par l'étoile polaire ;
- le **nord magnétique**, pointé par l'aiguille aimanté d'une boussole ;
- le **nord de la carte**, représenté par l'axe des ordonnées du quadrillage de la carte.

On peut donc orienter une carte :

- avec une boussole ;

- à l'aide de l'étoile polaire ;
- à l'aide du soleil (et d'une montre analogique) ;
- à l'aide de points remarquables du terrain.

3 Les outils de prévision

La prévision est l'ensemble des mesures destinées à limiter le développement et les conséquences d'un sinistre. C'est une démarche anticipative par l'analyse du risque.

A| Les objectifs et l'apport de la prévision

L'étude des risques liés à un lieu ou une activité particulière permet de mettre en place des barrières techniques ou organisationnelles pour limiter leurs effets.

L'exploitant, avant l'arrivée des secours, peut équiper ses locaux de moyens de détection, alarme, alerte et lutte contre le phénomène. Il peut aussi préparer une réponse organisationnelle (plan d'opération interne ou, plus simplement, organisation de l'évacuation). On parle de **prévision technique**.

Les sapeurs-pompiers doivent préparer leur réponse opérationnelle. Cette phase préalable à l'intervention est appelée **prévision tactique** et s'appuie notamment sur la bonne connaissance du secteur d'intervention.

La **répertorisation des risques** repose sur l'étude des enjeux :
- humains (hôpitaux, écoles, établissements recevant du public) ;
- économiques (industries, dépôts pétroliers, gares, aéroports) ;
- patrimoniaux (châteaux, musées), etc.

Ce travail peut entraîner des évolutions des matériels des sapeurs-pompiers, de leur formation, de leurs techniques d'intervention, de leur organisation opérationnelle.

B| Les outils cartographiques

Les cartes topographiques ou routières ne contiennent pas tous les éléments nécessaires à l'intervention efficace des sapeurs-pompiers (emplacement des bâtiments à risques, hydrants, etc.). Il est donc nécessaire de disposer d'outils de représentation graphiques adaptés au risque courant dans un secteur déterminé.

Les services de **système d'information géographique (SIG)** produisent, à différentes échelles, les documents adaptés aux besoins du terrain. Ces outils se présentent sous différentes formes, souvent appelés « parcellaires ».

C| Le plan d'établissement répertorié

En complément d'une cartographie adaptée, il est parfois nécessaire de préparer l'action du service de secours sur un établissement ou un risque particulier. On doit retrouver sur un plan d'établissement répertorié :

- une page de garde avec les consignes particulières et l'engagement *a priori* des engins de secours ;
- un plan de situation permettant de visualiser l'environnement et les accès au site ;
- un plan de masse indiquant l'implantation, les hydrants à proximité et les accès au bâtiment ;
- les plans par niveau avec les risques particuliers et les organes de coupure des fluides (énergies et process) ;
- l'emplacement *a priori* des engins de lutte et de commandement s'ils sont définis.

D| Notion de mise à jour des outils de prévision

L'environnement économique, technologique et institutionnel des SDIS évolue en permanence. Il convient donc de revoir continuellement les éléments qui participent à la préparation opérationnelle. C'est le devoir de chaque sapeur-pompier, qui commence par la vérification de l'emplacement des hydrants à disposition des services de secours.

Conception nouvelle maquette intérieure : Hung Ho Thanh
Mise en page : STDI

JF/SM

Achevé d'imprimer en France par Jouve-Print - 733, rue Saint-Léonard - 53100 Mayenne
N° d'impression : 2960915H - Dépôt légal n° 16240-6/01 - février 2021

Les concours de la fonction publique

Concours EXTERNES (non-fonctionnaires)

Concours INTERNES (fonctionnaires déjà en poste) et 3e VOIE

Catégorie A	Catégorie B	Catégorie C
Niveau : Bac + 3, au moins Exceptions : - maîtrise (magistrats) - master (enseignants, commissaires de police nationale) - BTS-DUT, diplômes d'ingénieur, etc., pour certains concours	**Niveau : Bac ou équivalent** Exceptions : - diplômes professionnels (infirmiers, etc.) - Reconnaissance des acquis de l'expérience professionnelle (RAEP)	**Niveau : Brevet ou équivalent – aucune condition de diplôme** L'accès au premier grade s'effectue sans concours (recrutement sur dossier)
- Postes de direction, de conception, d'encadrement - Cadres supérieurs, ingénieurs, médecins, administrateurs	Fonctions d'application et de maîtrise : cadres intermédiaires, techniciens…	Emplois d'exécution : employés administratifs, agents d'entretien, ouvriers…
24 000 postes offerts par an aux concours	5 400 postes offerts par an aux concours	3 200 postes offerts par an aux concours

La répartition par catégorie de concours dans les trois fonctions publiques

Fonction publique d'État

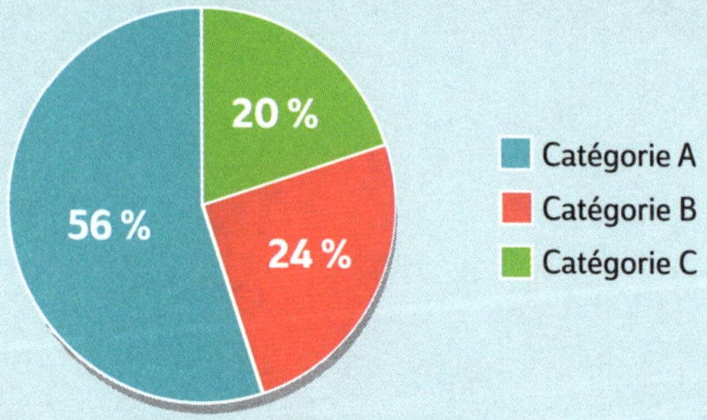

Fonction publique territoriale

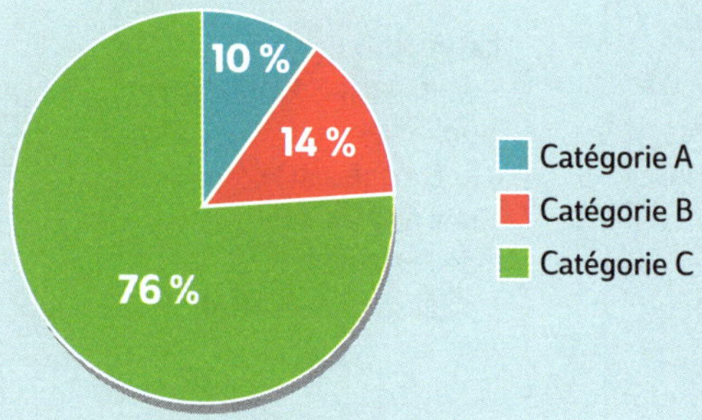

Fonction publique hospitalière

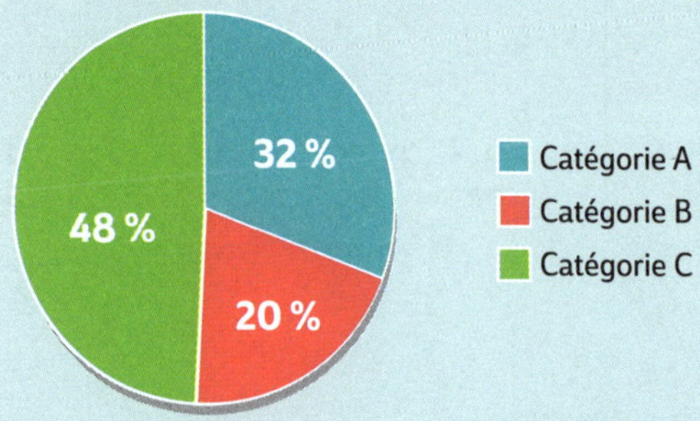

Les filières de la fonction publique territoriale

Filière	Exemples de cadres d'emplois
Filière administrative 23,3 %	▪ administrateur ▪ attaché ▪ rédacteur ▪ adjoint administratif…
Filière technique 46,7 %	▪ ingénieur ▪ technicien ▪ agent de maîtrise
Filière médico-sociale 14,4 %	▪ médecin ▪ psychologue ▪ infirmier ▪ puériculteur ▪ rééducateur…
Filière culturelle 4,4 %	▪ conservateur du patrimoine ▪ bibliothécaire ▪ professeur d'enseignement artistique
Filière incendie et secours 2,2 %	▪ sapeur-pompier professionnel
Filière police municipale 1,2 %	▪ agent de la police municipale ▪ garde champêtre…
Filière animation 5,7 %	▪ animateur ▪ adjoint d'animation
Filière sportive 1,1 %	▪ conseiller ▪ éducateur des activités physiques et sportives
Hors filière 1 %	▪ fonctionnaire ou non-titulaire non classable dans une filière ▪ agent sur contrat emploi d'avenir

Le déroulement de carrière dans les trois fonctions publiques

Catégories hiérarchiques

- Les corps d'emplois – cadres d'emplois pour la fonction publique territoriale - sont classés en 3 catégories désignées dans l'ordre hiérarchique par les lettres A, B et C.
- Le passage d'une catégorie à une autre est possible par la promotion interne.

Grades

- Le grade permet à son titulaire d'occuper un certain nombre d'emplois.
- Les corps d'emplois ou cadres d'emplois ont 1 ou plusieurs grades selon leur statut particulier. Lorsqu'il y a plusieurs grades, ils sont hiérarchisés.
- Sauf exception, l'accès à un corps d'emplois ou cadre d'emplois se fait sur le grade le moins élevé ou grade de début de carrière.
- Au cours de la carrière, il est possible d'accéder aux grades supérieurs par avancement de grade.
- Les conditions d'avancement de grade sont fixées, pour chaque corps d'emplois ou cadre d'emplois, par le statut particulier.
- L'avancement de grade n'est pas un droit.

Échelons

- Chaque grade comprend plusieurs échelons qui forment la grille indiciaire.
- Le nombre d'échelons de chaque grade est fixé par le statut particulier.
- Chaque échelon est assorti d'une durée pour le passage à l'échelon supérieur.
- Il détermine la rémunération du fonctionnaire. À chaque échelon correspond un indice brut (dit **indice de carrière**) auquel correspond un indice majoré (dit **indice de rémunération**) auquel correspond un traitement de base.
- En principe, l'accès au grade s'effectue sur le 1er échelon.
  Au cours de la carrière, le fonctionnaire accède aux échelons plus élevés par **avancement d'échelon**.
- Les conditions d'avancement d'échelon sont fixées par le statut particulier.
- L'avancement d'échelon est un droit.

Un exemple dans la fonction publique territoriale

La filière administrative comporte 5 cadres d'emplois :
- Administrateurs (A)
- Attachés (A)
- Secrétaires de mairies (A) (en voie d'extinction)
- Rédacteurs (B)
- Adjoints administratifs (C)

Le cadre d'emplois des rédacteurs comporte 3 grades :
- Rédacteur principal de 1re classe
- Rédacteur principal de 2e classe
- Rédacteur

Le grade de rédacteur compte 13 échelons

Le recrutement dans la fonction publique d'État

1re étape Collecter les informations sur les concours ouverts ou sur les prévisions de concours	▪ Sur le portail SCORE http://www.fonction-publique.gouv.fr/score ▪ Sur les sites internet des ministères et des établissements.
2e étape S'inscrire selon les modalités propres à chaque ministère	▪ Sur le site internet du ministère qui recrute : - par télé inscription (par voie télématique) ; - par téléchargement du dossier d'inscription et envoi par voie postale. ▪ En effectuant une demande par téléphone ou par courrier. ▪ En retirant un dossier auprès du ministère en vous rendant à l'adresse indiquée.
3e étape Réception de la convocation	Envoyé par courrier ou par mail, ce document vous permet de vous rendre sur le lieu d'examen. Durant les épreuves, vous devrez le présenter ainsi qu'une pièce d'identité.
4e étape Les épreuves du concours	Tous les concours ne se déroulent pas selon les mêmes modalités. D'une manière générale, ils comportent une ou des épreuves(s) écrite(s) et une ou des épreuves(s) orale(s). Certains commencent par une épreuve de pré-sélection, d'autres directement par une épreuve d'admissibilité.
5e étape Les résultats	Ils sont disponibles, selon les modalités propres à chaque ministère : - par affichage à une adresse préalablement communiquée ; - sur le site internet du ministère ; - et systématiquement par voie postale.
6e étape L'affectation	L'administration organisatrice vous informera de votre lieu d'affectation ainsi que de la date de celle-ci.
7e étape La titularisation	Si le stage se déroule correctement, le fonctionnaire stagiaire est titularisé.

Le recrutement dans la fonction publique territoriale

1re étape Accéder à la pré-inscription	▪ L'organisation des concours et examens est confiée aux centres de gestion de la fonction publique territoriale. Il en existe un par département. ▪ Pour vous pré-inscrire sur le site du centre de gestion, vous devez disposer du logiciel gratuit Adobe Acrobat Reader et d'une imprimante connectée à votre ordinateur.
2e étape Renseigner le formulaire et vérifier la validité des informations saisies	Vous devez indiquer vos noms, prénoms, diplômes, situation, etc.
3e étape Valider la pré-inscription et imprimer le dossier	Attention : la pré-inscription ne constitue pas une inscription définitive. Le centre de gestion organisateur du concours ne validera l'inscription qu'à réception du dossier imprimé et de l'ensemble des pièces justificatives.
4e étape Transmettre le dossier dans les délais de rigueur	▪ Il doit être transmis par voie postale ou en le déposant sur place. ▪ Il doit être daté et signé. ▪ Il doit comporter les pièces justificatives. ▪ Le dépôt du dossier doit intervenir au plus tard à la date de clôture des inscriptions fixée par l'arrêté d'ouverture du concours ou de l'examen.
5e étape Les résultats	▪ Ils sont accessibles sur le site Internet du centre de gestion. ▪ Ils sont envoyés par voie postale au candidat.
6e étape L'inscription sur une liste d'aptitude	▪ Cette inscription est valable 2 ans. ▪ La liste d'aptitude a une valeur nationale. Le candidat peut être recruté sur tout le territoire national.
7e étape L'entretien de recrutement	Dès inscription sur la liste d'aptitude, le candidat peut : - s'inscrire à la bourse de l'emploi du centre de gestion du département dans lequel il souhaiterait être nommé ; - adresser des candidatures spontanées aux collectivités territoriales : régions, départements, EPCI, communes, autres établissements publics comme les CCAS, etc. ; - consulter les offres d'emploi sur les sites internet et revues spécialisées.
8e étape Le recrutement	Le lauréat recruté devient stagiaire, généralement pour une durée d'un an. Cette période peut être prolongée sous certaines conditions. Si le stage n'est pas satisfaisant, le fonctionnaire peut être licencié ou réintégré dans son précédent emploi s'il était fonctionnaire auparavant.
9e étape La titularisation	Si le stage se déroule correctement, le fonctionnaire stagiaire est titularisé.

Les droits et obligations des fonctionnaires

Loi n° 83-634 du 13 juillet 1983 portant droits et obligations des fonctionnaires

Droits

- Principe de non-discrimination (liberté d'opinion)
- Droit de grève dans les conditions définies par la loi
- Droit à la formation
- Droit syndical
- Droit à la rémunération après services faits
- Droit à la protection juridique dite fonctionnelle de l'administration
- Droits sociaux
- Droit à la participation
- Droit de retrait en cas de menace grave et imminente
- Renforcement de la protection fonctionnelle des agents et de leur famille
- Droit de consulter un référent déontologue
- Principe d'égalité homme-femme au sein des élections professionnelles

Obligations

- Obligation d'exercice
- Obligation d'obéissance hiérarchique
- Obligation de secret professionnel
- Obligation de discrétion professionnelle
- Obligation de réserve
- Obligation de désintéressement
- Obligation de communiquer les documents administratifs aux citoyens
- Obligation de prévenir les conflits d'intérêts et de les faire cesser
- Le fonctionnaire exerce ses fonctions en respectant les principes suivants :
  – dignité, impartialité, intégrité ;
  – probité, neutralité ;
  – laïcité (à ce titre il s'abstient de manifester dans l'exercice de ses fonctions ses opinions religieuses).

Les sanctions disciplinaires

Elles sont classées par ordre de gravité (de la moins grave à la plus grave).

	Fonction publique d'État	Fonction publique territoriale	Fonction publique hospitalière
1er groupe	▪ Avertissement ▪ Blâme	▪ Avertissement ▪ Blâme ▪ Exclusion temporaire de fonctions pour une durée maximale de 3 jours	▪ Avertissement ▪ Blâme
2e groupe	▪ Radiation du tableau d'avancement ▪ Abaissement d'échelon ▪ Exclusion temporaire de fonctions pour une durée maximale de 15 jours	▪ Radiation du tableau d'avancement ▪ Abaissement d'échelon ▪ Exclusion temporaire de fonctions de 4 à 15 jours	▪ Radiation du tableau d'avancement ▪ Abaissement d'échelon ▪ Exclusion temporaire de fonctions pour une durée maximale de 15 jours
3e groupe	▪ Rétrogradation ▪ Exclusion temporaire de fonctions de 3 mois à 2 ans	▪ Rétrogradation ▪ Exclusion temporaire de fonctions de 16 jours à 2 ans	▪ Rétrogradation ▪ Exclusion temporaire de fonctions de 3 mois à 2 ans
4e groupe	▪ Mise à la retraite d'office ▪ Révocation	▪ Mise à la retraite d'office ▪ Révocation	▪ Mise à la retraite d'office ▪ Révocation

Les principes du service public

3 PRINCIPES

La continuité du service public

Le service doit être assuré régulièrement, sans interruption gênante pour l'usager (ce principe ne doit pas empêcher le droit de grève)

L'égalité devant le service public

S'applique aux agents des services publics et aux usagers

L'adaptabilité du service public

Les services publics doivent s'adapter aux évolutions des besoins des usagers et à l'évolution des techniques

Les institutions européennes

Conseil européen
Pouvoir exécutif

- 27 chefs d'État ou de gouvernement
- Siège à Bruxelles
- Fixe les orientations générales et les priorités
- Gère les questions complexes et délicates

Commission européenne
Pouvoir exécutif

- 28 commissaires
- Siège à Bruxelles
- Gère le budget
- Représente l'Union européenne à l'international

Parlement européen
Pouvoir législatif

- 705 députés élus pour 5 ans
- Siège à Strasbourg
- Contrôle les activités des autres institutions de l'UE

Conseil de l'Union européenne
Pouvoir législatif

- 27 ministres des États membres
- Définit la politique étrangère de l'UE
- Coordonne les politiques des États membres (économie, justice, police)

Cour des comptes européenne

- Siège à Luxembourg
- Contrôle la gestion financière

Cour de justice de l'Union européenne
Pouvoir judiciaire

- Siège à Luxembourg
- Veille à l'application du droit européen

Banque centrale européenne

- Siège à Francfort
- Gère l'euro et la politique économique et monétaire
- Veille à la stabilité des prix et du système financier

Les institutions françaises

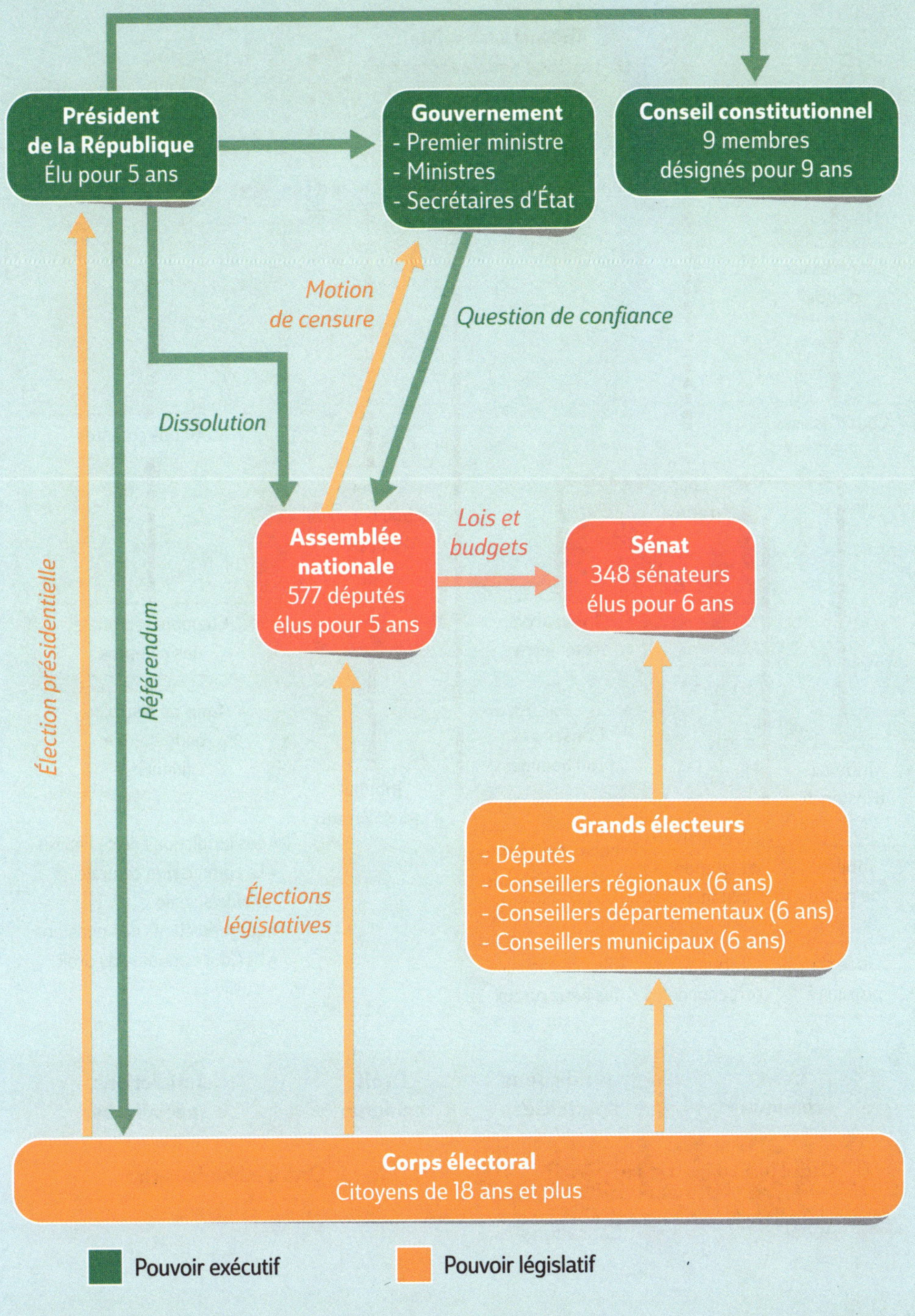

L'organisation juridictionnelle

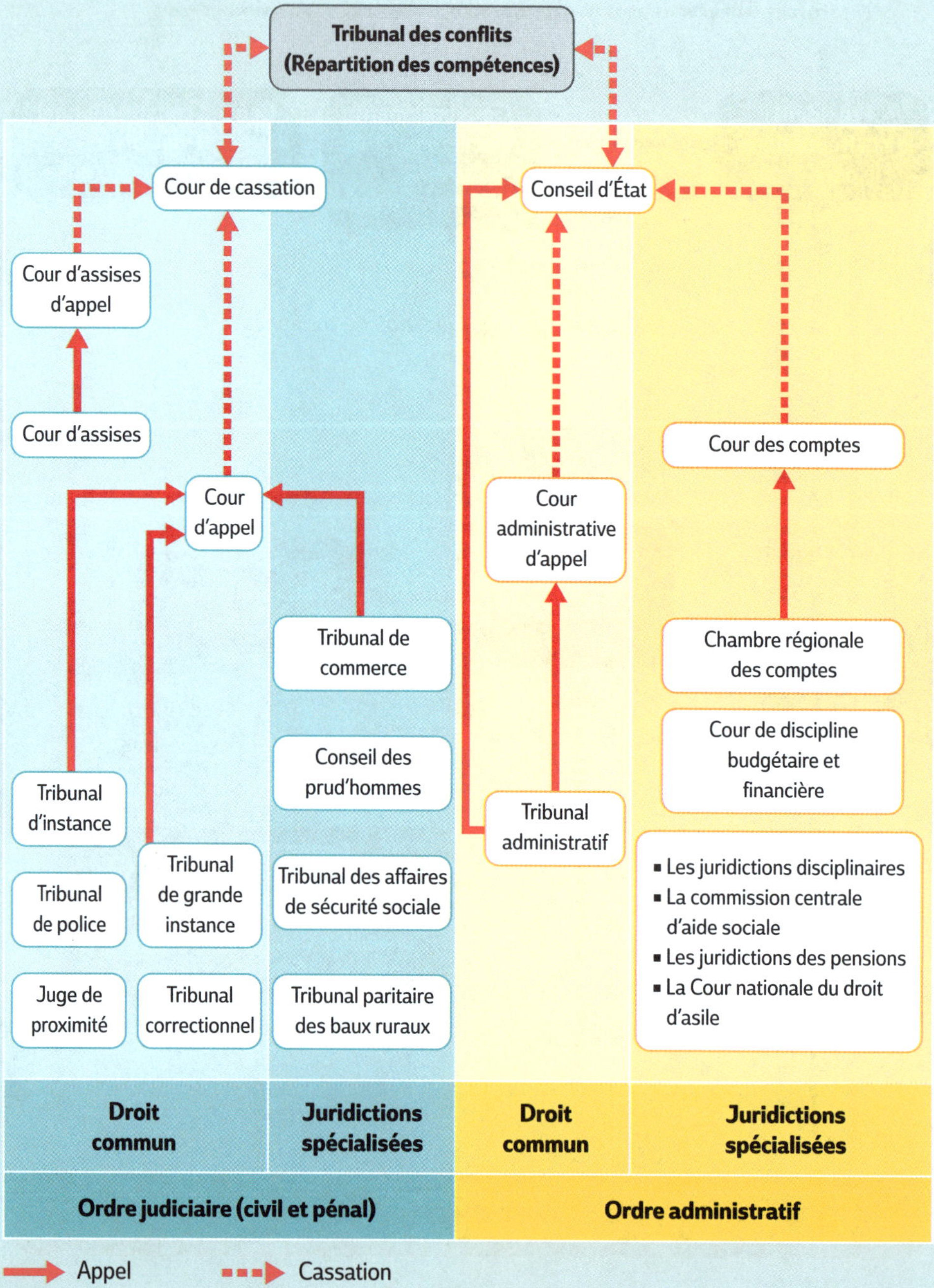

La hiérarchie des normes juridiques

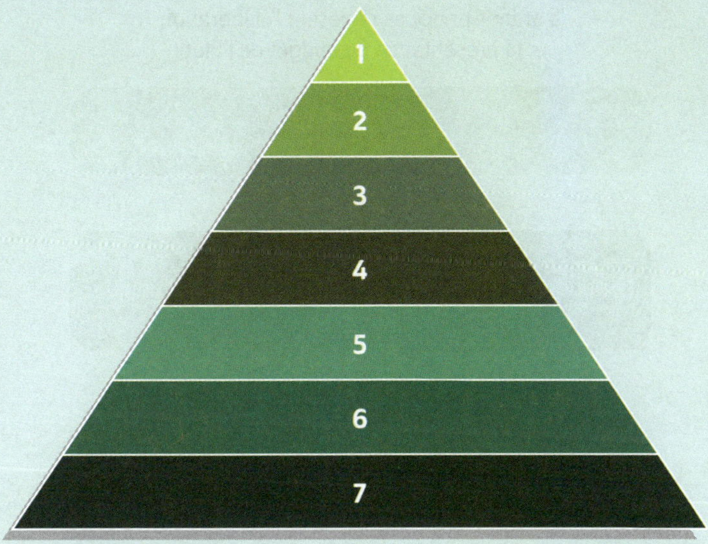

1. Bloc de constitutionnalité
- Constitution 1958
- Déclaration des droits de l'homme et du citoyen 1789
- Charte de l'environnement 2004

2. Bloc de conventionalité
- Traités internationaux
- Droit communautaire

3. Lois organiques

4. Bloc de légalité
- Lois ordinaires

5. Principes généraux du droit/ jurisprudence

6. Règlements
- Décrets
- Décrets simples
- Décrets en Conseil d'État
- Arrêtés ministériels
- Arrêtés préfectoraux
- Arrêtés municipaux

7. Actes administratifs non décisoires sous réserve des dispositions réglementaires
- Circulaires
- Directives

L'élaboration et la présentation du budget de l'État

5 grands principes régissent l'élaboration
et la présentation du budget de l'État :

Annualité
Le budget de l'État doit être voté chaque année

Unité
Le budget de l'État est retracé dans un document unique, la loi de finances

Universalité
Sauf exceptions, recettes et dépenses ne peuvent pas être liées. La totalité doit apparaître, pas de contraction des dépenses et des recettes

Spécialité
Chaque autorisation de dépense doit être précisée

Sincérité
Implique l'exhaustivité, la cohérence et l'exactitude des informations financières fournies

Documents accompagnant le projet de loi de finances

- **Bleus budgétaires :** Annexes explicatives
- **Jaunes budgétaires :** Annexes générales
- **Documents orange :** Documents de politique transversale